蔣中正日記

Chiang Kai-shek Diaries, 1957

◆ 民國四十六年 ◆

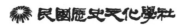 民國歷史文化學社

 國史館
Academia Historica

感謝

蔣經國國際學術交流基金會
世界大同文創股份有限公司

贊助出版

編輯凡例

一、本書為蔣中正民國四十六年 (1957) 日記，係根據日記原件打字排版。

二、本書卷首列有總序，旨在說明蔣日記之整體歷史意義與價值。

三、本書各年各冊均精選國史館授權使用照片若干幀，與日記內容呼應，不無左圖右史之義。後附索引，意在讀者易於檢索、利用。

四、日記內容本分「雪恥」、「注意」、「預定」等欄目者，本書均依照原有欄目處理。日記原件每月起始有「本月大事預定表」；每週附有「上星期反省錄」、「本星期預定工作課目」；每月月底附「上月反省錄」，全年日記之末並以「雜錄」、「姓名錄」殿之。本書悉依原有形式出版。

五、同日日記遇有草稿、抄稿、秘書抄稿並存時，則以最完整稿置前，其餘附後。

六、日記內文提及之相關人物與重要事件，編輯整理時酌加頁註。相關人物第一次出現時，當頁註釋其全名及當年或前後之職銜，以利查考。外國人名第一次出現時，當頁註釋其拉丁化全名，以資識別。

七、本書用字尊重現今常用字，俗字、簡字、古字等異體字改為正體字。惟遇通同正體字時，為因應讀者閱讀習慣及通俗用法，採用現今通用正體字，如「并」改為「並」，「証」改為「證」，「甯」改為「寧」等。

八、日記用詞保留當時用法，不以錯字視之。若與現今用詞有差異處，遵照蔣中正個人習慣用法，如：舊歷、古鄉、托管、烏乎、處治、火食、琉璜；及部分地名如：大坂、蔣林、角畈山。

九、日記中遇明顯錯別字詞，在該字後以〔 〕符號將正確字詞標出。遇明顯漏字，則以〔＿〕符號將闕漏字詞補入。無法判明者，則加註「原文如此」。本書收錄日記中所附帶之信函、手令、批示等稿件，非蔣原筆跡手稿者，以楷體字體表示。

十、日記中遇損壞、破損而無法辨識字跡者，以■表示。

十一、日記中提及人名偶有筆誤，以錯字訂正形式處理；外國人名譯音有前後不一致情況時，但見索引，不另做處理。書中出現編目「一、一、一、一、」者，為遵照原稿設計，不予修改。

十二、標點符號除原稿上所加之問號、驚嘆號、引號等外，僅以「，」「、」「。」「：」標之。

十三、本書涉及人物、事件複雜，議題涵蓋廣泛，編者思慮難免不周，如有錯誤疏漏，尚請讀者不吝指正，以便日後修整。

序　一

　　蔣中正，學界通稱為蔣介石，是國家級和世界級的領袖人物，早為史家研究的對象。日本學界有蔣介石研究會，臺灣中央研究院近代史研究所有蔣介石研究群，浙江大學有蔣介石研究中心，而學者個人研究蔣介石者，如楊天石、山田辰雄、黃自進等皆為名家。近年臺海兩岸各大學和研究機構，以蔣介石為主題所開的研討會，如「蔣介石與抗日戰爭」、「蔣介石與抗戰時期的中國」、「蔣介石與世界」、「日記中的蔣介石」、「蔣中正日記與民國史研究」等，亦結集了許多研究蔣介石的成果。

　　史學界之所以熱衷於蔣介石研究，除蔣之歷史地位重要外，蔣介石日記開放給史學界使用亦為重要因素。蔣日記初由自己保管，1975 年蔣介石死後由其子蔣經國保管，1988 年蔣經國死後由其子蔣孝勇保管，蔣孝勇死後由其妻蔣方智怡保管。蔣介石原望其日記存於臺灣，於其逝世五十一年後（2026）開放，後因蔣孝勇夫婦移居加拿大，日記乃被帶到該處。2005 年蔣方智怡將日記移存美國史丹佛大學胡佛研究所，並授權該所保管，2006 年起分批開放蔣日記給學者作為研究之用。蔣介石日記開放給學者作為研究之用後，各國學者紛紛前往史丹佛大學閱讀，學者並開始以蔣日記為主要資料寫論文或專書，使蔣介石的研究成果更為深入與豐富。

　　蔣介石日記，從 1917 年起記到 1972 年 7 月止，凡五十五年，四百五十萬字。其中 1924 年日記失落，1917 年的日記為回憶幼時至 1917 年之重要記事，僅約萬餘字。這五十五年，蔣追隨孫中山，並以繼承孫中山的革命志業自居，日記中所記，為民國史留下重要史料。日記史料往往反映一

個人的性格，蔣為軍人出身，做了國家領袖以後，對友邦，只望協助，不喜干涉；對部屬，只望服從，不喜爭權奪利。譬如抗戰勝利後，國家進入憲政時期，蔣的權力受約束，不能全力應付危局，乃制定動員戡亂時期臨時條款，使權力超出憲法以外；又如 1949 年 1 月，國民黨對共產黨有主戰主和之分，蔣主戰，副總統李宗仁主和，蔣辭職下野，另成立總裁辦公室，以黨領政領軍。及李宗仁避往美國，蔣復行視事，始得統一國家事權。

　　由蔣之日記，可略窺蔣之終生志業。但將蔣日記作為史料，像許多其他日記一樣，有不易了解處。譬如記朋友不稱名而稱號，記親戚和家人不稱名而稱親屬的稱謂或暱稱；對不便明說的事吞吞吐吐，語焉不詳；記事突兀，背景不明。在這種情形下，如能對日記作箋注，即可增加對日記內容的了解，由國史館授權，民國歷史文化學社所出版的《蔣中正日記》，即為箋注本，當能應合讀者需要。是為序。

中央研究院院士　張玉法

於翠湖畔寓所

2023 年 5 月 20 日

序　二

一部罕見的國家領導人日記

2006 年，「蔣中正日記」的開放，是民國史研究重要的里程碑；2023 年，《蔣中正日記》的正式出版，更是推展民國史研究令人矚目的一頁。

和蔣中正同時的美國總統羅斯福（Franklin D. Roosevelt, 1882-1945）、英國首相邱吉爾（Winston Churchill, 1874-1965）、蘇聯共黨中央總書記史大林（Joseph Stalin, 1878-1953）、德國納粹頭子希特勒（Adolf Hitler, 1889-1945），都稱得上是當年掀動國際風雲的「大人物」。羅斯福不寫日記，史大林沒有日記，邱吉爾的《第二次世界大戰回憶錄》，於1953 年得過諾貝爾文學獎，具有的是文學創作之美的價值，畢竟不屬於歷史，也不是日記；1983 年號稱「新發現」的六十卷「希特勒日記」，轟動一時，僅僅十天之後，即被證明是舊貨商牟利的贗品。蔣中正（介石，1887-1975）應該是同一時代世界重量級人物中，唯一真正留有五十五年個人日記的領導人。

蔣日記不是中國傳統史官代撰的起居注，也非皇朝實錄，這部當代政治領袖用毛筆楷書親自書寫超過半世紀的日記，記錄一位曾是滬濱浪蕩子走向全國性政治人物的發跡過程，又提供一個「大」又「弱」的古老國家政治領導者，如何想方設法謀求一統天下，並期盼與國際接軌的一段艱難歷程的重要見證，是十分罕見的歷史素材。

v

有些審慎的歷史學者提醒道：「日記」作為史料，要分辨「真實的蔣」
（person），與蔣「要我們知道的蔣」（persona），日記中能讀出真實的
蔣，才是本事。蔣中正的日記複印本開放已逾十年以上，閱者、使用過的
學者上千，沒有人懷疑它的真實性，沒有人說它是為別人寫的。作為民國
歷史研究的第一手資料，作為民國史最珍貴史料，蔣中正日記的重要不可
忽視，相當值得出版。

日記的本質與運用

日記本屬個人生活方式的記錄，是「我之歷史」，但不能沒有社會
性——涉及他人、他事的記載，日記歷史文獻價值因此存在。故就歷史研
究言之，史家早就視日記為史料之一種重要形式。清季以降，士紳大夫、
知識分子寫日記者頗不乏人，日記創作風氣鼎盛。日記固屬私人，但頗多
日記出諸官紳，所記內容，自不僅止於私密之內心世界，實多有涉軍國大
事要聞者，於是日記又成為認識公眾歷史的重要憑藉。日記既有公、私之
記載，也因此能打破正史之文獻表述與壟斷。所以「日記學」在近代史學
研究中，不能不為史學界所看重。文化史家柳詒徵謂：「國史有日歷，私
家有日記，一也。日歷詳一國之事，舉其大而略其細；日記則洪纖畢包，
無定格，而一身一家一地一國之真史具焉，讀之視日歷有味，且有補於史
學。」正因日記內容「洪纖畢包」，材料廣泛，如記載時間拉長，固為多
元歷史留下大量線索，提供歷史研究絕佳素材，同時是執筆者記錄當下作
為自行修身、事後檢討反思的依據，此即宋明理學家「自勘」、「回勘」
的工夫，曾國藩的日記、蔣中正寫日記，多寓此意。蔣中正記日記，在生
前即囑秘書作分類工夫，「九記」、「五記」及「事略稿本」均有自省及
建立形象作用。以日記為主體，衍生出不同類型的版本，內容不免有取捨
不同，品人論事可能輕重不一，而這正是「日記學」有趣的課題。多年以
來，靠蔣日記撰寫出來的傳記，不在少數，論者已多，不待贅述。

1961 年 12 月，中央研究院院長胡適談到「近史所為什麼不研究民國
史」，表示「民國以來的主要兩個人，一位是孫中山先生，他的史料都在

國史館裡；還有一位是蔣介石先生，他的史料誰能看得到？」這樣的情況，
終於在 1980 年代以後出現了變化。1987 年 7 月 15 日，蔣經國總統宣告臺
灣「解嚴」。對中國近代史的研究而言，實亦一嶄新局面的出現。新時期
尤其受歷史學者歡迎的是，史政機構史料的空前開放。1990 年國民黨黨史
會率先把重要史料一口氣開放到 1980 年代；國史館於 1995 年奉命接管近
三十萬件的《蔣中正總統文物》（即「大溪檔案」），兩年後全部正式開
放，對民國史學者而言，好比是近代史學界的一顆震撼彈。可以說，胡適
眼中視若「禁區」的蔣中正時代史料，在蔣逝世三十年後，基本上已全數
向學界開放了。這批史料的的確確是研治國民政府軍事史、政治史的稀世
之寶，如今能全部亮相，是十幾二十年前歷史學者不敢想像的事，而這些
正是能和「蔣中正日記」相互對應參證不可或缺的重要史料。

　　史家陳寅恪曾說：一個時代之學術，必有其新材料與新問題；取用新
材料以研究新問題，則為此時代學術之新潮流。1960 年代兩岸對峙局面
初成，修纂民國史之議，浮上檯面，民國史料的整理、開放，實極迫切。
1990 年代以降，在臺北的國史館對蔣中正總統文物的整理、開放，甚至
是出版工作，無疑具相當關鍵作用。1975 年，蔣中正總統過世後，「蔣
中正日記」和後來的經國先生日記，從臺北移到加拿大，2004 年暫時落
腳美國史丹佛大學胡佛研究所檔案館（Hoover Institution Archives, Stanford
University），2023 年回歸臺北，這一段兩蔣日記「出走」「回來」的過
程和故事，已為眾人所熟知。2006 年，存放在胡佛研究所的「蔣中正日記」
決定率先向學界公開，這無疑的更進一步帶動了學界「蔣中正研究」與民
國史研究的熱潮與興趣。蔣日記又促成了民國研究熱，其內容包含日記所
涉新資料的挖掘、運用，研究範圍與議題的提出、研究途徑與方法的更新，
以及如何重新看待「民國」等，這些討論與探索，使蔣中正研究、民國史
研究更為紮實，也綻放出新的面貌。

日記外型

　　蔣中正自始所使用之「日記本」是有固定格式，早期使用商務印書
館印製的「國民日記」，爾後自行印製固定格式，除每日記事外，每年有

該年大事表，每月有本月大事預定表、本月反省錄（後改為「上月反省錄」），每週有本週反省錄（後改為「上星期反省錄」）、下週預定表（後改為「本星期預定工作課目」）。蔣氏日記持續以毛筆書寫，除每日記事外，每週、每月、每年開始必定按照上述表、錄，檢討上週、上月之施政或個人行事，思考本週、本月、本年之預定工作，每年年終會對全年之政治、外交、黨務、軍事等工作進行分項檢討。1925 年 6 月沙基慘案之後，蔣痛恨英帝國主義者慘殺無辜中國軍民，日記稱英國為「陰番」以洩憤，並每日立下格言、標語誓滅「英夷」，時間長達一年又兩個半月。1928 年「五三慘案」發生後，有感於國難深重，自身責任重大，「國亡身辱」，集國恥、軍恥、民恥「三恥」於一身，於是年 5 月 10 日記道：「以後每日看書十頁，每日六時起床，紀念國恥。」此後，每天的日記前必記「雪恥」一項，以誌不忘國恥。抗戰勝利後，蔣氏 1945 年 9 月 2 日自記：「舊恥雖雪，而新恥又染，此恥又不知何日可以滌雪矣！勉乎哉！今後之雪恥，乃雪新恥也，特誌之。」1949 年來到臺灣，日記中雪恥一欄仍不間斷，因為「新恥」未止。

蔣中正日記的內涵

平心而言，從蔣的日記中的確可以看出作為一個從「平凡人」到「領導者」的心路歷程，無需刻意神聖化，也不必妖魔化。

許多人都知道蔣是用度非常節儉的一個人，他補破衣、不挑食，一口假牙，吃東西十分簡單。蔣不喝酒、不吸煙，只喝白開水，其實生活很是平淡。從他的日記中可以體會到，他是很容易結盟，又是容易結仇的人。結盟或許與上海的生活經驗有關，結仇就可能涉及他的個性。他的日記中看出他對人物批評十分苛刻，有軍人作風，黃埔軍校畢業生拿到校長所贈的寶劍上都刻有「不成功便成仁」的字眼，既現代又傳統。但因為他喜歡讀書，所以跟一般純粹的武人仍有不同，能趕上時代，展現一些文人氣息。他自承脾氣暴躁，對文官雷霆責罵，對武人甚至拳打腳踢，日記中常為自己的錯誤「記大過」，也常懺悔，雖然一直想克制自己，但是個性似乎不

易改變。1960 年 11 月，蔣對第九十九師師長鄧親民所製小冊內容不當，大動肝火，聲嘶力竭叱責，以致喉裂聲啞，半年之久，元氣才告恢復。蔣勤於任事，甚至過火，越級指揮壞了戰局，修整文稿苦了文字秘書。大小事情都會過問，碰到交通阻梗，親出指揮，看到街道周邊髒亂，就會破口大罵指斥官員。這些個性的表現，在日記中都可覆按。這正是親近幕僚楊永泰所講的，他「事事躬行」，常致「輕重不均、顧此失彼」。盟兄黃郛則批評他有「毅力」而欠「恢弘」之氣象，均屬中肯之語。

　　一般人展讀別人日記，除了「偷窺」心理外，多半對主人公不免有先入為主的印象。蔣中正從一介平民到作為一個國家領導人，他奮鬥的歷程，後人難免加油添醋、說三道四。如果平實的對蔣中正日記進行觀察，會覺得他是一個民族主義者，是孫中山的信徒，是一位虔誠的基督徒，他不喜歡英國，嫉俄、日如仇讎；日記中顯示他知道自己學養不足，常師法先賢、勤讀宋明理學。1930 年代當了中央領袖，還特別禮邀學者進行「講課」，甚至不斷向「敵人」學習，有他堅持與成功的一面。但長時期以來，尤其是部分西方媒體和他的政敵，一直視他扮演的是一個「失敗者」的角色，因此多從負面來理解。

　　蔣中正當過軍校校長、軍隊總司令、軍事委員會委員長、黨的總裁、國家主席、總統，一生的作為不能樣樣令人滿意，當然有多方面的因素，例如說在大時代裡頭要重建一個近代國家的制度與規模，當時確實缺少一個可以運作的規則；在兵馬倥傯中還要對付內外的腐敗與變亂，何況想迅速建立「近代國家」本來就是一種苛求，幾近不可能的任務。外交是內政的延長，蔣大半輩子與美國人打交道，他的「美國經驗」，酸甜苦辣備嘗，因國力弱，政治不上軌道，一路走來需要美利堅的扶持，根本上又難符美國「要一個強大而親美的中國」的期盼。在 1930 年代之後，美國由扶蔣、輕蔣、辱蔣，甚至倒蔣的戲碼，輪番上演，是有原因的。蔣一生對日本、美國愛恨交加，日記中透露了諸多內心穩忍的秘辛與苦楚。其次，蔣當時確實不夠重視黨組織，大部分的心力不是放在軍事，就是放在對付敵人。從某個角度看，1920 年代孫中山依違於英美政黨政治與列寧式政黨之間，

所幸蔣沒進一步學取極端嚴格的動員性政黨組織模式，保有了憲政理想。但底層力量的薄弱，派系對權力的競逐，則加深他的黨組危機。1940年11月，在日記中他自承「一生之苦厄，全在於黨務也」。從另一角度看，孫中山西方民主政治的理想，他遵循，也心嚮往之，但最終做到的只是徒有其名而無其實。另外，他在群雄中要衝出頭是有很多困難的，他的輩分比較低，多半的成功是靠謀略與機運。1920年代的北伐及其後，急功近利，對各地軍閥採取收編、妥協政策，結果形成一個諸多山頭的統一，他似乎只成無奈的「盟主」。同時當他有權力之後又甚為自負，不太接受挑戰，一方面是尊嚴的問題，一方面是權力意識，一方面是支撐他地位的架構，一方面是財政來源的困難，最後可能涉及到家族的網絡問題。他身處在農業社會傳統未褪盡，資本主義浪潮下「現代國家」制度尚待建立的威權時代，他的作為與形象很難符合後人的要求與期待，他做事的動機和過程，大多可以在他的日記中捕捉、體會。

蔣中正日記的重要性已如上述，讀者讀過之後更大的感受：這是一套有血、有肉、有靈魂的資料。1920年代之後，日記中許多蔣、宋、孔有關國家大事、家中生活細節的諸多紀錄，正顯現他們平實居家生活的寫照。他除了讀書外，喜歡旅遊，對奉化「古鄉」，頗有依戀之情。平日生活不失赤子之心，1933年10月4日，中央忙於應付日本侵略，又忙於對付中共問題時，他「與妻觀月，獨唱岳飛滿江紅詞」，這與蔣平日予人嚴肅刻板印象，頗有落差。可見這日記提供的不只是歷史的發展線索，更重要的是人性的揭露。歷史的研究本來就應該以人性作基礎，作有「人味」的研究，這套日記正好提供了一份珍貴的原料。

蔣中正日記的公開，迄今已十數年，對海峽兩岸、英日美近代史學界，究竟造成多大的影響？「蔣中正日記」自2006年開放以來，引來各地史學家競相閱覽、關注與利用，是不爭的事實。除海峽兩岸學者有大量論著，忙著開會、籌組成立研究中心、讀書會之外，西方學界也開過幾次以蔣日記為主體的學術會議。不同國家的學者如陶涵（Jay Taylor）、米德（Rana Mitter）、方德萬（Hans van de Ven）、戴安娜・拉里（Diana

Lary）、潘佐夫（Alexander V. Pantsov）等，近年均從不同角度切入，注意到日記的利用，其重要研究成果，有目共睹。即以潘佐夫的《蔣介石：失敗的勝利者》一書言，大量利用蔣的日記，又用俄羅斯的俄文檔案比證，娓娓道來，讓人覺得他真是講故事的高手。齊錫生的中文近著《分崩離析的陣營：抗戰中的國民政府，1937-1945》，其取蔣日記加之中西方檔案作精準比較，史事正負面並陳，同時賦予客觀詮釋，令人耳目一新。這說明研究者、讀者對日記有重大依賴，均能從中直接得到啓發，也就是說，對民國史研究，「蔣日記」之為用，是有相當積極而重要意義。

根據手稿本出版

蔣中正之日記，特別值得一談的是蔣記日記的時間長達半個世紀以上（共五十五年六十六冊），絕對難得。現存的日記，1915 年只有山東討袁一星期的記事，其他都在 1918 年冬永泰之役中喪失。1916 到 1917 年的日記也可能因為 1918 年在廣東戰役中遺失。1924 年正當孫中山致力改善中蘇關係、積極推動國共合作之際，蔣這一年日記則遍尋不著，誠為全套日記出版的最大遺憾。對 1918 年以前的行事，蔣曾經幾度補述，有一部份詳細敘述了他幼年的回憶，附在日記手稿之前；有一部分放在 1929 年 7 月的雜記及 1931 年 2 月的回憶中，嚴格說來不算是日記。1918 年以後雖有部分潮濕霉爛、水漬污染（尤其 1935-1936 年），所幸修補之後，大體完整。

從外型上看，蔣中正日記分為四種形態：蔣中正日記原本、蔣中正日記手抄本、蔣中正日記複印本及蔣中正日記微卷；放在胡佛研究所的蔣中正日記複印本是提供學者閱讀者。事實上，日記的版本應該只有一種，即是目前暫存美國史丹佛大學胡佛研究所之日記原本的「手稿本」，其他所有與日記相關的「版本」，都是由「手稿本」發展出來的。這套《蔣中正日記》是依據原件一個字一個字「刻」（Key）出來的，絕對真實，可靠性無庸置疑。附加的註腳，力求周延，同時方便讀者的索解。

這是學術界、出版界的盛事

日記不可能是個人全部生活的百科書全書，不能求全。日記記載的主觀性與選擇性也顯然的，故而日記史料的利用，更需要其他材料的對應和比較，是而斷章取義、各取所需、過度詮釋，都非所宜。歷史家有好的材料，更應具有好的歷史研究素養和技藝，這是學者可以同意的共識。

過去幾年，能親自參閱蔣中正日記者，畢竟有限，於是許多抄錄者形成的《蔣中正日記》地下版充斥，揭密居奇者正不在少，故而學界及社會各界要求正式出版蔣日記的呼聲極高。最近，日記出版的時機已告成熟，我們的出版立場是學術的、嚴謹的，我們的要求是明確的，這一定會是學界、社會各界期望的出版方向！

我們感謝蔣家家人的同意、國史館陳儀深館長的出版授權、蔣經國國際學術交流基金會錢復董事長、朱雲漢前執行長及今執行長陳純一先生對本案的贊助、世界大同文創公司的支持，使日記順利出版。當然，史學界的朋友，我們曾為蔣中正的善政、失政與作為爭得面紅耳赤，也曾為日記中一個字、詞的辨識吵得翻天覆地，我們的真情是為學術，最大「野心」是努力以嚴謹、負責態度維護出版品水平。這一方面，我們學社同仁自董事長至編輯同仁的付出與辛勞，全在不言中。

我們自信這會是一套擁有「精準」、「正確」特質，具權威性版本的《蔣中正日記》。相信這絕對是民國史、近代中國出版史的一椿盛事。

民國歷史文化學社社長　呂芳上

2023 年 8 月 10 日

序 三

　　蔣中正，字介石，浙江奉化人。早年在中國率軍東征、北伐、領導對
日八年抗戰，到戰後由訓政走向憲政，於 1948 年當選行憲後第一任總統。
1949 年中央政府遷臺後，蔣氏於 1950 年宣布復職為總統並得到美國的支
持，迄 1975 年過世為止，是近半個世紀以來統治臺灣最久的領導人，對
近代東亞歷史的發展影響深遠；而蔣中正在臺灣，人們對他的評價卻褒貶
不一，可說是毀譽參半。

　　中日戰爭的勝利是蔣中正政治生涯的最高峰，獲譽為世界四強的「偉
大領袖」，但短短不到四年時間，就從高峰跌到谷底，變成中共口中的「人
民公敵」。另一方面，在威權統治時期的臺灣，他被黨國體制宣傳為「民
族的救星」、「世界的偉人」，迄 1987 年解嚴之後，臺灣社會與學界才
逐漸擺脫言論自由、思想自由的限制，重新審視蔣中正的歷史定位。直至
今日，不論是海峽對岸，或是臺灣社會內部的不同群體，都對蔣中正的功
過得失，存在著相當對立與矛盾的詮釋，離所謂的「蓋棺論定」，可能還
有一段遙遠的距離。

　　關於蔣中正的學術研究，其契機始於 1995 年總統府分批將「大溪檔
案」（即「蔣中正總統檔案」）從陽明山中興賓館移轉至國史館庋藏。該
批檔案，是蔣中正統軍領政期間之親筆手稿、文件、電令、諭告，也有經
過幕僚統整之檔案彙編、事略稿本，並有蔣氏之相關文物照片等，時間涵
蓋 1924 年至 1975 年，為研究蔣中正生平及國民政府、國共內戰、1949 年
至 1975 年間中華民國在臺灣之歷史的珍貴重要史料。經過本館初步編目

序三

整理，兩年後即全部正式對外公開，是當年學術界的一大盛事。其後，本館更在「蔣中正總統檔案」的開放基礎上，為開拓研究視野並嘉惠學界，從中披沙揀金，先後出版《蔣中正總統事略稿本》82 冊、《蔣中正總統五記》、《蔣中正先生年譜長編》12 冊，後續並將觸角拓展至戰後臺灣史，先後出版《中華民國政府遷臺初期重要史料彙編－中美協防、臺海危機》5 冊及《二二八事件檔案彙編（17）－大溪檔案》等，這些都是完整取材自「蔣中正總統檔案」的原始文獻，從以上出版主題的多元性來看，不難一窺近 30 萬件的「蔣中正總統檔案」，絕對是中華民國史研究者必須參考的材料。

1988 年蔣經國總統逝世後，蔣家家人將兩蔣日記攜至海外，最終寄存於美國史丹佛大學胡佛研究所檔案館。2006 年史丹佛大學胡佛研究所檔案館正式對外開放《蔣中正日記》的閱覽服務，以致以《蔣中正日記》為文本的歷史書寫，方興未艾。本人為了研究二二八事件、1949 大變局、兩次臺海危機以及 1971 年失去聯合國席位的經過等大問題，亦屢次飛去史丹佛大學抄錄蔣日記。隨著日記內容的不斷披露，海峽兩岸與國際漢學界都有研究蔣中正的學界團體與國際會議，出版的研究論著更是隨著時間累積而呈倍數成長。然而受限於時間與成本，絡繹不絕前去史丹佛大學抄錄的學者，往往只能選擇自己最需要參考的部分，而難窺其全貌，這也使得至今《蔣中正日記》雖有多種版本在坊間流傳，但終究都不是正確而完整的內容。

《蔣中正日記》起自 1917 年，迄至 1972 年 7 月止，除了 1924 年份佚失外，大致完整地保存了蔣中正一生橫跨 55 年的日記，其內容不僅是私人之內心世界，更多涉及軍國大事要聞者，對於歷史研究之重要意義，實不言可喻。本館掌理纂修國史及總統副總統文物之典藏管理及研究，長期致力爭取兩蔣日記返國典藏，歷經 10 年纏訟，終於在 2023 年臺灣及美國法院都將兩蔣父子「任職總統期間的」文物所有權判給國史館；加上從 2014 年呂芳上前館長開始、歷經吳密察前館長以及本人任內的溝通努力，陸續得到蔣家後人的捐贈，今日國史館遂擁有這批兩蔣文物的完整所有

權。有鑑於社會各界對於開放日記之殷切期盼，本館立即著手規畫《蔣中正日記》的出版工作，惟考量日記內容卷帙浩繁，決定先從蔣中正就任中華民國行憲後第一任總統任期（1948-1954）的日記開始出版，後續再根據任期及年度依序出版。

這次《蔣中正日記》之所以能夠快速而順利出版，要感謝呂芳上前館長所主持的民國歷史文化學社，因學社內的編輯同仁早已著手校正日記內容的正確性，也為日記中提到的人物及事件作註解，使得日記的深度、廣度大為提升。相信藉由《蔣中正日記》的出版，必定有助於呈現一個有血有肉、在感情上常常天人交戰、在理性上屢屢自我挑戰、在政治上功過參半的政治人物，也就是更真實的蔣中正。

國史館館長

2023 年 8 月 31 日

蔣中正日記
Chiang Kai-shek Diaries

圖像集珍

日記原件。1957年1月1日。

「十時與妻到中山堂團拜，
宣讀元旦文告，自覺合意。」
（1月1日）

「入府會客，與英經濟人
記者談話。」（1月3日）

「昨夜應辭修（六十歲）祝壽宴會，自得為樂。」（1月13日）

「十時到海軍官校舉行畢業典禮後，召見各校校長與教授代表，聽取意見後，點名訓話。」（1月15日）

「晚宴美國駐日本司令官尼米旨，其人和愛，乃較前任為佳也。」（1月29日）

「與妻同遊埔里醒靈寺。」（2月15日）

「十時到鳳山軍校舉行補習教
育班第四期學生畢業典禮畢，
巡視校內新建膳廳後，再到步
兵學校巡視一匝，設備與規模
皆比前改觀矣。」（2月27日）

「緯國新夫婦來拜。」
（3月5日）

「午課後往南港中央研究院之院士會議致詞，感想萬千。」（4月2日）

「到碧潭空軍墓地為王兆湘主持葬禮。」（4月20日）

「遊湖。」（5月18日）

「膳後登防洪閘，經隧道再到水壩視察工程畢。」（5月21日）

「（昨）正午為魯斯生活雜誌
之請求照相甚久。」
（5 月 30 日）

「『蘇俄在中國』新著中、英文版皆於本日發行，自認為此乃平生一
大事也。」（6 月 24 日）

「接見美眾議員寇恩斯氏。」（7月3日）

「舉行空軍總校閱。」
（7月29日）

「入府與星馬考察團會談半小時。」（8月6日）

「午課後到測驗中心視察，再到卅二師部巡視，以此次測驗戰備以該師為主也。」（8月9日）

「九時出發，再到坑道北口視察北口防護陣地之地位，與指示北口坑道口另闢一口之必要，以及增築支坑道要領。」（8月9日）

「乘車上太武山，在海印寺略憩，見其對山甚好也。」（8月9日）

「乘車上太武山，在海印寺略憩，
見其對山甚好也。」（8月9日）

「召見匈牙利反共志士梅占沙巴及皮羅娜二位男女青年，甚為可愛。」
（9月10日）

「晚宴天主教樞機主教田耕莘。」
（9月24日）

「宴沙資勃克並授勳章，沙氏身心遠不如前矣。」（10月17日）

「午課後與妻參觀陸海空勤裝備展覽，二小時畢。」（10月18日）

「十一時乘輿，與經兒同遊『溪內』瀑布，即在觀瀑亭用膳後，重遊瀑上山地同胞住地，視察小學校，皆比前完整為慰。」（10 月 27 日）

「十一時乘輿，與經兒同遊『溪內』瀑布，即在觀瀑亭用膳後，
重遊瀑上山地同胞住地，視察小學校，皆比前完整為慰。」
（10 月 27 日）

「經兒先來祝壽，正午其妻、兒與緯兒及親戚皆來祝壽吃麵。」（10 月 31 日）

「經兒先來祝壽，正午其
妻、兒與緯兒及親戚皆來
祝壽吃麵。」（10月31日）

「晡入府接見伊拉克前
攝政王『阿伯都伊拉』，
彼以久慕余名，特來晉
謁也。」（11月1日）

「九時前與妻往淡水，轉搭直昇機至美第七艦隊
『李察』航空母艦參觀演習。」（11月11日）

「昨午在錐麓遊憩十分時，
仍循原路回程，經靳珩橋
（白龍橋），在拱橋上夫妻、
父子同攝數影，此為風景與
地形最優勝之一也。」
（11月13日）

「今日為我夫婦結婚滿足三十周年的紀念日，每撫往事，惶愧無已。吾人本以完成革命，實行主義為結婚志願，迄今大陸淪陷尚待收復，而革命之志何時得酬，能不加倍奮勉，期償宿願，不負此一紀念乎。」（12月1日）

「十時到陽明山研究院舉行聯戰班第十期結業典禮，訓話後見德國步行世界四青年。」（12月30日）

目錄

目錄

民國四十六年大事表 [1]

生活的目的在增進

人類全體之生活

生命的意義在創造

宇宙繼起之生命

　　　　　蔣中正

戰爭原則

一、精神　　士氣、決心、節操（光榮戰死）、克難

　　含主義、愛國、志氣、道義、智慧（靈覺）、決心（果斷）、責任（積極、自動）、信守（節操）、協同、克難、忍耐、堅定、犧牲、榮譽等項。

二、目標

　　含國策、使命（計畫、順序、階段、時間、空間、效果）等項。

三、安全

　　含組織、秘密、警覺、情報、保防、用間、偵察、搜索、警戒、掩護、觀察、連絡、管制等項。

四、戰備

　　含設計、研究、發展、訓練、生產、保養、修護、動員、節約、儲備等項。

五、統一指揮

　　含和愛、一致、互助、合作、協同、配合、紀律、節制、獨斷、職權、統帥等項。

1　「蔣中正日記」在一月份起頭之前「大事表」內，先附載不同時間之箚記，出版時即依日記原標排印。

六、簡單

含單純、清晰、精確、歸納、科學化等項。

七、攻勢

含主動、積極、先制、攻擊、澈底、果決等項。

八、重點

含主力、集中、充實、重心、優勢、節約兵力、綜合戰力等項。

九、運用

含機動、敏捷、審機、乘勢、彈性、策應、虛實、奇正、分合、決斷等項。

十、出敵不意

含知己知彼、秘密迅速、佯動、欺騙、奇襲、冒險犯難等項。

命令五段法：

一、使命（方針）。二、作戰構想（指導要領）與兵力運用方案。三、一般狀況。四、通信指揮關係。五、後勤補給。

作戰六項要目：

一、搜索。二、警戒。三、偵察。四、聯絡。五、掩護。六、觀察。

訓練五程序：

一、準備。二、示範與講解。三、實習。四、測驗（成果）。五、討論與講評。

四度空間：

一、縱的面積。二、橫的面積。三、高度（立體）。四、時間。

一、朱子[1]「急迫浮露」自反錄正為余之針砭，故記於首條，並以「雍容深厚」自箴與「寬緩靜默」自修。

二、武士道信玄家法[2]第十七條：行起坐臥之間，均須對前後左右取戒心，不可稍大意。「臣軌」日：事不慎者，取敗之道也。第四條：在戰場不可對生命稍存留戀。吳子[3]曰：必生則死，必死則生。

三、曾、左[4]用兵，對士氣以蓄養節宣、慎固安重為主。

一、**本年預期重要工作與目標：**

　　甲、反攻大陸第二期戰備完成。

　　乙、軍事反攻行動秋季開始（七－十月）。

　　丙、毛匪[5]倒斃。

　　丁、匪黨內潰。

　　戊、大陸民眾反共革命爆發。

　　己、共匪向金馬或臺澎進犯，國軍乘機反攻，或共匪發動對韓、越、泰、緬間接戰爭。

　　庚、東歐附庸各國繼續反俄，革命激進。

　　辛、中東及其他問題引起美、俄衝突，世界大戰。

1　朱熹（1130-1200），字元晦，一字仲晦，齋號晦庵，晚稱晦翁，又稱紫陽先生。南宋理學家，程朱理學集大成者，學者尊稱朱子。輯定《大學》、《中庸》、《論語》、《孟子》為四書作為教本，成為後代科舉應試的科目。

2　信玄家法即甲州法度次第，是日本武田晴信（信玄）在1547年「分國法」的部分內容。上卷為五十七條，下卷為家訓。其將武士之間約定俗成的規則第一次以書面形式呈現。

3　吳起（前440-前381），春秋末期戰國初期衛國左氏人。著有《吳子兵法》，要求統軍將領「總文武」、「兼剛柔」，具備理、備、果、戒、約的「五慎」條件，掌握氣機、地機、事機、力機四個關鍵的因素。後人將孫武、吳起並稱為「孫吳」由於在軍事理論上的貢獻。

4　曾、左為曾國藩、左宗棠。曾國藩（1811-1872），初名子城，譜名傳豫，字伯涵，號滌生，清湖南湘鄉人，官至武英殿大學士、兩江總督，同治年間封一等毅勇侯，諡文正。與李鴻章、左宗棠、張之洞並稱「晚清四大名臣」。左宗棠（1812-1885），字季高，湖南湘陰人。清朝大臣，著名湘軍將領。親歷討伐太平天國、洋務運動、陝甘回變、新疆之役等事件。官至東閣大學士、軍機大臣。

5　毛澤東，字潤之，湖南湘潭人。1945年任中國共產黨中央委員會主席。1949年10月，中華人民共和國成立，當選為中央人民政府主席。

壬、俄共偷襲美國或侵佔中東。

癸、美國對俄決心作戰？

策劃反攻之雜錄：

一、反攻開始時，對內對外之宣言、文告草案。

二、戰地政務組織與法規具體擬訂。

三、共匪戰鬥、戰術與戰略今昔不同各點之具體研究及對策。

四、今後建設應重法律、道德、組織、負責、計日考績與論值酬勞辦法、求
簡求實求新精神。

五、如何使美國人民與愛克[1]對我反攻大陸能夠諒解同意，或默認而不公開反
對，乃為本年第一要務。

六、第二期戰備大演習應展至八月廿三與九月廿五日之間，九月八日即為中
秋節，應加注意。

七、傘兵行動應在七月廿三日前後發動。

以上五、六、七各項計畫時間已不許可，只有繼續策畫與準備，務期明
年能如計實施（九月五日）。

九月五日。 擬議對美朝野宣言，稿旨必須寓意警告，言明我國此次反攻成
敗，其關鍵是否仍如十年前以無意中幫助我共同敵人之言行，故今次成敗關
鍵全在於此，而責任誰屬亦將有歷史判斷而定，而且此次成敗決非為中國一
國，亦非為亞洲全洲人民主奴禍福所關，實亦為全體人類文化與人命生死所
係。美如能助我，則此戰勝利，人類幸福世界亦將由此得到真正和平，否則
只要美國不在無意中幫助俄共同敵人，則我國亦必可單獨應戰，確有勝利把
握，惟其時間（勝利）則未能如預期之提早結束戰勝之局勢耳。

---

1 艾森豪（Dwight D. Eisenhower），又譯艾生豪、愛生豪、艾克、愛克，曾任盟軍歐洲戰
區最高指揮官、駐德美軍佔領區司令官、美國陸軍參謀長、哥倫比亞大學校長、歐洲
盟軍司令部司令，1953 年 1 月至 1961 年 1 月兩任美國總統。

九月六日。預備辭職宣言,以志在反攻復國,救民討賊(毛匪)而辭職,凡革命救國之舉必須自立自主,獨立自由之奮鬥方能有成,如果依賴外援或在國際環境中幻想投機獲利,徼幸坐待,則未有不敗者,此證諸北伐、抗戰、剿匪、戡亂之事實,歷史中其成敗利害之關係歷歷不爽者也。如果像過去依賴成性之心理而望反攻,則反攻不僅無期,而我大陸四億同胞之奴隸牛馬生活亦必永無翻身之日,而民族之危亡更不及待矣,此乃余辭職之要旨也。

九月九日。辭職問題所應注意者,除對美影響及其以後對華政策如何變化以外,最重要者實為對內的二個方面,其一為對共匪之心理與影響,是否能使其積極攻臺,此則為最大之效果。其二為對大陸人民之心理,能否不因此而使動搖其反共心理而致絕望,此實為根本問題,應該切實研究與澈底解決也,此為國家存亡、革命成敗最大之關鍵也。

九月十三日。準備要求美國重新檢討大陸反共形勢,並訂立對華政策:甲、不干涉我正式軍事反攻大陸(任其自動行動,聽其自然)。乙、除不參加軍事反攻行動以外,盡其一切方法,援助我擴大共匪矛盾與破綻的裂痕,促成其加速崩潰。丙、既不同意我軍事反攻,而又反對與阻礙,又不允我施用其他各種革命與滲透游擊,號召人民反共與支援其反共革命,令我在臺灣坐困待亡之外,再無其他生路,而使其大陸人民與海外華僑皆對美絕望,此乃美國援助毛澤東統一臺灣之惟一政策也。

十一月十日。慎獨者,存道主敬也。

同月二十日。一、加緊作戰籌備要目:
  甲、加強中、美聯合參謀計畫,並準備在戰時成立正式聯合參謀機構,限期製定各項作戰計畫。
  乙、限明年一月內編成機動部隊,包括海軍陸戰隊一師與陸軍加強軍一個軍。

丙、應急計畫包括匪各種可能行動與我方各種對策,及我望美方所採取
行動。

丁、地面部隊前瞻計畫,中、美雙方已成協議。

戊、與美方協商臨時支援,美國戰略在東亞作戰(參加)之要目:

子、國軍部隊中現有一個陸戰師及一個軍(三個步兵師)全部完成
戰備,衹待美方運輸船隻到達即可出動,而其所需之砲兵及後
勤支援部隊,均先從其他部隊抽調編充,但其他部隊將因之缺
乏是項支援部隊。

丑、其他尚可繼續組成二個軍(每軍三個師),以三個月之間隔時
期分二批出發,最重要之條件為美國必須自臺灣以外之地區,
按照時限將必需之裝備運抵臺灣,如計補充。

寅、須要加強訓練,特別是後勤方面。

卯、不惜自外島抽回一部分裝備。

辰、擬定適當之先期計畫,將部隊番號、指定裝備之適當分配,
以達成國軍提供之支援兵力(三個軍一個陸戰師)。

十二月七日。自動提出取消中美協防條約,或先提取消其附件,如其堅持原
有附件,則我寧可取消正式條件。如其此正式協定一經取消,則俄共必將
進犯臺灣,若臺灣果為俄共所佔,則美國太平洋防務完全打破,而且美、
俄大戰雖欲力避亦不可得矣。此乃美國弱點所在,應切實研究,終望能達
成我反攻大陸,而美不加阻礙之目的也。

1. 行政職位分類制之實施。
2. 司法之整頓與尊重其地位。
3. 軍公教人員之加薪。
4. 外匯制度與貿易業務。
5. 引誘共匪挑戰來犯。
6. 促進大陸民眾反共革命運動。

春季課程表

時＼星	日	一	二	三	四	五	六
六－	起	床	盥	洗	體	操	一
七－九（朝膳）	朝	課	看	書	聽	讀	一
九－十一	反省錄	紀念周	會客	「常會」	巡視	會談	會客 軍會
十一－十二	禮拜	－	「政談」	－	－	情報 財經	
十三－（午膳）	遊憩	－	－	－	－	－	－
十五－	午	課	－	－	－	－	－
十七－	遊憩	修稿	－	批示	修稿	－	批示
十九－（晚膳）	－	遊憩	－	－	－	－	－
二十一－	－	約	宴	或	聽	讀	遊憩
廿二	記	事	晚	課	－	－	－

抄錄余伯泉[1]自勉之手冊中格言：

拿翁[2]曰：使我失敗者，是我自己而不是他人，我一生最大之敵人是我自己。此言誠先得我心，亦為千古偉人應切戒之格言也。

成功之秘訣。集中精力於一點，且要忘記事外之一切，忘世忘物，忘人忘我。

所謂機會人人皆有，但對於有才學有基礎之人便成為機會。

人力可勝天。防他人易，防自己難，自己就是我自己最大敵人。失敗時，最好是自反。

歷史上巨人皆人類之牧羊者，一個人不能馭人就必得為人所馭。上焉者能合天下人之心為一心，中焉者能合天下人之力為一力，下焉者棄天下人之心，孤傲自恃。

下焉者馭人，而使人知其為所馭，惟無法脫馭。中焉者馭人，而使人不知其為所馭，故亦不求脫馭。上焉者馭人，而反使以其為被己所馭，故能出其死力以求事之成，而永不虞其脫馭。下焉者僅能馭在己才力以下之人，中焉者能馭與其才力同等之人，上焉者能馭其才力超己之人。天下莫非人也，莫非才也，祇在你善知善任善馭而已。馭得其當，則普天之下莫非才也。馭不得其當，則英雄豪傑莫非愚也。

揭宣子[3]曰：苟行兵必求不變而後用，則天下有幾兵？兵非善事，所利之才即為害之才。勇者必狠，武者必殺，智者必詐，謀者必忍。兵不能遺勇武智謀之人，即不能遺很〔狠〕殺詐忍之人。如不用狠殺詐忍之人，即無勇武智謀之人。故善馭者使其能而去其兇，收其益而杜其損，則天下莫非才也。

1　余伯泉，字子龍，廣東台山人。1954 年 8 月，調國防部副參謀總長。1958 年 8 月，兼任計畫參謀次長。

2　拿破崙（Napoléon Bonaparte, 1769-1821），法國陸軍將領，法國大革命時崛起，1804 年至 1815 年為法蘭西皇帝。

3　揭暄（1613-1695），字子宣，號韋綸、緯紛，別名半齋，明末清初軍事理論家。其知名著述有《揭子兵法》、《璇璣遺述》、《性書》等。下引文出自《兵經百篇》之法部御篇，但文字稍異。

一月

蔣中正日記
Chiang Kai-shek Diaries

民國四十六年一月

本月大事預定表

1. 行政院各部人事之調整：甲、秘書長。乙、內政。丙、交通。丁、經濟。戊、財政。己、中央銀行。

2. 省府主席人選。

3. 對外貿易機構之設立。

4. 中俄三十年經歷紀要之脫稿。

5. 高級將領人事之更調。

6. 軍事年終會議之準備。

7. 反攻計畫之決定。

8. 對美軍援驅逐艦之要求。

9. 軍官退除役基金籌撥之督導。

10. 國際形勢與政策之檢討。

11. 實踐學員之召見。

12. 出入境證與護照簽證手續。

13. 鼓勵下級官長主動負責精神。

14. 考驗部下指揮能力，課以臨時情況之處理。

15. 待修車輛之處理。

16. 駕駛兵超越速度之嚴處規則。

17. 召見團長級以上三軍種及機構各將領。

18. 黨、政、軍、經皆應有遠、中、近各程計畫。

19. 黨、政、軍、經、外交與宣傳之中心工作計畫。

20. 大陸反共抗暴之發動與引導之程序。

21. 高級將領調職之督導。

一月一日（元旦）　星期二　氣候：大晴

雪恥：知化則善述其事，窮理則善繼其志（西銘[1]）。可欲之為善（其為人也，可欲而不可惡），有諸己之為信，充實之為美，充實而光輝之之為大，大而化之之為聖，聖而不可知之為神（孟子[2]）。「慎獨」者，存心主敬，體仁集義之謂也。中正。

六時半起床，夫妻共同禱告，朝課後經兒[3]與文孫[4]先來拜年，隨之其全家亦來，園中遊覽，訪魚問鳥，觀花思梅，散步至靜觀室略憩，對山自娛，乃知古人梅妻鶴子[5]之逸趣也。回記事，聽報，十時與妻[6]到中山堂團拜，宣讀元旦文告，自覺合意。十一時對克難英雄給獎訓話，正午宴會，餐味甚佳，故飽食亦異往年也。回寓即與妻往陽明山後公園賞梅，尚有未謝花朵，清香餘味尚在也。午課後修校和平共存稿。晚觀影劇，散步二度，晚課，廿三時前寢。

1　〈西銘〉又名〈訂頑〉，載於北宋理學家張載（1020-1077）《正蒙‧乾稱篇》中。「知化則善述其事，窮理則善繼其志」，應為「知化則善述其事，窮神則善繼其志」。張載，字子厚，陝西眉縣橫渠鎮人，世稱橫渠先生。一生主張「實學」，強調經世致用，《正蒙》一書為其思想之總結。曾提出著名的「橫渠四句」，認為讀書人要「為天地立心，為生民立命，為往聖繼絕學，為萬世開太平」。

2　孟子（前 372 - 前 289），名軻，戰國鄒人。弟子萬章與其餘弟子著有《孟子》一書。繼承並發揚孔子思想，成為僅次於孔子的一代儒家宗師，被尊為亞聖。

3　蔣經國，字建豐，蔣中正長子。時任中國青年反共救國團主任、國防會議副秘書長、行政院國軍退除役官兵就業輔導委員會主任委員。

4　蔣孝文，字愛倫，為蔣經國和蔣方良長子，生於蘇聯，1937 年隨父母回國，1949 年隨家庭來臺。

5　語出自沈括《夢溪筆談》，宋林逋隱居杭州西湖，植梅樹養仙鶴過日，比喻清高或隱居。

6　宋美齡，原籍廣東文昌，生於上海。蔣中正夫人。1950 年 1 月，自美國返臺，支持「反共復國」，並創辦中華婦女反共聯合會、華興育幼院等。1953 年 10 月，受任為中國國民黨中央婦女工作會指導長。

一月二日　星期三　氣候：晴

雪恥：一、去年末共匪中央政治局「再論無產階級專政的歷史經驗」文件，應重加研究，以測共匪垂死的心理。二、愛克認為不經過大戰即可推翻俄共之心理，增強其對於中國反攻行動之利害如何。三、美國對印度經援之增加以及俄朱可夫[1]即將訪印，協助印度建軍，以對抗巴基斯坦之美國軍援，其矛盾之前途如何。

朝課後記事，膳後遊覽庭園，觀察鳥類接吻親愛之性情，注神甚久。散步回，審閱中俄卅年經歷中附圖，加以修改。午課後記上周與上月反省錄，晡獨自遊覽散步後，入浴。晚文孫來陪膳，問其體力與性能對於軍校果否相宜，令其自行決定。同觀影劇秋娘[2]尚佳，晚課。

一月三日　星期四　氣候：陰

雪恥：一、美參議員高爾[3]等將對我反攻運動必多方阻礙，其對我美援亦將提出異議。二、聯合國大會對共匪加入聯合國問題之會員中立與取不反對態度者，必比往年增加，美國態度亦漸趨消極，不如過去之極端反對，殊堪顧慮。三、國際對我政府之精強日漸注重，故對我嫉忌與壓力亦必日增，然余以為此乃我轉敗為勝之最後一個階段，必有很多阻力橫梗在前，只要我能自立奮鬥，自必可轉危為安，何況在此後九個月之中，國際形勢尚有不測之變化，未必皆於我為不利乎。

1　朱可夫（Georgy K. Zhukov），蘇聯陸軍將領，曾任駐德蘇軍司令，1953 年 3 月任國防部第一副部長，1955 年 2 月至 1957 年 10 月任國防部部長。
2　《秋娘》，由嚴俊執導，嚴俊、尤敏等主演。香港邵氏父子影業公司於 1956 年出品。
3　高爾（Albert A. Gore），美國民主黨人，1953 年 1 月 3 日至 1971 年 1 月 3 日任參議員（田納西州選出）。

朝課後記上月反省錄，入府會客，與英經濟人記者[1]談話，批閱，與希聖[2]談和平共存稿中增補共黨志願軍問題一段，認為重要。午課後記事，剪報，與妻車遊後公園回，批示財經機構調整方案，不妥。晚閱報，散步二次，晚課，入浴。

一月四日　星期五　氣候：陰

雪恥：一、幹部精神之修養與研幾工夫，首在面對危機而迎接危機，切不可逃避危機，所謂見危授命，見義勇為，乃利用危機研究合理與正確的法則為之解決，不特使之打破危機，且即藉此危機轉為大勝而得勝有餘也。故革命者不避危險，而且認識危險來臨時亦即成功之來臨，其危險愈大，則成功之機運亦隨之愈大，要在其能否運用危機而不避危機，所謂臨難毋苟免也。

朝課後記事，會客，召見調職人員畢，主持財經會談，研究財政經濟政策與組織問題，甚覺有益，但仍未解決調整職權與機構問題。午課後補記去年十一月份反省錄，至晚方完，但甚有益。晡見德記者[3]後，車遊山上，回記預定工作表，晚課。

1　克勞齊（Brain Crozier），曾任英國路透通訊社（Reuters）駐外記者，時任《經濟學人》（*The Economist*）專欄記者。1976 年曾出版《蔣介石傳》（*The Man Who Lost China: The First Full Biography of Chiang Kai-shek*）。
2　陶希聖，名匯曾，字希聖，以字行，湖北黃岡人。歷任立法委員、革命實踐研究院總講座、中國國民黨中央常務委員會委員。1955 年冬受命撰寫《蘇俄在中國》，1956 年12 月出版。
3　史汀柏格（Steinberg）夫婦，又譯史丁柏格，西德作家，妻子名 Clara。

一月五日　星期六　氣候：晴

雪恥：一、禍兮福所依，福兮禍所伏。必使幹部警悟失敗乃為成功之母，不僅不可悲觀，而且要愈挫愈奮，愈奮愈強而愈勝。反之勝利實為失敗之機，若不警惕戒懼，必起驕矜自大之過，神人嫉忌，禍至無日。必須臨深履薄，獲勝生懼，自反自強，日新又新，或能克保令名於不墮乎，同志勉游。

朝課後記事，入府接見俄藉〔籍〕反共領袖波倫斯基[1]後，召見空軍深入保定、重慶與魯南各次同機人員趙欽[2]、葉霖[3]、郁文蔚[4]等各校尉，予以嘉勉與攝影畢，主持軍事會談，聽取美顧問團對我軍之批評報告，甚覺有益。午課後閱報，記本月工作預定表，召空軍遺族孤寡七十餘人茶會，內心悲苦無已。茶畢攝影後，率領其同觀滑冰，二小時散去。晚閱報，晚課，入浴。

上星期反省錄

一、金門司令人選應即發表，到任負責。

二、本年第一周心神比較寬暢幽閒，但靈修並無進步，而且時動妄念邪思，戒之。

三、對國際形勢仍在變動演進之中，最重要的即愛克所提授權中東使用軍隊，以防阻共產勢力之侵略案，余之第一感想認此為愛克對俄積極政策之開始，而於我國並無不利之影響。

1　波倫斯基（Vladimir D. Poremsky），1955 年至 1972 年為反共組織「俄羅斯民族團結國家族聯盟」（NTS）負責人。

2　趙欽，河南罩縣人。時任空軍總司令部情報署技術研究組飛行員，後任第三十四中隊（黑蝙蝠中隊）中隊長、情報署技術研究組組長。

3　葉霖，時任空軍總部情報署技術研究組飛行員，後任第三十四中隊（黑蝙蝠中隊）副中隊長，1961 年 11 月 6 日執行任務時，在遼寧新金殉職。

4　郁文蔚，上海人。時任空軍總司令部情報署技術研究組副組長、後代理組長，1957 年 2 月卸任，前往民航空運公司擔任飛行員。

三[1]、共匪「再論無產階級專政的歷史經驗」尚未詳加研究，但其依存俄共之表示，美、英對其東方狄托[2]主義之幻想又一證明，其為不可能也。

四、對外交宣傳政策與黨政軍及反攻具體計畫尚未能專心考慮耳。

五、和平共存稿修補不已，但愈後愈要也。

本星期預定工作課目

1. 對藍欽[3]談話綱要之準備。

2. 對宣傳方針之指示。

3. 對大陸情報與宣傳計畫之研究。

4. 高級將領人事之督導。

5. 發余伯泉、汪軍長[4]醫藥費。卜道明[5]。

6. 召見師長人員之日程。

7. 金門防衛部與軍部組織統一化。

8. 商船改裝運兵之計畫與總噸數之籌劃。

9. 黨政軍經，宣傳、外交、教育計畫分近、中、遠程。

10. 面的戰術、鄉村組織幹部、鬥爭方法之習練與養成。

1　原文如此。

2　狄托（Josip Broz Tito），曾任南斯拉夫總理、國防部長，時任共產黨總書記、總統。二戰後倡導與蘇聯不同路線的共產主義，被稱為狄托主義。

3　藍欽（Karl L. Rankin），又譯蘭卿、藍卿，美國外交官。1949 年出任美國駐廣州總領事，後轉駐香港擔任總領事。1950 年 8 月，出任駐華臨時代辦兼公使。1953 年 4 月，出任駐華大使。1958 年 1 月 3 日離任。

4　汪光堯（1911-1957），字敬陶，湖北蘄春人。1955 年 3 月任第三軍軍長，時任第八軍軍長。本年 4 月病逝。

5　卜道明，字士畸，湖南益陽人。1953 年 4 月 1 日，與邵毓麟、李白虹等發起成立國際關係研究會，研究中共及國際問題。1954 年 11 月，繼任理事長。

一月六日　星期日　氣候：陰晴

雪恥：一、與俞[1]談話要點：甲、一般人心對行政院的希望與觀感，必須求新求速積極發展，認為現狀是停滯靜止，沒有效率，不求進步與沒有自動精神與領導責任。乙、重要人事之改革：子、秘書長。丑、各部長人事調正。寅、中央銀行總裁人選與紐約分行人事。丙、機構調整：子、美援機構。丑、貿易與外匯機構。寅、研究發展即設計考核與調查綜核機構。

朝課後，上午修正和平共存稿，增補俄共戰爭經濟計畫成敗之四大因素，與俄共侵略戰爭之四個方式各節，認為甚重要也。禮拜如常。午課後記事，重審修補稿件，約咸台永[2]茶會，因送客至門外而傷風。入浴後晚膳，與妻等作桌上跑馬遊戲，晚課。

一月七日　星期一　氣候：晴

雪恥：一、生命意義為哲學，生活目的為科學，但科學終極之智識必須由宗教為之證明，方能得到圓滿解釋，故宗教不僅為哲學之本源，而亦為科學之基礎。人生如欲解決其生命與生活之基本觀念，故對宗教問題不能不加以研究，而認識其對人生之重要性。如能對此問題真能解決，則所謂大澈大悟與大勇無畏之精神實力皆可由此而生也。

朝課後記事，膳後記上周反省錄，見俞[3]院長，商談行政院組織與人事問題，加以指示後，經兒來見，彼將於明日往馬祖各島視察也。午課後閱英人所

---

1 俞鴻鈞，廣東新會人。1953年4月，任臺灣省政府主席，並兼臺灣省保安司令部司令，10月兼中央銀行總裁。1954年6月，任行政院院長。1958年7月辭職後，復任中央銀行總裁。
2 咸台永，號松岩，字子卿。歷任大韓民國政府第二任審計院院長（1949-1952）和第三任副總統（1952-1956）。
3 俞即俞鴻鈞。

著，由列寧[1]到馬林可夫[2]書中[3]關於中國部分，讀完甚為平常也。晡車遊山上一匝，晚閱報，審閱將領人事後，晚課。

一月八日　星期二　氣候：晴

雪恥：一、大陸剿共失敗的各種原因之追述。二、反攻準備各種缺點與弱點之檢討：甲、運輸的人力與獸力以及工具。乙、船舶運輸與改裝計畫之具體設計。丙、空運與傘兵訓練與使用計畫。丁、戰地情報、反情報與策反工作組織、心戰與鄉村組織、控制地下工作等全面的與地下的基層幹部技術之訓練。

朝課，記事，入府召見國防大學畢業學員後，主持宣傳會談，據胡建〔健〕中[4]來函，胡適[5]與其面談「毀黨救國」的主張，並由反共救國會議修改憲法解決國是之建議，殊出意外，此種文人政客真是無恥，共匪之不若矣，實予我以在政治上重大之教訓也。

1　列寧（Vladimir Lenin, 1870-1924），俄羅斯政治家，領導十月革命推翻俄羅斯帝國，蘇聯創始人。

2　馬林可夫（G. M. Malenkov），蘇聯共產黨，1953 年 3 月至 1955 年 2 月任部長會議主席，1955 年 2 月至 1957 年 6 月任部長會議副主席。

3　塞頓華生（Hugh Seton-Watson）所著 From Lenin to Malenkov: The History of World Communism。

4　胡健中，原名經亞，又名震歐，字絮若，筆名葫子，原籍安徽和縣，寄籍浙江餘杭。1952 年 12 月至 1953 年 4 月出任中央日報社董事長，1956 年 5 月至 1961 年 6 月，再任中央日報社社長。

5　胡適，字適之，安徽績溪人。曾任駐美大使、北京大學校長。1950 年 9 月至 1952 年 6 月，任美國普林斯頓大學葛思德東方圖書館館長。時任中央研究院院士、第一屆國民大會代表，寓居紐約。1957 年 11 月任中央研究院院長，1958 年 4 月返臺就職。

一月九日　星期三　氣候：大晴

雪恥：昨日宣傳會談，對在港所謂反共政客，以自由人自命之荒謬言行不能再予妥協之指示，其實他們內心一如胡適為一邱〔丘〕之貉，不僅反對本黨革命，而其存心毀滅本黨，寧為共奴而不恤也，此一趨勢非加以消除，無法再談革命也。午課後召見實踐學社學員十六人畢，車遊山上一匝，入浴，膳後下月散步，讀詩，晚課。

本（九）日朝課記事後，召集幹部，商討對胡適應取之方針，表示反對立場。主持中央常會，聽取第二組與婦女工作會報告，皆有進步。正午約藍欽夫婦[1]便飯，交閱和平共存稿，問其意見如何。午課後召見實踐學員十六人回，散步，閱新印四明山志，不忍釋卷也。觀影劇，膳後月下散步，讀詩，晚課。

一月十日　星期四　氣候：晴

雪恥：一、剿匪作戰教令。二、剿匪戰爭失敗之原因檢討：甲、心理與精神。乙、戰術與技能。丙、紀律與制度。丁、組織與教育：子、防諜保密。丑、通信洩漏與收音機管制無方。寅、戰地情報與搜索。卯、社會管制、監察運用無方，處罰不嚴。戊、對戰地約法三章內容之研究。三、電俞[2]美參校高級班能再辦一期。

朝課後記事，入府召見四十四年度文武優績人員五百餘人，獎勉訓誡後，見西班牙神父[3]與日本圍棋訪問團青木一男[4]等畢，批閱。午課後，為辭修[5]、

1　藍欽（Karl L. Rankin）及其夫人波林‧喬登（Pauline Jordan Rankin）。
2　俞大維，浙江紹興人。曾任國民政府軍政部常務次長、交通部部長，1954 年 9 月 20 日起至 1965 年 1 月 25 日任國防部部長。
3　伊瑞拉神父（Fr. Hiruela），西班牙心理學家。
4　青木一男，日本自由民主黨籍，1953 年 5 月 3 日至 1977 年 7 月 3 日為日本參議院議員。
5　陳誠，字辭修，號石叟，浙江青田人。1954 年 5 月就任第二任副總統。1957 年 10 月當選中國國民黨副總裁。1958 年 7 月，再度出任行政院院長。

鴻鈞寫祝壽屏條後，召見實踐學員十五人，回題款。晚閱報，月下散步，晚課。

一月十一日　星期五　氣候：晴

雪恥：一、英艾登[1] 辭職，麥克米倫[2] 繼任，是英國政治敝弱不勝之暴露，亦可卜歐洲英、法民主與殖民政治已近沒落矣。二、愛克致其國會新年諮文，余認為其對俄共鬥爭已下決心，此少已不惜以武力阻止其發展之政策甚為明顯也，其對共匪亦不致放鬆，以其文字並未有東西之分乃可測知也。

朝課後記事，入府召見防大畢業生後，主持軍事會談畢，批閱公文。午課後召見實踐學員十五人，優秀者不少也。與白總教官[3] 談話，商討下期教育時間及課程內容。晚聚餐致訓，回寓散步，閱報，讀詩，與妻閒談，晚課。

一月十二日　星期六　氣候：上陰　下晴

雪恥：一、匪報宜賓至西昌的橫貫涼山公路已通車。二、西藏八行政區公路亦已貫通，此皆大陸之佳音也。三、匪對江西老巢各區皆派員視察慰問，此其為將來重建老巢之準備，他自知其末日將近之心理表現。四、陳毅[4] 又任

1　艾登（Robert Anthony Eden），英國保守黨成員，國會議員，曾任外務大臣，1955 年 4 月至 1957 年 1 月任首相。

2　麥米侖（Harold Macmillan），又譯麥米崙、麥克米倫，英國保守黨人，1957 年 1 月至 1963 年 10 月任首相。

3　富田直亮，前日本陸軍第二十三軍參謀長，化名白鴻亮，1949 年 11 月 1 日抵臺，協助訓練國軍幹部，為實踐學社（白團）之總教官。

4　陳毅，原名世俊，字仲弘，四川樂至人。中華人民共和國成立後，1949 年 5 月至 1958 年 11 月任上海市市長，其後歷任國防委員會副主席、中央軍委副主席、國務院副總理兼外交部部長等職。

上海市長之匪情，似乎是一好消息也。

朝課後記事，手擬軍事會談指示十則。上午召見劉玉章[1]、劉安祺[2]、石覺[3]、胡璉[4]各司令，詢問其可任軍師長之新進將領人選之推保。主持軍事會談，聽取陸海空各軍本年上半年度訓練計畫後，加以指正，回寓已十四時矣。午課後藍欽來談其對和平共存稿之感想，在哲學理論方面認為其所閱各書中最好之一書，惟敘述歷史方面略嫌過長而已。

上星期反省錄

一、周匪[5]朝俄赴波，乃為其主子俄共作救命運動，亦為其共產集團最後命運作掙扎，而美猶慮俄共將發動大戰，作困獸之鬥，是其真不懂共黨之內容與心理之所為也。

二、英國艾登辭職，麥克米倫繼任，其於國際情勢不無影響，但並不甚大也。

三、愛克對其新年國會諮文，余認為其對俄共已下作戰決心，並作準備矣。

四、美在聯合國重提韓國統一選舉，與對匈牙利組織五國委員會調查俄軍暴行案之建議，是非僅為宣傳作用也。

五、胡適竟提毀黨救國之荒唐口號，不能再事容忍，對此種文人政客，直不可予以禮貌優遇，是又增多一經歷矣。

1　劉玉章，字麟生，陝西興平人。1953 年 3 月，任臺灣中部防衛區司令官，1954 年 5 月，調任金門防衛司令部司令官。1957 年 7 月，任陸軍副總司令，1958 年 11 月，任預備部隊訓練司令。

2　劉安祺，字壽如，山東嶧縣人。1953 年 3 月，調任澎湖防衛司令部司令官。1955 年 7 月，調任陸軍預備部隊訓練司令。1958 年 11 月，調任金門防衛司令部司令官。

3　石覺，字為開，廣西桂林人。時任第二軍團司令。1957 年 7 月，升任參謀總部參謀次長兼聯合作戰計畫委員會主任委員。1959 年 7 月，調任聯勤總司令部總司令。

4　胡璉，字伯玉，陝西華縣人。1954 年 6 月調任第一軍團司令，1957 年 7 月，回任金門防衛司令部司令。1958 年 8 月，調升陸軍總司令部副總司令。

5　周恩來，字翔宇，浙江紹興人。中華人民共和國成立後，任國務院總理兼外交部部長。

六、指示鴻鈞加強行政院陣容與改組之方針，乃一要務也。

七、實踐學社又畢業一期，認為本期學課比前更為完整，實為軍事上之一進步也。

八、軍師長調職人選尚未決定。

九、膀胱輕性發炎約一周，小便短急，服藥後即癒。

本星期預定工作課目

1. 海軍官校畢業典禮之主持。

2. 師長以上調職將領人選之審核。

3. 緯兒[1]赴日考察。

4. 巡視步兵學校。

5. 政府工作協調組之建立。

一月十三日　星期日　氣候：晴

雪恥：昨夜應辭修（六十歲）祝壽宴會，自得為樂，廿二時後回，晚課。

本晨七時三刻始起床，實為平時最遲起之一天。朝課後用膳，聽報，散步，記事，與希聖談「和平共存」出版與日譯文計畫畢，禮拜回，記上周反省錄。午課後與妻車遊基隆道上，巡視松山總運動場，毫無常識與秩序之情形，

1　蔣緯國，字建鎬，蔣中正次子。1955 年 1 月，任國防部第三廳副廳長。1957 年 10 月，任國防部聯合作戰演習計畫室助理主任委員，1958 年 3 月，任國防部第五廳廳長，8 月復任裝甲兵司令。

不勝傷心，嚴主席[1]實非行政人才也，可憐。回後重校和平共存稿第六次印本後，觀影劇，楊明主演「胭脂賊[2]」甚平常。膳後散步，重校前本。晚課後入浴，廿三時寢。

日人栗山[3]與我顧維鈞[4]競選國際法官，舉行六次選舉投票皆無結果，最後卒為顧維鈞當選。日人之無理無義，只知好勝欺憐之天性，殊為可歎。

一月十四日　星期一　氣候：上陰　下晴

雪恥：一、戰地之人、物、地、財（經濟）之組織與運用學科之重要。二、空間、時間、距離、速度之組織與運用（利用夜間與惡劣氣候）。三、後勤力之充實。四、如何利用敵人力量，轉為我之力量。五、判斷情報易犯錯誤各點之注意與戒慎。六、準備與計畫之重要。七、軍事學術應用於黨、政、社、經等一切行政業務。八、實踐學員用充參謀。

朝課後記事，上午審核將領調職人事，接見英國收藏家[5]後，續核人事。正午約本黨中央六十歲與立、監二院七十歲同志與評議委員共同聚餐，以資聯歡祝壽畢，乃即起飛，途中午課如常。十七時到澄清樓巡視一匝，入浴，膳後獨自海濱沙上散步，明月高潮，天空海闊，心神澹泊，澄爽一樂也。晚課，續核人事。

1　嚴家淦，字靜波，江蘇吳縣人。1954 年 6 月出任臺灣省政府主席，並兼任美援運用委員會副主任委員（至 1963 年）。1958 年 3 月，二度出任財政部部長。
2　《胭脂賊》是 1956 年香港永明影業公司出品的電影，唐煌導演，楊明監製並飾演女主角王珠麗。
3　栗山茂，1947 年 8 月 4 日至 1956 年 10 月 5 日任日本最高法院法官。
4　顧維鈞，字少川，江蘇嘉定人。1946 年 6 月擔任駐美大使，1956 年 4 月辭職獲准，轉任總統府資政。1957 年 1 月，經聯合國大會和安理會多次投票，當選海牙國際法庭法官。
5　裴席衛（Sir Percival Victor David），英籍中國古文物收藏家。

一月十五日　星期二　氣候：晴

雪恥：一、發羅列[1]、武泉遠[2]、方先覺[3]父母節金。二、沈鴻烈[4]意見：甲、對外貿易（南洋）。乙、政治在大陸。丙、經濟在大洋。丙[5]、士兵情緒之調節。三、營連長掌握士兵之團結向心力，應加研究。四、以班長統御十五人，如有方法則不患士兵逃跑，更無自殺情事。以近來士兵苦悶，心思無從訴申，即其連營長對部下無親愛精神。五、班排長缺額應由候補軍官中擇優補充。

朝課後記事，十時到海軍官校舉行畢業典禮後，召見各校校長與教授代表，聽取意見後，點名訓話，往專科學院參觀防潛電影畢，召見顧問與沈成章，老練可敬，聚餐後回。午課後審核人事，召見各軍校校長與高級將領十餘人，晚與宗南[6]討論其所部之將領優秀可用之人選，與西北剿匪各戰役戰史之催編，約談一小時餘，晚課，月下海濱散步自得也。

一月十六日　星期三　氣候：晴

雪恥：一、海校教授住宅與學生伙食待遇應與陸校同。二、三軍幼年學校先行分辦。三、學校設備經費應在預算之外特別開列。四、李運成[7]、胡翼

1　羅列，原名先發，號冷梅，福建長汀人。1955 年 7 月，升任副參謀總長，並前往美國陸軍指揮參謀大學特別班深造。1957 年 6 月，調任第一軍團司令。1959 年 6 月，升任陸軍總司令。

2　武泉遠，字子哲，河北鉅鹿人。時任澎湖防衛司令部副司令官。

3　方先覺，字子珊，江蘇蕭縣人。時任澎湖防衛司令部副司令官兼防空指揮官。

4　沈鴻烈，字成章，湖北天門人。時任總統府國策顧問。

5　原文如此。

6　胡宗南，原名琴齋，字壽山，浙江孝豐人。1951 年 8 月化名秦東昌，出任江浙反共救國軍總指揮兼浙江省政府主席。1953 年 7 月，任總統府戰略顧問委員會顧問。1955 年 9 月，出任澎湖防衛司令部司令官。1959 年退役，復任總統府戰略顧問。

7　李運成，字樹功，湖南湘陰人。1954 年 5 月，調任金門防衛司令部副司令官。1958 年 7 月任第一軍團副司令。

烜[1]調訓。五、見李良榮[2]。六、重禮節。七、逃兵不准回補。八、排長缺額必須補足，經費增加。九、軍隊工作，修護整補在內的八小時為準。十、搜索團訓練與課目之加強考驗。十一、標準規定。十二、假想敵軍訓練中心。十三、原子防禦課目加強。

朝課後膳畢，散步，上午重審將領人事，軍師長候補人選大體核定。午課後召見海軍黃思〔王恩〕華[3]等將領與政工主任六員，再召見南部軍師長十二員畢，聚餐後散步，海濱潮高月圓為樂，觀影劇，晚課。

一月十七日　星期四　氣候：晴陰　寒　溫度：六十度

雪恥：一、美國怕戰新理論，以俄因國內外交相煎迫之下，可能不顧一切從事冒險戰爭，故其必須小心，不可增加莫斯科在匈牙利或其他各處之困難。此則美國以前是俄國武力令美癱瘓，今則以俄之疲弱更使美國害怕，這一邏輯豈不可笑。二、裁軍問題，史塔生[4]的樂觀主義主張美可撤退德國駐軍，交換俄國撤退其各附庸國的駐軍，更屬荒唐矣。

朝課後記事，上午召見南部各軍師之政工主任，約一小時後，重審人事問題。午膳後本擬赴步兵學校視察，以傷風未果，直赴屏東上機起飛，回蔣林閱報，指示希聖增補國際裁軍會議無異對俄與虎謀皮一段，此時甚覺重要也。晚重校和平共存稿結論，晚課。

1　胡翼烜，字炳文，1953 年 7 月，調任第十九軍軍長。1954 年，第十九軍與第五軍合編為第四軍，任軍長。1958 年「八二三」金門砲戰爆發，奉調金門防衛司令部副司令官。

2　李良榮，號良安，福建同安人。時任行政院設計委員會委員。1957 年 5 月當選臺灣省第三屆臨時省議會省議員，後辭職離臺僑居馬來西亞。

3　王恩華，字澤中，江西南康人。1955 年 9 月調任海軍艦隊指揮部指揮官。1959 年 3 月調任國防部參謀總長辦公室主任。

4　斯德生（Harold E. Stassen），又譯為史太生、史塔生，美國共和黨人，曾任賓州大學校長，1953 年 8 月至 1955 年 3 月擔任美國援外總署署長。1957 年 3 月再任倫敦裁軍會議代表。

一月十八日　星期五　氣候：晴

雪恥：一、對情報會議閉幕詞：甲、情報工作優先目標與重賞。乙、目標次序。丙、優待遺族。丁、臨機應變。戊、投其所好。己、冒險犯難。庚、愈險愈安。辛、死中求生。壬、網魚遠航技術。癸、高級情報路線之研究。二、香港共匪機構之滲入與利用，以及反攻後工作發展之布置。

朝課後為留藍欽事，致公超[1]電後，記事。入府見瑞士自由人士閔士特[2]君，及召見留美原子人員[3]，主持財經會談，去年財經尚稱穩定，指示美援交涉方法與貿易研究發展之組織精神，去年對日糖價協定全在情報不靈，以致虧損千萬美金也。午課後重校和平共存稿至「史大林[4]轉變」節，晚課。

一月十九日　星期六　氣候：晴

雪恥：一、紀律與法令之貫澈。二、軍禮之重申。三、三軍一致與三軍一體之分別，事關通案之弊習必須掃除。四、下級幹部之提補與教育及考試之嚴緊。五、老弱機障檢定權應交部隊長，尤其是年齡限制之判定。六、臺省新兵教育與老兵一致之辦法應改正。七、老兵應多重專業訓練。八、士兵家眷之安頓（51D）。九、預備師在職訓練時期之規定。

朝課後記事，入府見高瀨[5]、安井[6]等，復見世界運動會代表鄧傳楷[7]等後，主

1　葉公超，原名崇智，字公超，廣東番禺人。1949 年 4 月以外交部政務次長代理部務，10 月真除。1958 年 8 月轉任駐美大使。
2　閔士特（Albert Muset），時為瑞士和平自由協會主持人。
3　吳大猷，筆名洪道、學立，廣東高要人。1948 年，獲選為第一屆中央研究院（數理科學組）院士，1950 年為加拿大皇家學會會員，在加拿大國家研究院主持理論物理組。1956 年後，常應邀回臺講學。
4　史達林（Joseph Stalin, 1878-1953），又譯史大林、斯大林，曾任蘇聯共產黨總書記、部長會議主席。
5　高瀨莊太郎，時為日本書道聯盟會會長。
6　安井謙，時為日本書道聯盟會副會長。
7　鄧傳楷，江蘇江陰人。1954 年 8 月，任中國國民黨中央委員會副秘書長。1956 年 11 月任出席第十六屆世運（奧運）代表團團長。1961 年 3 月，任教育部政務次長。

持軍事會談，軍官退除役經費與輔導就業問題，似可與美援部分取得解決為慰。午課後，對情報會議致詞後，見李享〔亨〕根[1]等（金信[2]）。晚重審和平共存稿，晚課。

上星期反省錄

一、周匪[3]朝俄後，往波蘭、匈牙利遊說後，又回莫斯科發表其匪俄聯合宣言，重提其反對愛克主義之侵略中東老調，其他並無新奇之點，而赫魯雪夫[4]則在歡迎周匪會上頌揚史大林為共產黨員之模範也。

二、海軍三校畢業典禮後，在高雄召集陸、海軍將領及政工人員各別問話，所得頗多。

三、軍師團長級調升人事，已在高雄期間作詳細查考之決定，對於南部將領之召見詢問甚覺有益。

四、和平共存稿重加審核後仍有補充，乃可作最後之定稿矣。

本星期預定工作課目

1. 對老兵不能姑息驕養。

2. 切戒投機取巧或揣摹上官心理。

1　李亨根，時任大韓民國陸軍參謀總長。

2　金信，號瑞言，生於中國上海，為韓國獨立運動領導人金九之子。時任大韓民國空軍本部行政參謀部長。

3　周匪即周恩來。

4　赫魯雪夫（Nikita Khrushchev），日記中有時記為黑利雪夫、黑魯雪夫、黑裡雪夫、俄黑、赫酋、赫魔，蘇聯政治家，共產黨中央委員會第一書記。

一月二十日　星期日　氣候：陰

雪恥：一、指揮官組織能力、統御方法與領導德性對於軍隊士氣之關係。二、孫子[1]五校之計：道天地將法。三、法令執行－兵眾孰強，士卒孰練，賞罰孰明。四、勝算。五、詭道。六、機勢。七、覆葉[2]信。

晨醒忽覺傷風，妻為余調藥服之。七時起床，朝課後續校和平共存稿（第七次），至晚校至第三編第二章止。午課後記事。本日以傷風未往禮拜，晚課後廿二時半寢。

共匪政治、經濟與社會破綻暴露已久，惟軍事的弱點始終未能獲得實際情報，今其廣播中對於要求匪軍節約不運年貨，以及軍隊佔住民房不付房租，與軍車車禍之多，亦逐漸公開自暴矣。

一月二十一日　星期一　氣候：陰晴雨

雪恥：一、判斷解決問題與研究分析之思惟偏差不能合理之病。二、帶兵方法、領導管理指揮、體察人情與心理之教育應特別注重。三、軍力前後新舊之比例。

朝課後續審核和平共存稿，至正午全部完成。午課後記事畢，接見菲律濱銀行考察團十餘人畢，又見去年出席聯合國文教會議之代表團，在印度開會一般情形之報告，其中有印度參議院議長要求與我代表團一同來臺見余，說明為昔日中印關係，「泥黑路[3]」與余修好之意，後為我代表團婉拒而罷，此一消息令余感想不置。晡與希聖談和平共存稿付印日期及英譯本修正各點，晚為明日會議訓示之準備，晚課。

1　孫武（前 544 - 前 470 或前 496），字長卿，春秋時期齊國人。兵書《孫子兵法》的作者，後人尊稱為孫子、兵聖、東方兵聖。
2　葉即葉公超。
3　泥黑路即尼赫魯（Jawaharlal Nehru），印度獨立後的第一任總理（1947-1964）。

一月二十二日　星期二　氣候：陰晴

雪恥：一、三軍報告實際成績以空軍為第一，尤以其三年訓練計畫縮短為一年完成之成績為最顯著。二、行政院與省府對建軍之協助努力，而以公館機場遷移居民與收購土地更為難得。三、軍隊福利物品運輸價格以十分之二為準，借支無息或二厘息為準。四、陸軍駐地附近應照海軍例，可設公工處舉辦公工事業與設施。五、行政管理課之普設。

朝課後準備開會詞，九時到國防大學舉行四十五〔年〕度軍事會議後，聽取陸總報告。正午記事，午課後，聽取海空與聯勤各總司令報告。晚重核實踐學員人選名單，晚課。

一月二十三日　星期三　氣候：陰（早晨昏沉）

雪恥：一、重整軍法。二、逃兵捕獲後，不得再補兵藉〔籍〕，應罰作苦工。三、情報訓練與技能研究不夠。四、假想敵軍目標之演習。五、地圖模型之熱習與見學。六、下級官長缺額與軍官退除役不能實踐關係。七、士官制度現行的情況作一報告。八、美國俘虜自述各書應刊發。

朝課後記事，九時後七分到軍事會議聽取彭總長[1]總報告，與毛廳長[2]人事考核方法之報告。午課後續審核實踐學員受訓人選，至晚未完，觀美製叛諜[3]之影劇，晚課。

今日對「和平共存？」稿突然想出改名為「蘇俄與中國」，似更較中俄三十年經歷紀要為佳也。

1　彭孟緝，字明熙，湖北武昌人。1954 年 8 月，擢升為副參謀總長，兼代參謀總長。1957 年 7 月調任陸軍總司令並兼臺灣防衛總司令。1959 年 7 月，再任參謀總長。
2　毛景彪，號嘯峰，浙江奉化人。蔣中正內侄。時任國防部第一廳廳長。
3　《叛諜》（The Rack），美國米高梅電影公司出品，阿諾德・拉文（Arnold Laven）導演，羅德・塞林（Rod Serling）編劇，保羅・紐曼（Paul Newman）、溫戴爾・柯瑞（Wendell Corey）主演，1956 年 11 月 2 日首映。劇情講述韓戰之後，一名剛返國的美國戰俘軍官遭到下屬指控通敵，接受軍法審訊，辯護律師企圖用軍官遭酷刑的理由向陪審團求情的歷程。

一月二十四日　星期四　氣候：晴

雪恥：一、將領現代精神、智識、風度、觀念之重要。二、科學的學庸與解決共產主義的根本問題。

朝課後記事，對傭人又發怒動氣，是未到不得於心，勿求於氣工夫所致也，戒之。九時到軍事會議，聽取研究發展理論及人事制度等報告，正午回寓。午課後手擬講評要目後，召見到會各軍師長十二員，回寓已十九時矣，續擬要目後，入浴，膳後散步，晚課。

一月二十五日　星期五　氣候：晴

雪恥：一、俄酋朱可夫與周匪恩來同時到印度，其必對我與美有一重大陰謀之進行，昨日二則消息已可證明其一部：甲、俄願討論愛克開放天空之裁軍計畫，表示其對美妥協之意。乙、印度（決於明日）不管巴基斯坦之反對，決於本周六日擅自合併克什米爾歸印之宣布。後者實為俄對印協助其軍事備戰最大之引誘也。此外周匪乃將以在臺海不用武力之聲明，以期對美妥協，至於其釋放美國人質十人則更不成問題矣，應研究其後果。

朝課，記事，到軍事會議核定其十二提案，午課後繼續開會，判核完成後，講評一小時餘畢，閉幕。晚大會聚餐後致詞，自覺未能完妥為歉，晚課。

一月二十六日　星期六　氣候：晴

雪恥：一、部隊訓練：甲、連以下各個戰鬥動作。乙、新、舊兵分別訓練，舊兵對專技與體能訓練。丙、山地河川戰專訓與裝備之適應改正及研究增配教材。二、陸戰隊官科之建立。三、專題與提案報告應分發各級軍校講解。四、軍師長副級各分別主管特業與普參一課負責督導。五、限年退役之實施

應先征求其主官之意見。六、戰爭面與防護交通及對附近民眾之懲處細則。
晨醒時即覺傷風，起床服藥。朝課，記事，九時到防大聽取留美參大特訓班報告三小〔時〕。午課，傷風大作，乃在寓休養，未能參觀國製武器之射擊也。審核軍師長候選人員，甚費心力，至晚深軍長名單方定也。晚課，廿二時半寢。

上星期反省錄

一、軍事會議（四十五年度）如期完成，收效必大，但此心仍惶惶如有所失也。

二、高級將領人事調整與考核數月來不斷審核，至此方得決定，此則關於反攻軍事之成敗甚大。

三、周初愛克宣誓連任，正式就職，四年內美政重心不致變動，尼克生[1]地位穩定，此實關乎我國及世界反共成敗前途莫大也。

四、愛克對其國會諮文與預算案之精神以及其對中東政策之表示，實具有對俄決戰之決心，此為四年來所衷心企望者也。

五、印度強踞克什米爾省為己有，「泥黑路[2]」此着之冒昧武斷，實不啻為印度貽禍無窮也。

本星期預定工作課目

1. 心戰之研究與陣前喊話方法與女性。

1　尼克森（Richard M. Nixon），又譯尼克生，美國共和黨人，曾任眾議院、參議員，1953 年 1 月至 1961 年 1 月為副總統。
2　泥黑路即尼赫魯（Jawaharlal Nehru）。

2. 國防部重心工作：甲、軍官正式退除役之實施。乙、人事考績與專長分類之督導。丙、傘兵訓練與實施方案。丁、舊商船之整修。戊、通信與譯電技術之促進。己、戰地情報與封鎖消息之演練。

3. 制度組織、效率訓練科學之提高方法：甲、標準。乙、中心（訓練）。丙、規律。丁、格式。戊、程序。

4. 團長級人事之調整，必須戰績第一。

5. 行政院協調工作組與各部人事調整。

一月二十七日　星期日　氣候：晴

雪恥：一、美員生活習慣好尚嫌惡事物等，以及對美員交際共事應該切戒與注重各事（態度、儀容、飲食、服裝、動作），應製訂手冊講解須知。二、八中全會之議題與討論解決要案：甲、八全大會之召開方針。乙、對反黨的言行之方針與態度（專制、獨裁、不民主之加罪的用意與結果）。丙、無黨不能建國，毀黨只有救共。丁、對修憲與反共救國會議之立場，反共救國為人人之義務，不應分別主客，應自動參加，不應待邀，更不能苦求。

朝課，記事，召見師長華心權[1]等六員，與希聖談新擬書名「蘇俄在中國」。午課後續核人事，召見趙善蔭[2]。晡與妻車遊山上一匝，回入浴，膳後觀美製影劇「大使千金[3]」後，晚課。

1　華心權，字家駿，陝西商縣人。1955 年 3 月，調任第八十四師師長兼馬祖守備區指揮官、馬祖戰地政務委員會主任委員。1957 年 3 月，升任第二軍軍長。1960 年 2 月，調國防部聯合作戰研究督察委員會委員。

2　趙善蔭，號肇松，廣東新會人。1955 年 3 月任第三十二師師長，1957 年 2 月調任第二軍團參謀長。

3　《大使千金》（*The Ambassador's Daughter*），諾曼・克拉斯納（Norman Krasna）導演，奧莉薇亞・德・哈維蘭（Olivia de Havilland）、約翰・福賽斯（John Forsythe）主演，美國環球影業公司出品，1956 年 7 月 26 日首映。

一月二十八日　星期一　氣候：晴　晨昏

雪恥：一、知兵之道。二、治兵與帶兵乃屬於統御。三、知兵者乃知兵之危，知兵之苦，知兵之心理，知兵之動向，知兵之隱情，知兵之可用與不可用，知兵對敵人之恐懼與不恐懼，如何鼓勵激發，使之同仇敵愾，報仇雪恥，懷恨發憤，以利其殺敵致果之方。

朝課後手擬講詞要旨，十時到陸參學校舉行正規班第八期畢業典禮，致訓一小時餘畢，召見曾力民¹等三師長後，對畢業學員點名，聚餐，又致訓，對軍人現代生活不憚反覆詳告也。午課後記事，審核實踐學員名冊完妥，已盡心力矣。晚散步二次，入浴。補修「和平共存」改名為「蘇俄在中國」之本意，在緒論中略加說明也，晚課。

體重一百廿七磅。

一月二十九日　星期二　氣候：晴　晨昏

雪恥：一、袁樸²與劉安祺二人之能力相等，但其經驗與誠實性似以劉為高，故決任劉為第二軍團司令。二、如調羅又倫³為海軍陸戰隊司令，則羅列必須留任為副總長，而不能外調為軍團司令矣。

朝課後記事，入府見金宏〔弘〕一⁴後，召見金門各軍師政工主任，主持一般會談，對日本社會黨親共態度與胡適之反對華僑學子讀國文，其意以只要能

1　曾力民，號立中，福建平和人。1955 年 3 月，任第九師師長，1957 年 9 月，調升第一軍副軍長。

2　袁樸，字茂松，湖南新化人。時任第二軍團副司令官。6 月調任預備部隊訓練司令部司令。

3　羅友倫，原名又倫，號思揚，廣東梅縣人。1954 年 9 月，接任憲兵司令部司令。1955 年 9 月，調任國防部計劃參謀次長。1957 年 4 月，調任海軍陸戰隊司令。

4　金弘一，韓國獨立黨人。1948 年 6 月返韓，相繼出任南韓陸軍士官學校、陸海空軍參謀學校校長。1951 年 10 月至 1960 年 6 月，出任韓國駐華大使。

懂英文為已足。此種自由思想之學者，其哲學根源雖不同，而其不愛民族與反對祖國文化之宗旨則完全相同也，可痛之至。午課後，批核高級將領調任各公事完，清理積案。晚宴美國駐日本司令官尼米旨[1]，其人和愛，乃較前任為佳也，晚課。

一月三十日　星期三　氣候：陰沉

雪恥：一、石覺心理與氣度最近使人深感失望，亦為我軍人才缺欠最不幸之事，故本日對此甚為懊喪，彼以夫妻不睦，家庭失調，竟致神經失常，心理變態，忽現此象，乃知家庭夫妻與個人事業前途關係之大也。

朝課後記事，召見石覺，問其調職意見，對金門新職不甚願意，但言聽命不違，及其與彭孟緝與羅列分別談話，表示不願之外，加以痛哭，並對人事不滿，顯與胡璉已有界限。如此舊日觀念不革，是豈其廣西封建思想難移乎，得悉之下不勝憂慮，奈何。主持總動員會報，午課後審閱公事，約見尼米旨將軍，談一小時頗洽。晚經國全家與華秀[2]來寓聚餐飲酒，團圞為樂。觀美製影劇後晚課，廿三時後方寢。

今日大除夕。

1　尼米旨（Lyman L. Lemnitzer），又譯藍米茲、藍勉志、李尼茲、尼米茲，美國陸軍將領，曾任第八軍團司令官，時任遠東司令部司令。
2　蔣華秀，蔣中正姪女。曾任安徽省立煌縣中正小學校長兼教員，來臺後在靜心托兒所及靜心小學從事教育工作。

一月三十一日　星期四

雪恥：今日為舊曆丁酉年元旦，論勢論理，今年當為我反攻復國的軍事行動開始之年。杜威[1]對公超說世界大戰是否開始，今年乃為一半一半，余認其出此言，已有一半以上可以決定，否則彼一有力之政治家，決不敢出此言也。惟世界戰爭無論開始與否，但願上帝能賜我以反攻大陸軍事，可由今年開始，而順利完成統一也。余為愛克計：今年如不發動大戰，則在其四年任內，就不能完成其伐俄討共之使命。如待明年開始，則二年餘時間，雖終其任亦恐無法結束此大戰之全局耳。

朝課後，夫妻對聖像與先慈[2]點燭默禱，記事，經、緯兩兒來拜年。上午散步，訪魚問鳥，接待親眷。正午照例往亮疇[3]、右任[4]、英士〔夫人〕[5]、辭修、岳軍[6]處賀年，午課後與妻車遊大溪，觀沿途鄉俗。今日觀經兒日記，晚課。

1　杜威（Thomas E. Dewey），美國共和黨人，1943 年 1 月至 1954 年 12 月任紐約州州長，卸任後恢復執業律師身分。
2　王采玉（1864-1921），蔣中正之母親。十八歲前夫故去，二十歲再嫁蔣肇聰為繼配，1887 年，生蔣肇聰次子蔣中正，後又生一男兩女：蔣瑞蓮、蔣瑞菊、蔣瑞青。
3　王寵惠，字亮疇，廣東東莞人，生於香港。1948 年 6 月至 1958 年 3 月任司法院院長。
4　于右任，原名伯循，字誘人，爾後以諧音「右任」為名，陝西三原人。時任監察院院長。
5　姚文英，蔣中正結拜大哥陳其美（英士）遺孀，時與次子陳惠夫居於臺北。
6　張羣，字岳軍，四川華陽人。1952 年 10 月，任中國國民黨第七屆中央評議委員。1954 年 5 月任總統府秘書長。

上月反省錄

一、近觀經兒去年日記，其對辭修言行不一多所不滿，且以辭修為一般小宵所包圍，好聽細言之關係，往往出口傷人，因之積累甚久，引起余最大之憂戚。昔日總理[1]之左右幹部即胡、汪[2]，皆自私是圖，不能和衷共濟，又因在其生前未得指定後繼之人，以致其逝世後演成本黨內訌，幾乎遭受崩潰覆亡之禍。此時經國與辭修，如一有疑忌與矛盾不睦之情緒，則余一生為黨國與革命苦心經營之事業必將因之一筆勾銷，故應嚴戒經國，對辭修必須尊敬將順，以輔助辭修，使能盡心繼吾黨領導重任，以完成余志則幸矣。一面亦應設法使辭修了解此意，以修正其短處，尤其是好聽細言與信口傷人之舊習也。

二、新年國際問題比較有希望者：甲、英、法在埃及撤兵與艾登辭職，此為美國外交已能自主獨立而不再受英國之操縱，實為今後國際對俄共問題成敗前途最大之關鍵也。乙、愛克要求國會對中東問題授權案之首先提出，此乃表示其對俄作戰之初步決心。丙、愛克對國會之諮文與預算案之內容以及其就職宣言，皆充滿其對俄共之積極決戰之決心也。丁、俄共之內外形勢已漸呈其崩潰沒落之預兆，尤其對國際上表現其處處被動與失敗之現象，而其在聯合國中為尤然也。

三、共匪因俄共聲望之降落，而其在共產集團地位中反形增高。周匪此次朝俄，並為俄遊說波、匈，雖其效未著，而其共匪在國際上乃以中共與俄共敵體平等地位相視，且有幻想毛澤東主義將代替史大林主義，以中共

---

1 孫中山（1866-1925），名文，字逸仙，化名中山樵，廣東香山人。曾任中華民國臨時大總統，中國國民黨總理。

2 胡、汪即胡漢民、汪兆銘。胡漢民（1879-1936），名衍鴻，字展堂，號不匱室主，廣東番禺人。中國國民黨元老和早期主要領導人之一，國民政府立法院院長。汪兆銘（1883-1944），字季新，筆名精衛。歷任國民政府常務委員會主席、軍事委員會主席、行政院院長、國防最高會議副主席、中國國民黨副總裁等要職。抗戰期間出掌日本在南京組織之「中華民國國民政府」。

比狄托更為優強，望其真能壓倒俄共，取其領導共產國際領導地位以代之也。此乃對俄共在共產國際中之地理與歷史，以及國力、時間、空間等各種事實之因素皆置之不顧，而專以主觀的一想〔廂〕情願，能分化共產集團而自動崩潰之夢囈，抑何可笑。彼等並不研究其共匪之所以在年末發表其所謂「再論階級專政的歷史經驗」之內容，竭力強調以俄共為其領導中心一點，就是惟恐俄共懷疑中共之爭領導權，將被俄共之遺棄或顛覆而無法生存之故，豈復敢存狄托第二之想念乎。

四、共匪經濟財政已至山盡水窮崩潰開始，俄赫[1]又頌揚史大林之精神的表演，這二事已足為其共產集團根本消滅而有餘了。

五、本月軍事會議與召見將領，考核人事，財經穩定，海、陸各參謀學校等畢業，以及「蘇俄在中國」編譯完成，自覺尚能盡力也。

1　俄赫即赫魯雪夫（Nikita Khrushchev）。

蔣中正日記
Chiang Kai-shek Diaries

二月

蔣中正日記
Chiang Kai-shek Diaries

蔣中正日記
Chiang Kai-shek Diaries

民國四十六年二月

本月大事預定表

1. 擬調動將領職位：甲、羅列與石覺對調。乙、鄒鵬奇[1]或劉安祺調金門。丙、華心權與王多年[2]對調？丁、袁樸調衛戍司令或預備訓練司令？戊、傅亞夫[3]調職。

2. 行政院各部人事與職責之調整。

3. 駐外經濟參事必須分區設置經濟情報。

4. 各機構主官必須指定人員，尋求其所屬有關之新聞，每日讀報與研究。

5. 各連發臨時周轉金問題（實報實消）。

6. 重整軍紀與嚴申軍法。

7. 軍隊心理向惡（人不畏法）問題（戰時紀律）。

8. 連長與指導員以接近士兵，考察士兵痛苦，設法解決為第一，對於會議與思想教育次之。

1　鄒鵬奇，號東賓，湖南邵陽人。1953 年 9 月任國防部戰略計劃研究委員會委員。時任第二軍團副司令。

2　王多年，安東鳳城人。1955 年 5 月調任國防部第三廳廳長。1957 年 1 月調任第八軍軍長兼金門防衛司令部副司令官。

3　傅亞夫，江西渝水人。歷任國防部第一廳廳長、總統府第三局副局長、總統府第二局局長。

二月一日　星期五　氣候：晴

雪恥：一、七日宴日本教官。二、五日美考察團茶點。三、官兵大衣穿法與不准手插褲袋。四、敬禮地位與報告方式之規定。五、電大維告其史敦普[1]將訪臺應商之事項。

朝課後擬大維電，指示其與藍欽接洽交涉，並接公超轉杜威意見（對時局），頗有參考價值。膳後散步，到後山衛兵駐室巡視一匝後，在靜觀室閑坐自得半小時之久，記事，記上月反省錄一則。正午與妻乘車經基隆，過野柳里許沙灘上遊覽風景，正為海潮漲滿之時，石磯數十成群，東望野柳山景宛如城牆，西望金山海中石巖對立中挾縫隙，潮水流轉，其形如雙帆並行也，即在石磯畔野餐，流戀約一小時後，經淡水回寓已十六時半，入浴，忘了午課。

二月二日　星期六　氣候：陰晴

雪恥：昨晡審核軍師長人事，除晚膳前後二度散步外，其餘時間皆為審核人事所費，直至廿二時晚課，並補午課，默禱約半小時畢，廿二時半寢。

本（二）日朝課後記事，入府召見羅列與又倫，詢問人事意見，又召見易瑾[2]等軍師長五人後，主持軍事會談，聽取士官與士兵三年內補充與退役計畫，本年底臺省籍〔籍〕士兵將佔全數總額百分之三十三以上，士官尚不在內，以後軍隊教育與管理統御方法應特別設計改正矣，再與劉安祺討論人事與預備及候補士官、士兵制度與教育方法，甚有見地。午課後繼續考核將領人事甚久。晚閱經兒去年日記，甚為憂戚。晚課。

1　史敦普（Felix B. Stump），美國海軍將領，曾任美國大西洋艦隊航空司令，1953 年 7 月至 1958 年 7 月任太平洋艦隊司令。

2　易瑾，號漢法，湖南大庸人。時任第一軍團司令部政治部主任，7 月調任陸軍總司令部政治部主任。

上星期反省錄

一、本周大部工作仍在考核人事上，初擬高級將領調動人事名單提交最高層
國防部參長等審核，以徵求其意見，此亦民主精神之一乎。不料石覺竟
因調其為金門防衛司令重任表示不滿，而且其對胡璉爭先後與等級，殊
出意外。高級將領培養不易，其氣度之精神難以感化與改革乃如此也，
甚為失望，今後對將領考核與培植又多加一經驗矣。

二、閱經兒去年日記，其苦悶、煩惱、憂憤比前年更增，而其對人之成見與
對事之主觀亦更深，是其褊激及其受冤曲與刺激過甚，以致心理與神經
時現偏差，而子女教養不能如其理想有成，是亦原因之一也，應使之切
實自反與修養，不致貽誤前途為要。

三、本周正為舊歷春節度歲，工作雖忙碌無閒，但精神並無苦痛，亦無過於
興奮之時，余認為無憂無樂即為最樂之時乎。

本星期預定工作課目

1. 續研將領人事。
2. 行政院人事與職權調整問題。
3. 招待美考察團之方針。
4. 約宴日本教官。
5. 「蘇俄在中國」即「和平共存？」譯稿寄美。

二月三日　星期日　氣候：上晴　下陰

雪恥：一、「思想或死亡」是美國空軍大學的標語。二、難題解答是我們各
軍事學校教育培養領袖才能的第一課題，應切實設計使用，此乃克服心智上

障礙之重要課程。三、現代領袖軍官所必須具備的智識：甲、經濟學。乙、政治學。丙、外交政策。丁、共產主義的本質以及唯物辯證法。戊、訓練領袖人才的要旨，是企圖在高級軍官中及時能發掘其潛在的領袖才能而發展之，並使那些領袖的特質加以發揚光大。

朝課後續閱經兒去年日記，窮上午半日之力完畢，對其記事感念甚多憂慮，而其精神體力皆過於緊張，更為可慮。禮拜後記事，午課後，手批經國日記千餘字，猶覺未盡其言也。閱報，散步，讀詩，晚課。

二月四日　星期一　氣候：陰　夜雨

雪恥：一、對臺省新兵統御與教育的方法（帶法）與方針，應澈底研究決定，（機密）而以如何掌握兵力為第一，政工對新兵與士官教育之方法課程亦須修正，應多採取預備訓練部及陸總各級政治部與下級主官之意見。二、加強連級主官與政工權威，每連發（臨時應急準備金）負責支配。三、預備軍官與後備軍官教育時間與方法改正。

朝課後，對昨日批示經國日記之文字略加修正，甚望其得此後，其對人對事能有重大改正，此實余一重大責任也。記事。入府召見鄒鵬奇、胡炘[1]等將領六人，其間高魁元[2]最有研究，惟惜其體力太差耳。再與孟緝談將領調職令先發表師長，而將軍長以上命令暫緩，此為正當之手續也。午課後清理積案。晚閱報，讀唐詩，晚課。

1　胡炘，字炘之，浙江永嘉人。1955 年 9 月，調任裝甲兵司令部司令。1957 年任國慶閱兵總指揮官。

2　高魁元，字煜辰，山東嶧縣人。1955 年任陸軍總司令部政戰主任兼行政院反共義士輔導處副處長，輔導總隊總隊長。時任陸軍總司令部政治部主任，7 月任陸軍總司令部副總司令。

二月五日　星期二　氣候：雨

雪恥：一、軍事戰技以步砲協同與夜戰、夜偵、惡劣氣候訓練為主課。二、反攻之初對內對外之宣言稿。三、戰地政務與心理作戰之具體規定。四、共匪的戰鬥戰術與戰略今昔不同各點之研究對案。五、用兵在藝術，作業在科學。六、三軍聯合作戰中心工作之視察。七、此次預備軍官召集復訓成績未到者百餘員，應注重追究。八、今後建設注重基本問題：甲、道德。乙、法律。丙、時間。丁、人力之經濟節約。戊、求新與求簡。己、罰錢的目的。朝課後記事，聽報，入府召見優績者王廷宜[1]、蔡人昌[2]等，主持宣傳會談，自覺近來動怒暴氣，因之語多重複與失言洩機，須特加自修嚴戒為要。午課後批閱公文。晚閱菜根譚，甚想為經兒調濟其性情也，晚課。

二月六日　星期三　氣候：陰雨

雪恥：一、修整運輸商船一個軍之運輸量為第一。二、籌製山地運輸工具車輛與修正戰時後勤補給編制為第二優先。三、精簡、精練與簡化為建軍與反攻準備工作之方針。
朝課後記事，主持中央常會，聽取去年度黨務檢討成績之總報告約一小時半後，作半小時餘之講評，加以指正，對於道藩[3]之神經病態甚為憂慮也。午課後記上月反省錄，未完。接見美國考察美援工作團費立斯[4]等茶會畢，散步，

1　王廷宜，字冀之，遼寧瀋陽人。時任國防部第三廳副廳長，9月調任預備第六師師長。
2　蔡人昌，湖南攸縣人。歷任第六軍參謀長、第十軍參謀長、第四軍第二十三師副師長、國防部總政治部第三組組長、第五十七師師長。時任陸軍預備部隊訓練司令部副參謀長，後調任國防部作戰次長室主任。
3　張道藩，原名道隆，字衛之，貴州盤縣人。時任立法院院長、《中華日報》及中國廣播公司董事長。
4　費立斯（Benjamin F. Fairless），曾任美國鋼鐵公司總裁，時為美國總統援外顧問委員會考察團顧問兼主席，來華考察美援工作。

入浴後傷風。晚宴日本教官，聽取其對反攻準備欠缺要點之評論，頗有益也。晚課後續記上月反省錄後寢。

二月七日　星期四　氣候：陰晴

雪恥：行政院協調工作組之設置（一）。[1] 二、研究發展之條件，即為調查設計與考核之綜合有機體。三、反攻準備金三－五億。四、日製直升機。五、胡璉調金防，石覺調預備訓練司令，胡宗南調衛戍，袁樸調澎防，羅列與劉安祺調軍團，華心權、王永樹[2] 調軍長，郭永[3] 留任，羅又倫調陸戰隊，曹永湘[4] 調參次，張國英[5] 補軍長，預定二十日以後發表。六、裝甲司令人選之考慮。

朝課後記事，十時到空總，聽取敵我空軍現狀與雷達電子布置情形，對飛彈防護與干擾方法，以及美國對我試擾與保密態度約二小時畢，入府召見人員。午課後主持實踐研究院院務會議。晚閱菜根譚與去年日記，與經兒覆稟，知其已有啟示為慰，晚課。

1　原文如此。
2　王永樹，字重三，浙江淳安人。歷任國防部總政治部第一組組長、政工幹部學校校長。1957 年 2 月調任第九軍軍長。
3　郭永，號頤卿，又名濟中，湖南醴陵人。1954 年 5 月，改任第八軍軍長。1957 年 5 月，任臺灣省警務處處長，6 月兼任臺灣省民防司令部副司令。
4　曹永湘，號永翰，湖南黔陽人。時任第十軍軍長。4 月調任國防部參謀次長。
5　張國英，字俊華，安徽阜陽人。1955 年 10 月，調任陸軍預備部隊訓練司令部參謀長。1957 年 4 月，調任第十軍軍長。1958 年 4 月，調任第八軍軍長。

二月八日　星期五　氣候：晴　夜雨

雪恥：一、四書與貞觀政要之閱讀。二、三民主義的國民革命未成時期，其民主自由程度以此為限，超過此一限度即為共產式之民主自由。民國廿四、五年救國會與卅四、五年之民主同盟之民主自由，決不能容於今日之自由中國。三、民主自由以多數人民的自由民主為標準，而流氓與盜賊的民主自由決無法保護，更不能尊重。四、提高待遇，增加薪水，乃為政府之責任，待藉此以為鼓動風潮，刺激情緒，以減低反攻士氣，加重人民負擔，此乃推翻政府，拯救共匪之所為，而其為害更甚於共匪之直接叛國害民也。

朝課後記事，入府見束雲章[1]、梁又銘[2]等後，主持財經會談，指示預算方針：甲、反攻第一。乙、減少或停止不急要的建設，或新增教育經費等一年。丙、本年度不能提高公務人員待遇，並追述去年對日糖價貿易失敗之原因，加以警戒。

二月九日　星期六　氣候：雨

雪恥：昨午課後手草反攻準備重要工作令稿十餘項，猶未完成也。晚觀美製影劇「太平洋生死戰[3]」，甚佳，應通令各軍放影，使官兵對戰事與軍紀能有了解也。晚課後寢。

本（九）日朝課後記事，入府主持國父月會致詞：（一）本年政策中心為反攻準備，故不能提高公務員之待遇。（二）最近有一月刊煽動公務員要求加

1　束雲章，名士方，以字行，江蘇丹陽人。1948年在工礦東北區當選第一屆立法委員。到臺灣後任雍興、中紡、嘉和、嘉新、中國貿易、第一各公司董事長。

2　梁又銘，原名協文，筆名光郎、馮婦、塞翁，自署愛蓮軒主，廣東順德人，出生於上海。曾任政工幹校藝術科教授、主任，擅長創作水墨人物畫，是1950年臺灣愛國獎券版面設計者。

3　《太平洋生死戰》（*Between Heaven and Hell*），理查弗萊徹（Richard Fleischer）導演。勞勃·韋納（Robert Wagner）主演，美國二十世紀福斯電影公司出品，1956年10月11日上映。

薪，此為製造政府矛盾，破壞反攻計畫，阻喪反共士氣，無異為共匪間接張目，企圖挽救其共匪垂死之命運。（三）反對共產式流氓、投機式之民主自由，以救國與民主自由為名，而掩護共匪顛覆政府之陰謀，不能使之重演大陸之技，應加注意也。主持軍事會談，午課後批閱公文，閱報。晚審閱袁覲賢[1]自述後，晚課。

蘇俄在中國譯稿今日寄交魯斯[2]代印。

上星期反省錄

一、批示經國去年日記乃為本周重要工作。

二、對內工作：甲、指示本年預算方針及反攻準備經費之數額。乙、月會中發表本年不能提高公務人員待遇，與斥責假借民主自由之輿論，使投機政客有所警惕。丙、對宣傳會談中情緒憤激，應自戒警。丁、聽取空總對敵我空軍實力之比較，與雷達電子與飛彈防護法等報告。戊、我空軍又到太原、石家莊、潼關地區之偵察成功。己、對黨務檢討報告之講評。

三、東德共黨消息，毛匪將遜位於劉少奇[3]。

四、俄提美、英、法、加、俄五國外長裁軍會議，其用意乃為中共周匪最後加入之布置也，未知美能警悟否。

五、俄對西德提德國統一問題之協商，為德拒絕。

六、沙地阿拉伯國王[4]訪美協議有成，或為愛克之勝利乎。

七、美國驅逐俄武官後，俄亦驅逐美武官四名報復之。

1　袁覲賢，號雪安，湖南長沙人。時任行政院參事兼第二組組長。
2　魯斯（Henry R. Luce），又譯羅斯、羅次，生於中國，美國新聞媒體發行人，創辦《時代》、《財星》、《生活》、《運動畫刊》等刊物。
3　劉少奇，字渭璜，湖南寧鄉人。中華人民共和國成立後，先後任中共中央政治局常委、中共中央副主席、全國人大常委會委員長和中華人民共和國主席。
4　紹德（Saud bin Abdulaziz），1933 年 5 月 11 日被立為王儲，1953 年 11 月至 1964 年 11 月為沙烏地阿拉伯國王。

八、共匪和謠益烈，美國輿論已引起重大注意，是否能促成美國對我反攻必
要之同情耶。

本星期預定工作課目

1. 大陸各種法規皆應從新檢討，應注重政策與時代方針，即合時合理，不可
徒憑主觀（工會法）。
2. 黨部與各情報機關，對外派員與經費應統一調整，澈底改革。
3. 勞資與勞工問題（所謂廠會者）。
4. 工業品外消津貼之方針。
5. 司法行政部之隸屬問題。
6. 擬往日月潭休憩二周，工作：（一）考慮反攻準備之重要問題。（二）補
記去年與前年日記之自反錄。（三）本年看書計畫。（四）軍事會議講評
之修正。（五）本年重要工作之預定。

二月十日　星期日　氣候：雨　溫度：夜攝六度最冷

雪恥：共匪近日製造和謠，對美國進行挑撥性之宣傳更劇，真所謂無所不用
其極矣。

朝課後，即閱新印成「蘇俄在中國」第一冊之緒言畢，尚稱合意。膳後記
事，審閱上月日記，禮拜後，召見梁、王[1]二總司令，商討與史敦普談話要

1　梁、王即梁序昭、王叔銘。梁序昭，福建閩侯人。1954 年 7 月，調任海軍總司令。1957
年 6 月，留任海軍總司令二年。1959 年 2 月，調任國防部副部長。王叔銘，本名勳，
號叔銘，山東諸城人。曾任空軍官校教育長、空軍總司令部副總司令。1952 年 3 月升
任空軍總司令部總司令，1957 年 7 月調任國防部參謀總長。

務。午課後，修正月會講稿約三小時畢，幹部皆不懂宣傳要領，亦不知其重
點所在，反將余之修正要點刪減，可歎。十九時半史敦普來訪便餐後，泛談
至廿二時辭去，此位將軍實為我國難得之良友，誠摯可敬。晚課後寢。今晨
經兒來談香港匪報登載故鄉近情頗詳，余急取觀之，感慨無已。

二月十一日　星期一　氣候：雨　溫度：攝六度

雪恥：一、研究員陳斐生〔聲〕[1]雨衣半披，扣鈕不扣，117 號。二、史敦普
言俄知美將參加反攻大陸，則其必不敢正式助共作戰，又言俄如決心避戰，
則我反攻戰爭亦必不敢助共作戰，又稱愛克說無論大小戰爭一起，決用原子
戰，不會再有鴨綠江限界問題發生，此等語意應詳加研究，但史在無意中閒
談，且彼亦非決策之人，而其在軍事上人事之決定，反較其參謀長主席雷德
福[2]為大，應加注意。

朝課後準備講稿要目後，在靜觀室與史敦普談話半小時，表示其對我方軍援
最為優先之謝意。十時半到研究院，主持第九期開學典禮訓詞一小時完，回
記事。午課後批閱鬥牛士飛彈[3]來臺準備，與裝置大要之報告後，閱報。晚觀
影劇「馬戲春秋[4]」，膳後玩笑，晚課。

1　陳斐聲，號公愚，廣東梅縣人。時任行政院主計處專門委員。
2　雷德福（Arthur W. Radford），曾任美國海軍太平洋艦隊司令，時任參謀首長聯席會議
　　主席。
3　MGM-1 飛彈，暱稱鬥牛士，是美國第一種自行研製的地對地巡弋飛彈。鬥牛士飛彈
　　在 1949 年首次試射，1952 年開始服役，1957 年進駐臺南機場，1958 年裝置核彈頭，
　　1962 年退役。
4　《馬戲春秋》，香港邵氏兄弟國際影業有限公司出品，嚴俊導演，何夢華編劇，尤敏、王
　　萊主演，以馬戲團團員生活為背景的文藝片。1957 年 3 月 15 日在香港上映。

二月十二日　星期二　氣候：陰　寒

雪恥：一、反攻時對人民約言中，應特別針對共匪所謂社會主義制度中，農工商學有關各種組織權利、義務、責任與臨時處置、分配法紀，予以明確規定，尤其對於各級組織中之匪幹工作與責任，以及處罰、保護、赦除等明白規定。二、匪區內社會制度與現狀，以及其領導民眾與對民眾心理之研究，如何不使其越出範圍，過分報復等預防方法，乃為今後訓練黨政軍幹部之重要課題。

朝課後記事，入府見德國社會黨可卜夫[1]與鄒雲亭[2]、袁覲賢後，參觀美陸戰隊軍樂之演奏畢，主持情報會談。午課後與妻車遊陽明山，本擬登峰觀雪而未果。晚閱報後，夫人約宴其女友參加聚餐，觀影劇畢，廿三時後晚課，就寢。

二月十三日　星期三　氣候：雨

雪恥：一、共匪和諧對於美國之心理與作用如何應加研究，是否以此為促進我反攻大陸理由之一種。二、共匪軍情及其生活有關之消息應每日每門研究，作為對我軍士兵宣傳資料，以免臨陣受匪謊言之欺騙，對匪廣播與報紙，應專組研究分析正反兩方面之內容，以證明共匪宣傳之虛偽誘惑而戮破之為第一要務。

朝課後記事，主持中央常會，研討取締新聞與撤銷登記證等之立法原則，加以指示，未作決定。午課後手擬公超復電關於對美宣傳方法事，批閱公文，讀菜根譚。晚記上周反省錄未完，晚課。

1　可卜夫（Hinrich W. Kopf），西德社會民主黨人，1951 年至 1952 年擔任參議院院長，1946 年至 1955 年、1959 年至 1961 年兩度擔任下薩克森州州長。

2　鄒雲亭，字芸汀，湖南沅江人。1953 年 2 月，任外交部條約司第一科科長。1957 年 4 月，調任駐阿根廷大使館一等秘書。1960 年 12 月，調任外交部專門委員兼亞西司幫辦。

二月十四日　星期四　氣候：臺北陰雨　臺中晴朗

雪恥：一、反攻時期各部門準備工作：甲、政治部地方行政要項方法與人員儲訓計畫，對於匪區社會制度與行政處理之對策與實施。乙、情報重點（地區）：潮汕至詔安、和平（一）。晉江至興化（二）。龍岩、沙縣至南平（三）。丙、後勤急務：（一）直升飛機。（二）伴行車。（三）商船修理。（四）漁船與機帆船之演習。二、戰略灘頭陣地以南平為頂點。三、準備程序：（一）充實戰力與搜集情報。（二）保有臺灣為先，聯合國得失為次。（三）擊破敵人有望力量為主，擴展要地為次。

朝課，記事，膳後整書，十時半與妻起飛，至臺中轉日月潭，午睡一小時半，靜坐默禱如常，獨坐自娛。山立雲行，潭明水綠，怡性悅情，乃得優遊之趣。晡獨遊光華島一匝，浴後晚膳畢，推窗望月，光明如鏡，惜妻傷風未能外出，余乃獨步園中，松下觀月，自覺今夕來潭不虛此夕也。

二月十五日　星期五　氣候：晴

雪恥：昨夜心神怡悅，最為自得，忽以劉安祺將軍不問可否，自己帶其部隊來潭調玩龍燈，令人卻受皆非，又生懊惱，再三思惟，為士兵辛苦遠來之故，不能辜負其盛意，乃卒出外觀龍刻許，並備酒席以饗之，劉將軍忠實有餘而應事無識，不禁又為國軍將才缺乏憂也。晚課後又出外觀月，九時半寢。

本（十五）日七時前起床，即感「睡覺東窗日已紅」整首詩意之景光。朝課後，在湖濱園中朝餐，更感「山光悅鳥性，潭影空人心」之詩意，鳥語花咲，山明湖平，東風徐拂，綠水參差，身在仙境，更非筆墨所能形容矣。自嘆此行更不虛矣。上午散步後記事，記上周反省錄，閱報，正午獨在林中，涵虛自得。午課後，與妻同遊埔里醒靈寺回，入浴。晚觀影劇後，晚課。今夕月光澄澈如昨，惜傷風，只在窗內欣賞耳。

今日為舊曆正月十六日，孫女孝章[1]二十歲生日。

二月十六日　星期六　氣候：陰晴

雪恥：一、「養氣」的景象乃為「包和涵虛，充沛光明」，此乃是昨今二日所領悟而得也。「持志」的景象乃為「勿助勿忘，日新又新」也。昨日靜中考慮，如何使美國不阻礙我反攻行動時，略以其對美國之利與害加以分析，今晨獲得綜結，另記於雜錄欄中。

今晨重霧陰天，以傷風未痊，故朝課記事後朝餐，方外出散步，回審閱國光（軍事）會議解稿至十七時方完，午課如常。晡與妻乘舟遊湖，以冷氣威逼，乃即回入浴。十九時晚膳後，修正「蘇俄在中國」補編中俄國接濟我軍械與數量一段，改編於第二編第三章第四節中，頗費研究，改正後聽讀「美國新型原子部隊」報導，晚課，廿二時觀月後寢。

上星期反省錄

一、俄共行動：甲、向西德提商務與統一的建設，並無新的意義。乙、向美、英、法提不干涉中東的建議。丙、提四國外長裁軍會議建議。丁、要求聯合國討論美國侵略行動案不能成立，此種幼稚行動，可知其對外交慌亂，毫無常識之敗象愈露矣。戊、朱可夫在印願供給其軍援，亦被正面拒絕。己、謝比洛夫[2]不能不辭外長，乃由葛羅米柯[3]繼任。庚、共匪響

1　蔣孝章，為蔣經國和蔣方良長女，1949 年隨家庭來臺。1957 年赴美留學。
2　謝彼洛夫（D. T. Shepilov），又譯謝比洛夫，1956 年 6 月至 1957 年 2 月，擔任蘇聯外交部部長。
3　葛羅米柯（Andrei A. Gromyko），又譯葛羅米哭，曾任蘇聯駐英國大使，1957 年 2 月接掌外交部部長。

應蘇俄之中東政策，正式通電，表示擁護其祖國蘇俄之忠忱。

二、共匪最近之和諧攻勢可說無孔不入，其必欲離間中、美關係，以滅絕我
國之情形，一如民國卅三、四年間誣蔑我貪色淫亂之謠諑無異，當時國
際與社會上皆可為其謊誕謠言攻勢所動搖，但余不信今日稍有常識與熟
識共匪無恥謊誕之慣技者，亦能為其所動也。

三、本身工作：甲、對美國愛克與我反攻行動及其利害關係之心理已作澈底
研究，得一結果。乙、秋季大演習與反攻準備時間之配合亦得一結果。
丙、對公超與史蒂文生[1]聯繫方針之指示。丁、來潭休憩，對心神思慮甚
覺有益。

四、英國首相麥米侖聲明取消其五月間訪俄之約會。

本星期預定工作課目

1. 第二、第九兩軍長[2]任命發布。

2. 傘兵作戰機構之組織，其任務為籌備下列工作：甲、挑選官兵。乙、組
織（分地分隊）。丙、降後戰術與技能（襲擊與分散合集、政治號召、劫
糧分糧、安撫假降招降）。丁、降落地區與地點。

3. 指參學校將官班為首犯紀者之追究。

4. 停止工業展覽會與觀光旅館。

5. 八中全會指示事項與目的之研究。

---

1 史蒂文生（Adlai E. Stevenson II），又譯史丁文生、斯丁文生、史塔生，美國民主黨人，
曾任伊利諾州州長，兩度競選總統敗選。

2 第二軍長即華心權，第九軍長即王永樹。

二月十七日　星期日　氣候：晴陰

雪恥：孟子養氣章「必有事焉而勿正心」句的解釋，其必有事焉之「事」字，應是指其上句「告子未嘗知義」的「義」字也。惟「必有事焉」的全句乃示「志」也，其「志」必根於「義」，乃成其為「必有事焉」之「志」也。「而勿正心」者，仍照往日「不待正心」之意，方得謂之能「持志」也。

本日朝課後記事並雜錄一則，膳後散步回，乃即修正國光會議指示稿，全稿約一萬五千字。午課後續修前稿，至第二段完。晡與妻散步約五里餘，晚聽讀新聞，甚有益也，晚課。

二月十八日　星期一　氣候：晴陰

雪恥：一、共匪名「阿克斗卡」至新疆鐵路為友義鐵路，共計長度為三百公路〔里〕，據報本年可鋪軌一五〇公里，余仍不信其所報之修成里程只止於此也，乃特記之。

朝課後摘記「勝利的生活」數則後，乃即續修國光會議指示稿「高級將領指揮作戰必須身先士卒，立在陣頭主宰戰場」一節，膳後續修前稿，至晚間全稿方初修完畢，甚費心力。正午緯國來見，聽說其將在東京美國教堂約美藉〔籍〕牧師證婚，則與其預定計畫完全相反，不勝駭異，此舉又將予共匪對我家反宣傳之重要矣。午課與晚課如常，晡仍與車〔妻〕外出散步如昨，晚入浴後寢。

二月十九日　星期二　氣候：陰雨

雪恥：一、戰地行政人員儲訓實施計畫限期擬定呈核。二、傘兵挑選組訓時間之計畫限期呈核。

朝課後,寫經兒手示約千言,為緯國結婚地點與辦法加以指示,膳後記事,並補記前十七日事畢,記上周反省畢,重核前稿俄供我武器數字一段完。午課後,開始審閱卅四[1]年日記,並草擬是年自反錄,以去年一年間全為草擬和平共存稿忙碌,而無暇詳記,故延至今日也。其實卅四年度之經歷最為險惡苦痛,而亦為大陸淪陷以後,國家轉危為安之一年也,故必須補記。晚觀國製影劇「金蓮花[2]」,可說國片中最佳之表情劇也,閱報,晚課。

二月二十日　星期三　氣候:晴

雪恥:一、降落部隊使用地區以及其各部隊距離分合與時間前後,並對於反攻日期與目標之配合計畫最為重要。二、總反攻行動以前,兩棲部隊之廣正面分區偵襲行動之先後次序,及兵力組織與使用日程等計畫。

朝課後記事,審閱卅四[3]年四月份日記,勞勃生[4]來臺逼我放棄金馬之情形一段記事,感慨無窮。膳後散步,回續閱當年五月至十月份日記,午課後,續閱當年十一、十二兩月日記日,是年實為七年來被圍困迫,孤立惡戰,卒賴上帝保佑,竟得渡此不堪想像之難關年頭,成為轉危為安之一年,能不自重乎哉。晡與妻遊湖一小時後,在文武廟出口登岸,步行二十五分時再乘車回,入浴。晚觀美製影劇甚佳,晚課後廿三時寢。

1　原文如此。卅四年為四十四年之誤。
2　《金蓮花》,岳楓導演,林黛、雷震主演,香港國際電影懋業有限公司出品,1956 年 12 月 14 日上映。
3　原文如此。卅四年為四十四年之誤。
4　勞勃生(Walter S. Robertson),又譯饒伯森、羅白生、羅勃生,美國外交官,曾任駐華大使館公使銜參事、軍事調處執行部委員,1953 年 4 月至 1959 年 6 月任國務院遠東事務國務助卿。

二月二十一日　星期四　氣候：晴

雪恥：一、共匪去年全國大會所決定的整風運動，忽宣布其延期一年再行實施。二、共匪的五年計畫，今年最後的一年，因財政與經濟脫節，亦宣布其今年投資計畫亦要大量削減，不能如計完成了。以上二項事實，更表現其崩潰的時期已經實際開始，余信其今後共匪的政、濟、社、教一切形勢，必將一瀉汪洋，不可收拾了。我將如何準備，以應此一局勢之來臨，能不急起直追乎。

朝課後記事，上、下午皆手草四十四年日記總反省錄，完成了軍事、外交、國際與俄共謀我等四部門草案，尚有共匪與自我方面之反省部門待續。晡與妻遊湖，至正對面山灣中回，入浴，晚聽報省時，晚課。

二月二十二日　星期五　氣候：晴

雪恥：一、愛克最近壓迫以色列撤退埃境加薩與阿克巴灣佔領軍，一如其前年初壓迫我撤退大陳各島之手法與態度完全相同，迨我撤出大陳，而彼違反協防金、馬之諾言，繼而又逼迫我放棄金門，以為應付英國，安撫俄共之慾壑。其不顧後果，漫無主張如此。今為其徇沙地國王之要求，以期安撫埃及納撒[1]，討好阿拉伯國家，以達到其中東「愛生浩主義[2]」之目的，其是非利害自與我在金、馬之主權情勢不同。但以色拉要求其最低限度之保證，其情實有可原也，以愛克失信違約之事太多耳。

1　納瑟（Gamal Abdel Nasser），又譯納撒、納塞、納賽，1956 年 6 月至 1970 年 9 月為埃及總統。

2　艾森豪主義（Eisenhower Doctrine）是指美國總統艾森豪於 1957 年 1 月 5 日向國會提出的諮文，主旨是若中東國家面臨「國際共產主義控制的任何國家的武裝侵略」，可以向美國要求經濟或軍事上的援助。艾森豪總統並向國會提出為保衛中東的主權獨立與領土完整，可以使用美國武裝部隊，並在 1958 年和 1959 年兩個財政年度內可自由支配約兩億美金於相關事務。

本日朝課記事後，記四十四年總反省錄完，乃開始審閱四十五年日記，終日作總反省錄，甚覺有意義也。晡與妻遊覽水社蕃地，洋化失卻本來面目，殊可惜也。午、晚各課如常。

二月十六日　雜錄重要

八月十四　廿三　廿五日　雜錄重要

二月二十三日　星期六　氣候：雨

雪恥：本日緯國與丘氏女[1]在東京牧師家中結婚，未知其果能避免外人耳目與應酬浪費否，甚念。

今晨六時起床，朝課後，即續草四十五年日記總反省錄稿，上午草成國際形勢部門之美國一章。午課後續草俄國一章，甚費心神，且感疲倦，傍晚略覺感冒喉痛。晚觀影劇未畢，回室記日記，晚課後廿二時前寢。因喉痛咳嗽未能安睡，直至翌晨二時後方昏沉睡去，至四時地震甚烈，驚醒後復得熟睡，直至六時方醒，故仍能照常起床也。

上星期反省錄

一、本周在日月潭休憩，心神安適，但工作並未停止，而且年來所認為重要工作未了之事，即四十四年日記總反省錄，延至本周方得如計完成，其後復續草四十五年日記總反省錄，益費心神，故致疲乏而發生重感冒與喉部淋巴腺發炎，刺痛甚激，但每日工作仍照常進行不輟也。

1　丘如雪，英文名 Ellen，又稱丘愛倫，廣東梅縣人。1957 年與蔣緯國相戀，2 月結婚，生子蔣孝剛。

二、上月國光會議訓詞萬餘言亦於周初整修完成。

三、共匪整風運動已展延一年再行，其最後一年之建設計畫亦以財政困難而重加削減，是其在政治與經濟之崩潰實已開始矣。

四、俄共在其紅軍節誇言其氫彈以上之超級彈威力可以投擲美國本土，向美提出警告矣。

本星期預定工作課目

1. 交通規則常識應在里民月會講解。

2. 商用舊車輛應定期檢查與隨時督察修養。

3. 不二價之提倡與督察。

4. 罰錢的方針。

4.[1] 大陸革命運動之具體計畫。

5. 誘匪侵犯金、馬之設計。

6. 政工教育四維與榮譽心之加強。

7. 傘兵之分區降落地點及其整個計畫。

8. 反攻與和諧應用之研究。

9. 黨務、外交、僑務與教育聯系方案。

10. 收容降兵之心理改造教育之設計。

11. 劉少奇之詳歷。

12. 賈幼慧[2] 等任戰略顧問。

1 　原文如此。

2 　賈幼慧，號輶山，陝西韓城人。原任陸軍總司令部副總司令，1957 年 2 月調任總統府戰略顧問。

二月二十四日　星期日

雪恥：一、人格統一與生活調和，不使衝突與矛盾最為重要。二、中學生留學應停止。

本日以昨夜喉部淋巴腺發炎，睡眠不佳，兼之傷風重發，故精神萎頓，但起床後朝課如常。上午續草共匪去年一般經過之綜論，頗費心神。午課後又草擬自我去年經過之綜論，甚覺疲乏，但已草成矣，所缺的對國際一般形勢章，擬於明日完成此一重要工作也。晚觀影劇，無欣趣而中止，乃記昨日事，晚課後廿二時前寢。綜核去年日記大事，甚想求得其經過全程中之困難與危險，如前年以前之大事，再四考慮仍無所得，豈去年一年中真無艱難危險之事實乎？應重加思索自勉也。

二月二十五日　星期一　氣候：雨　下午晴

雪恥：一、士風不端，則民族正氣不彰，國家即無生存保障。今日所謂智識階級，即舊之士大夫也。在大陸上共匪叛亂、社會動盪，而這些智識階級以自由民主為名，不是觀望中立，即是投機附共，正能為國家存亡與民族正氣力持正義主張公道，而為社會與民眾倡導，為政府協助以持顛扶危者，百不得一。及至今日共匪竊國八年，所有大陸智識階級盡受共匪之蹂躪、殘殺，亦云甚矣，而其在自由地區之智識分子，仍以投機取巧，中立自私，而毫無悔悟歸正之識意，能不為國家危乎。

本日感冒與喉痛更劇，但朝、午、晚各課如常，上、下午續草四十五年總反省錄完成，此為來潭休憩中最大成就也。晚聽報，研究愛克去年與今年致其國會諮文，晚課。

二月二十六日　星期二　氣候：晴

雪恥：一、十月工展會停止。二、旅館貸款案緩辦。三、八中全會指示與方針：甲、八屆全國代表大會預定十一月間召開。乙、救國會議待反攻開始後召集。丙、召集立、監院黨員參加開會禮。丁、西藏獨立問題與政策。戊、共匪與大陸革命形勢。己、中共對青年與廣大社會力量之恐怖，這個力量已由向外而轉為向內，以消滅（反對）他的壓迫與控制他的敵人，這就是對大陸共匪革命的力量，所以大陸整個社會已準備對他革命。

本晨七時起床，朝日昇朗，心神快爽，惟喉痛與感冒未癒，故停止朝操，其他朝課如常，膳後在日光下散步，咳痰漸鬆而喉痛亦減矣。上午記事，重核四十三與四十五年總反省錄，寬裕自得。午膳後與妻出發，經臺中公園視察，不堪入目，甚覺行政無力也。自臺中坐機至屏東轉高雄，閱報，入浴。晚觀影劇（美泰克賽斯州獨立革命史），頗有益，晚課。

二月二十七日　星期三　氣候：晴

雪恥：一、政治先登陸之說，應知吾黨在大陸的政治並未退卻，而反在日益增長之中：甲、人心。乙、文化。丙、制度。丁、民族精神。戊、三民主義的仁政。現所缺者就是吾黨革命精神喪失，一般黨員不知前進奮鬥，不知努力研究，因之發生疑慮、恐怖、怯懦而自動投降與退卻，以為投機取巧、反黨罵蔣就可苟安無事，投靠取容，與共匪和平共存了，其實吾黨在大陸的政治勢力，依然呼喚我們早日反攻，收復重整山河也。

朝課如常，記事，十時到鳳山軍校舉行補習教育班第四期學生畢業典禮畢，巡視校內新建膳廳後，再到步兵學校巡視一匝，設備與規模皆比前改觀矣。

二月二十八日　星期四　氣候：晴

雪恥：昨午回寓後，與妻視察河西路新建旅館，在河邊日光下散步，有益傷風之醫治也。午課後與妻參觀屏東白糖廠之製糖手續與構造，約一小時畢。晚觀影劇美製「改革黑社會」之影片，頗有意義，晚課。

本（廿八）日朝課後記事，上午補修去年總反省錄後，續修國光會議訓詞稿，午膳後，與妻到臺南起飛回臺北蒔林。入浴，閱報。經兒來談左舜生[1]在香港祖國雜誌中，發表其反對蔣總統壓迫民主自由言論之文章，余讀了之後，乃知其為余對民主同盟在大陸時代以民主自由為名為共匪作倀之講詞，以觸其怒，乃以一笑置之。此種政客求利要名要命，要求不得就大發其遁詞牢騷，以圖洩憤，其心實不堪問聞也。晚散步，晚課。

1　左舜生，譜名學訓，號仲平，字舜生，以字行，湖南長沙人。時為中國青年黨委員長。1949 年到香港，創辦反共刊物《自由陣線》。先後在香港新亞書院、香港清華書院任教。

上月反省錄

一、近來性情燥急，憤怒無常，不僅對眾有失體態，損害威望，而且有礙身心，應切戒之。

二、審核軍師長以上調職人事，極費心力，不意石覺性質如此褊狹，令人大失其望。

三、對於下年度預算方針以及反攻準備要務已經大體決定，但尚未盡善也。

四、研究我反攻行動與美國利害關係之分析頗詳，總認為美國不致破壞或積極反對我之反攻行動，惟此一行動必須作七分勉強之準備與三分之宣傳有方，乃可達到目的。

五、一般投機政客正作買空賣空的嚇詐之圍攻，應以不見、不聞與不言置之，耐心戒慎，毋為其售計。

六、批示經兒去年日記，促其反省，而對自我三年來日記總反省錄，亦於日月潭休憩期間草成，甚覺有益，但因此疲勞致疾矣。

七、共匪內部破綻百出，無法掩飾其崩潰立待之形勢，所以他只有製造對我之和諮，以安定大陸人心與維繫其偽政權之一法，余將如何處之，勿使之再得拯救其垂斃之命運是為至要。

八、國際形勢：甲、以色列在埃及地區撤兵問題未定，但此事自可最後解決，不致引起戰爭。乙、沙地王訪美，此舉美國似有成就，實為其美國對中東問題之重要關鍵也。丙：俄共行動：（子）對西德提商務與統一問題，西德拒絕。（丑）對美、英、法提不干涉中東問題，以及裁軍會議為各外長參加之提議皆遭拒絕。（寅）其外長謝茜[1]辭職。（卯）以超級彈轟炸美本土之恐嚇。（卯）[2]俄在聯合國控訴美國侵略案不予受理。

九、共匪整風運動延展一年之舉，可知其匪黨內部之動搖及其人心之不安，

1　謝茜即謝彼洛夫（D. T. Shepilov）。

2　原文如此。

到了如何程度，而其所謂黨權之墮落，紀律之敗壞，無法維持亦可知矣，此一事實比之其五年計畫之破產更為嚴重也。

三月

蔣中正日記
Chiang Kai-shek Diaries

民國四十六年三月

本月大事預定表

1. 對外交宣傳政策及黨政軍與反攻具體計畫之訂立。

2. 面的戰術、鄉村組織與幹部鬥爭方法教程與集訓。

3. 八中全會議題（一月廿七日記中）：革命與民主。

三月一日　星期五　氣候：陰晴

雪恥：一、軍事心理學之編印。二、對和諧的方法。三、強調反攻復國對於司法與立法的重要性，但應由立法與司法部門以身作率，為民模範，無論發言、提案，必須根據事實與法理負責自重出之，不可為不負責的言行，致失其立法與司法的尊嚴，以傷害反攻復國共同的目標與任務。

朝課後續修國光會議訓詞，上午入府召見調職人員鍾松[1]、夏季平〔屏〕[2]等六員，主持財經會談，對江杓[3]穿着便服開會及其風度，皆不能任為部長也，對

1　鍾松，號常青、長青，浙江松陽人。時任陸軍總司令部反共救國軍指揮部指揮官。

2　夏季屏，字成吾、寄萍，江蘇武進人。時任陸軍總司令部反共救國軍第一總隊總隊長，1957 年 3 月調升反共救國軍指揮部指揮官。

3　江杓，字星初，上海人。1955 年 11 月，調升行政院政務委員兼經濟部部長。1958 年 3 月，獲聘總統府國策顧問，復兼行政院駐美採購服務團主任。

下年度預算方針再作指示。午課後續修前稿，至晚完成。今晨對經兒為「自由中國」月刊問題加以訓示，使之戒慎自持，不可為文人所包圍利用也。晚課。

三月二日　星期六　氣候：陰晴

雪恥：一、八中全會開會詞要旨：甲、反攻期近，對國家安危、存亡關係愈大。乙、共匪崩潰形勢。丙、國際形勢的變化。丁、黨員對反攻事業的職責應如何負責守分，無礙於反攻大業，切勿自擾自是，反有助於共匪垂死之拯救。戊、事事應針對共匪為目標，而不可近視內部權利與自私之舊習。

朝課，記事，入府批閱，接見美國編輯人與記者團[1]，會談問答約一小時畢，主持軍事會談，聽取反攻準備與登陸計畫之報告一小時半完。午課後修正七中全會講詞後，接見美記者史東[2]君畢，散步一匝回，與妻車遊山上。晚續修講詞稿，晚課。

上星期反省錄

一、共匪又開偽人民政協會議，其會前並開其所謂最高國務會議，出席者皆投降分子，毛匪且主持其事，此必為其所謂和平解放臺灣委員會之脫胎，可知共匪對和謠之如何積極進行。此一風波只有以靜定處之，明告國民，共匪和謠之目的為以此維繫其偽政權與安定社會人心之惟一護身符咒，非待我實行反攻，決不會終止其和談之幻想。政府對共匪一本寧為玉碎，

1　美國編輯人及評論家協會環球旅行訪問團伍德雅（Ronald Woodyard）、瓊斯（E. Z. Jones）、杜利歐（Marcel Duriaux）等三十六人。
2　史東（Walker Stone），美國記者，霍華德報系總主筆。

毋為瓦全之精神，共匪一天存在不滅，則無和平與自由之可言，故與共匪決無和平共存之一天，以盡我復國救民之職責，望對共匪任何和談之謠諑，應以其白日夢囈、無恥怪誕視之。

二、檢閱左舜生對我評論之文章，毫不動心，反可對我增一自反之資料也。並對經兒加以訓示，期其有所警覺也。

三、美政府對我週末答「記者會」問中，以國軍之力能建立大陸反攻陣地一語，非正式的加以反對，「表示其美政府無默許可能」之意，應加注意。

本星期預定工作課目

1. 八中全會擬提問題：甲、西藏獨立之方式。乙、各種舊法規之修改。丙、立法與司法之尊重，以及其自立與自尊之道。丁、停止不急的建築。
2. 軍事（戰爭）心理學之編著。
3. 行政院與省府人事。
4. 直升機與降落傘之購置。

三月三日　星期日　氣候：晴

雪恥：一、大陸反共革命運動之號召口號與發動計畫程序。二、民主與守法，自由與自治為民主自由之精神及其本質。三、大陸匪共所謂「農業合作化」，公私合營以及思想改造，與馬列主義教條的對策如何，與人民約法三章的整個方案與實行細則之訂立。四、民族倫理、傳統精神與固有德性、科學技能之發揚，為反攻復國之基本生活。五、尊重法律與司法之尊嚴，必須自立立人，為民表率。

朝課後，續核七全會訓詞稿完，上午聽報一小時半後，記事，禮拜。正午約

藍欽夫婦便餐，乃知美國政策對華並未有新的進步與積極的轉變，令人失望，但自信我反攻目的必可達到，不因此而氣餒也。

三月四日　星期一　氣候：陰

雪恥：昨日午課後，考慮全會開會詞要旨約一小時餘，與妻車遊山上一匝，晚散步後，手擬開會詞旨畢，晚課。

朝課後手擬講詞要旨，九時到研究院本黨八中全會，舉行開會式及預備會議講演約一小時後，見莊西賢〔言〕[1]畢，獨往後公園巡遊一匝，民眾成群，賞花與野餐者熙熙攘攘，欣喜快樂之情狀不可言喻，見此心神為之一慰。如我不能光復臺灣，則民眾何從得此欣樂耶。回記事，午課後，修整六中全會講稿後，見墨西哥（巴來根[2]）記者畢，約美協防副司令葛來特[3]（新舊二人）茶點後，與妻車遊淡水道上。晚與希聖談對共匪和謠闢斥要旨，告大陸民眾勿為所惑之措詞方法，晚課。

三月五日　星期二　氣候：陰雨

雪恥：一、日製直升飛機之定購。二、商船修理之總計畫與完成日期。三、小型車輪製造之總計畫與日程。四、機帆船與漁船以及金馬數量之總計。五、韓國登陸艇數量之秘密調查。

1　莊西言，又名西園，號西元，福建南靖人。1904 年出洋到荷屬東印度巴達維亞，1910 年與人合資經營「三美公司」致富。1937 年 7 月抗戰爆發，10 月出任南洋華僑籌賑祖國難民總會副主席，1941 年 4 月任南洋閩僑總會副主席，捐資救國。
2　巴來根（Barragán），又譯巴拉岡，墨西哥《宇宙報》編輯。
3　葛來特（Harold W. Grant），美國空軍將領，1955 年 1 月任美軍協防臺灣防衛司令部副司令，此時卸任，由同為空軍將領的巴塞特（Harold H. Bassett）接任。

朝課後續修講稿，十時入府，接受古巴特使[1]呈遞國書後，見香港音樂專校觀光團後，批閱公文畢，回記事。午課後到中央全會視察後回，審核三年來之總反省錄，緯國新夫婦來拜。晚續核總反省錄完，晚課。

妻言他對我之愛不只是一般夫妻之愛，而乃是兼盡母愛，所以其愛更篤。又說他幸無親生子女，否則對余須分愛其子女，決不能如今日篤愛之程度，余韙其言為至當也。

三月六日　星期三　氣候：雨

雪恥：一、以色列已由加薩與阿克巴灣佔領區中實行撤軍，中東問題將有一時解決希望。二、英國保守黨議員狄林[2]已來臺灣作十天訪問，尚有九人亦將來訪，此乃國際上對我形勢好轉之測驗表也，八年忍辱真漸見曙光乎。三、羅機[3]與徐康良[4]職務。

朝課後記事，上午修正去春講稿「心理建設的真義，與建設臺灣為模範省的要領」。午課後續修前稿，十五時到全會視察，召見李彌[5]、薛岳[6]等委員後回，續修前稿，晚課。

國家無靈魂不能生存，人生無靈魂即無意義。精神上最高境域，就是接觸到靈魂的境域。

1　古巴友好訪問特使團特使克拉芮博士（Dr. Santiago Claret）、參事雷沙博士（Dr. Francisco Leza）、一等秘書康普斯（Miguel Ángel Campos y Conde）等三人。
2　狄林（William B. Teeling），生於愛爾蘭，英國作家、保守黨成員，時任英國國會議員。
3　羅機，字之綱，湖南邵陽人。時任國防部常務次長，負責籌建臺灣兵役制度，建立人力動員體制。
4　徐康良，字即甫，浙江孝豐人。1952 年 4 月調升空軍副總司令，任內升空軍中將。1957 年 5 月出任國防部聯合作戰計畫委員會副主任委員。
5　李彌，字炳仁，號文卿，雲南騰衝人。1949 年後，率泰緬孤軍奮力抗共，1954 年撤回臺灣。1956 年 1 月調任國防部聯合作戰計畫委員會委員。1957 年 10 月當選中國國民黨第八屆中央委員。
6　薛岳，原名仰岳，字伯陵，廣東樂昌人。1950 年任總統府戰略顧問。1952 年 10 月起，連任中國國民黨第七、第八屆中央評議委員。1958 年 7 月，出任行政院政務委員。

三月七日　星期四　氣候：陰晴

雪恥：一、誘敵要義：甲、先使其構想錯誤。乙、總使其分散兵力或離開其原有陣地。丙、迫使其能轉移陣地。丁、務使其行動方向之錯誤。

朝課後考慮本日全會閉幕詞要旨，九時主持全會大會，對財政經濟措施案議論最多，指示全會只可決定政策與方針，不可限定其具體辦法與技術，故對出口給匯證發給十成數額一項加以修改，並對工人待遇及其衛生與清潔加以指示。午課後，主持閉幕禮與講話二小時，頗覺興奮，對於共匪和諧之間接闢斥要點帶便說明，惟其稿未定也。晚宴全會出席與列席三百餘人後，觀「光芒萬丈」話劇頗佳，回晚課，廿四時後寢。

三月八日　星期五　氣候：晴

雪恥：一、思維應把握其問題之重點，再能合於邏輯，最後結論與決定能正確不偏，則合於研究發展之道矣。二、研究發展與行政三聯制之合併設計。三、經濟建設之電氣化與工業化，政治建設之科學化、組織化為要旨，然以制度化為政治與經濟建設之目的。四、辦事要領：甲、整體與總綱（全般）。乙、分工與合作。丙、聯繫與協調。丁、重點與中心。戊、統一與綜核。己、平衡與發展。

朝課後記事，十時入府，見芬蘭記者與留日各地僑民觀光團四批，以及調職人員後，批閱公文。俞大維部長由美回職報告，其體力尚佳為慰。午課後，與妻往後草山看櫻花，回修正前稿完。晚宴古巴特使，晚課。

三月九日　星期六　氣候：晴

雪恥：一、戰場的人力、土地與事物之如何應用。二、黨政人員之心理與習慣應養成與修養其現代精神－客觀、主動、負責、無私為第一。二[1]、省政之勞動服務與壯丁訓練之成績如何。三、示範與競賽及獎懲賞罰規則對行政效率之重要。四、精練、精簡與簡化為建軍與反攻準備之要旨。

朝課後記事，入府主持國父月會，聽取莫院長[2]職位分類報告，籌備工作完成為慰，主持軍事會談，聽取去年與今年度美對我軍協用法情形與金門工事後，以日本直升飛機太貴太慢，無法定購，大失所望。午課後重修前稿，晡見英議員狄林，談至「泥黑路[3]」時，余認自我應負責任，並對邱吉爾[4]個人懷念與表示歉意。晚觀日製影劇後，晚課。

上星期反省錄

一、最近修養工夫似有進步，但憤怒時起，應加自制與體察。

二、八中全會如期完成，內部人事與心理漸入統一之境，常委自由選舉中足以證明此點。

三、修正去年重要講稿二篇。

四、共匪和諧先造經國赴平不已，今復造岳軍赴平談和，皆為中外看破其慌妄不堪之真相矣。

五、以色列佔領軍撤退中東問題，其可憩〔喘〕息一時乎？

六、泰國總選內訌。

七、印尼內亂開始。

1　原文如此。
2　莫德惠，字柳忱，吉林雙城人。1949年3月，任行政院政務委員，為時三個月。1954年8月任考試院院長，達十二年。
3　泥黑路即尼赫魯（Jawaharlal Nehru）。
4　邱吉爾（Winston Churchill），英國政治家，保守黨成員，曾任首相，時為國會議員。

八、越南吳廷炎[1]上月被刺未中。

九、越化命令屆期未能實行，華僑皆不願入越藉〔籍〕也。

本星期預定工作課目

1. 工廠廠內工人與爐邊工人應先保險。

2. 各軍團司令調職命令。

3. 省府與部會改組事，應待地方選舉後再行。

4. 重定工作課程時刻表。

5. 擬訂看書時間計畫（貞觀政要）。

6. 登陸地點之專時研究會。

7. 地方各級政績評定的標準之規定。

8. 組織研究發展處。

9. 各部政策與業務協調組。

三月十日　星期日　氣候：晴陰

雪恥：一、矛盾論之檢呈。二、靈魂之解釋。三、軍團司令以上調職命令。

朝課後記事，記上周反省錄與抄錄舊日記中摘要、箴語與格言等，膳後散步，回見俞[2]院長商討人事，彼不願調換其秘書長[3]與美援會王蓬[4]，余亦不加勉

1　吳廷琰，其他華文媒體亦曾譯為「吳廷炎」，是越南共和國（南越）第一任總統（1955年至 1963 年）。

2　俞即俞鴻鈞。

3　陳慶瑜，字瑾功，江蘇常熟人。1954 年 6 月至 1958 年 7 月任行政院秘書長。

4　王蓬，字一峰，上海人。戰後曾任善後救濟總署駐英國代表。時任行政院美援運用委員會委員兼秘書長。

強，但無法加強其陣容為可惜。禮拜如常，午課後見國華[1]畢，與妻車遊淡水道上回，研究戰爭哲學與人生觀的講稿要旨，約三小時以上，甚恐時間匆促，不能完備為慮。膳後散步回，覆查「勝利的生活」關於人生有關各篇，不易統一編集，只能摘其要目而已，晚課。

三月十一日　星期一　氣候：雨

雪恥：一、自動與服從。二、通信應特重政治教育與政治工作。三、登陸地點的研究，預定星四日開秘密會。四、高級調職：甲、胡璉與羅列對調。乙、劉安祺調第二軍團，石覺調陸軍副司令。丙、羅又倫調陸戰隊司令，唐守治[2]調防衛副司令。丁、鄒鵬奇升金門司令。戊、徐汝誠[3]調預備部隊司令或袁樸調任。己、憲兵副司令人選。

朝課後手擬講稿要旨，十時主持陸軍指參學校第七期開學典禮，致訓約一小時，說軍人的人生觀與生死觀，此講認為重要訓詞之一也。回記事，抄錄舊日記語錄與研究靈魂真義所在，午課後審閱唐君鉑[4]「研究發展」的報告書，晡見「蒲羅克[5]」史迪威[6]參長。晚散步後續審唐書，晚課。

1　俞國華，浙江奉化人。1951 年 1 月在美任國際貨幣基金會副執行董事。1955 年自美返國，旋即出任中央信託局局長。1958 年初，兼任中華開發公司籌備處主任委員。

2　唐守治，字浩泉，湖南零陵人。1955 年 3 月，調任海軍陸戰隊司令。1957 年 4 月，調任臺灣防衛司令部副總司令。1961 年 1 月，調任第一軍團司令，7 月晉升參謀本部副參謀總長。

3　徐汝誠，字午生，浙江餘姚人。原任第三軍軍長，1955 年 4 月離職赴美國參謀學校特別班受訓。1957 年 4 月接任陸軍軍官學校校長。

4　唐君鉑，字貽清，廣東香山人。1955 年 6 月，任陸軍指揮參謀學校校長，1956 年任國防部常務次長，1958 年 7 月，任國防部後勤參謀次長。

5　蒲羅克（Henry R. Pownall），英國陸軍將領，1943 年至 1944 年任東南亞戰區盟軍統帥部（統帥蒙巴頓）參謀長。

6　史迪威（Joseph W. Stilwell, 1883-1946），美國陸軍將領，曾任駐華美軍司令、盟軍中國戰區參謀長，1944 年蔣與史迪威發生衝突，史稱「史迪威事件」。日記所記「史迪威」實為「蒙巴頓」之誤。

三月十二日　星期二　氣候：陰

雪恥：一、生死觀：甲、死得其所。乙、求仁得仁。丙、心安理得，死而無懼。丁、視死如歸。戊、死有重於泰山。己、惟義是視，只見一義，不見生死。庚、魄附於氣，故謂之氣魄。魂附於靈，故謂之靈魂。靈則屬於命（理），命（理）屬於天（性），天命謂之性，即太極，仁義禮智信之所出者也。魄則隨氣之消散而亦喪失，惟命則屬於天，故靈與魂不隨氣與體而聚散，乃視其所得天性之厚薄而定其存在時間之修短也，所以魂亦不隨其人（身）之死亡而消失也。

朝課後記事，十時入府，接受西班牙大使[1]呈遞國書典禮後，主持宣傳會談畢，批閱公文。午課後，與妻車遊山上一匝，續審唐君鉑報告（研究發展）。發經國全家為夫人祝暖壽，緯國夫妻、芝珊[2]、友冰[3]等親戚皆參加，宴畢觀影劇後，晚課。

三月十三日　星期三　氣候：雨

雪恥：一、近日獲知杜聿明[4]、黃維[5]與康澤[6]尚未被共匪殺害，私心竊安，終有一日能歸來團聚也。

1　孔德（Francisco Javier Conde），西班牙駐華大使，1957 年 3 月 8 日到任，3 月 12 日呈遞國書，1958 年 3 月離任。
2　竺芝珊，蔣中正胞妹瑞蓮之夫婿。1945 年代理農民銀行董事長，1954 年真除。
3　竺友冰，蔣中正胞妹瑞蓮之孫女，其父竺培風為空軍飛行員，1948 年 1 月執行空運任務，因飛機機械故障墜毀殉職。
4　杜聿明，字光亭，陝西米脂人。1948 年 9 月，轉任東北剿總副總司令兼冀熱遼邊區司令官，11 月指揮東北國軍從葫蘆島撤退。再回任徐州剿總副總司令兼前進指揮部主任，1949 年 1 月被俘。
5　黃維，字悟我，江西貴溪人。曾任聯合後勤總司令部副總司令。1948 年原任新制軍官學校校長兼陸軍總司令部第三訓練處處長，9 月起任第十二兵團司令官，12 月間在雙堆集被俘。
6　康澤，字代賓，號兆民，四川安岳人。曾任復興社中央幹事、三民主義青年團中央團部組織處長等職。1948 年時任第十五綏靖區司令、立法委員，於襄陽戰役被俘。

今日為舊歷二月十二日，即夫人五十八足歲生日，朝課，記事如常，九時半經、緯全家及親戚與辭修夫妻[1]來家祝壽，十時到中央主持常會後回，續審核研究發展報告書，至午課後十六時閱完，擬令即速付印頒行，並令唐君鉑為發展研究處長負責舉辦此事也。[2]與妻到婦聯會茶點，答謝婦女送禮，來祝壽者百餘人，約一小時後回，入浴，閱報。晚約宴婦女祈禱會[3]十餘女教友與辭修夫婦畢，照相遊玩為樂，廿二時晚課。

三月十四日　星期四　氣候：陰雨

雪恥：一、各院、部、會政策業務協調組。二、國防部設研究發展處：甲、裝備研究組。乙、作戰發展組：對共匪戰術與戰鬥技術之研究。丙、行政管理發展組：最優秀人才，最科學方法，最高度效率，並使之協調聯系。節省一錢即提高一分效率。消除一分浪費即直接間接增加一分效率（主計制度）。丁、人心潛力研究組：甲、訓練心戰防禦。乙、新兵訓練連、官長之行政管理與影響訓練效能。丙、訓練優良之步兵排長。丁、對優能士兵加速其基本訓練進度。

朝課後記事，十時入府主持登陸地區之研究會議，決以廈門之南將軍澳至柘林港之間為主力登陸區，以南平為灘頭陣地之頂點，指定研究。午課後聽講原子戰之步兵陣地之組織後，約茶點。晚批示「研究發展須知」之編印後，擬訂課程時間表，晚課。

1　辭修夫妻即陳誠及其夫人譚祥。譚祥，字曼意，譚延闓三女，湖南茶陵人。來臺後協助宋美齡管理婦聯會，致力於婦女運動與救濟事業，並籌辦辭修高級中學。
2　1958 年 3 月 15 日蔣中正指示國防部籌設研究發展處，以唐君鉑為處長負責組織。
3　全名「中華基督教婦女祈禱會」（Woman Prayer Meeting），蔣夫人宋美齡 1950 年來臺後，號召基督信仰的婦女同道，組織祈禱會，祈求與仰望國家得蒙上帝的恩寵，度過艱辛的時代。由靜態的祈禱會集會外，進而有動態的關懷軍眷、榮民生活的具體行動。

三月十五日　星期五　氣候：雨

雪恥：一、各省市縣在臺人事藉〔籍〕貫（村里）、職業、年齡及其離開原藉〔籍〕時年之詳細調查（又親屬在鄉者關係）。二、化學戰之防禦方法訓練之情形如何。三、反攻裝備車輛與民船調集使用之研究組織。四、研究立案後，即速實驗之辦法與行動及日期之限定。

朝課後記事，入府聽取張部長[1]對東海大學曾約農[2]校長辭職原因之報告後，召見調職人員六名，又批示在開羅與羅斯福[3]談話錄之補錄，以答美國務院之不確之記錄。主持情報會談，在臺保防工作略有進步。午課後，修正「養成領袖人才教育」之講詞。晚宴西班牙新任大使孔德君後，記事。自今日起日記改在每日晚間記錄，以前為翌日朝課後舉行也。晚課。

三月十六日　星期六　氣候：雨

雪恥：一、高級將領調職延期之命令。二、陸戰隊司令與師長及副司令之命令。

朝課後續修講稿一節（第三節），頗為費力，記錄者之不易覓到有力人員為憾。入府會客，召見調職人員六名後，主持軍事會談，對於年人計畫與智力測驗統計之說明甚覺有益。午課後續修講稿三小時完。晚閱報，看書，晚課後記事。

1　張其昀，字曉峯，浙江鄞縣人。1950 年 7 月，任中國國民黨中央改造委員會委員；8 月，兼任秘書長。1954 年 5 月，出任行政院政務委員兼教育部部長。

2　曾約農，原名昭梲，字約農，湖南湘鄉人，曾國藩曾孫。1949 年避難香港，隨後轉赴臺灣，受聘為臺灣大學英文教授，後於 1955 年被東海大學董事會推舉為首任校長。1957 年任滿一屆辭職。

3　羅斯福（Franklin D. Roosevelt, 1882-1945），美國民主黨人，1933 年 3 月至 1945 年 4 月任總統。

上星期反省錄

一、共匪對整肅工作本延期一年，今聞又在進行整肅，可知其內部矛盾已迫不及待矣。

二、杜勒斯[1]在東南亞聯盟會議上發表其對華政策三原則，是其反對共匪支持我政府之態度最明朗之宣布，不僅安定我國人心，而且能懾服西方英、加等之中立政策及其美國內之動搖分子也。

三、英保守黨議員狄林訪華回港時之態度應予注意。

四、中東「加薩」區行政權已為埃及接收。

五、星四檢討登陸地區與灘頭陣地之範圍，已經指示大略，對研究發展須知小冊已核定，閱蘇俄軍事思想亦已開始，修正講稿二篇，頗為費力也。

本星期預定工作課目

1. 李駿耀[2]與江杓人事問題。

2. 各院、部、會政策業務協調會議。

3. 上校以上升官人選之核定。

4. 陸戰隊之人事。

5. 對亞洲反共聯盟會之指示。

6. 對中、日合作促進會要旨之研究。

7. 將官升晉人事之核定。

8. 陸戰隊與軍校人事之核定。

1　杜勒斯（John F. Dulles），又譯陶勒斯、陶拉士、杜拉斯，美國政治家，曾短暫為參議員，1950 至 1952 年為杜魯門總統外交顧問。1953 年 1 月至 1959 年 4 月任國務卿。

2　李駿耀，江蘇吳縣人。時任美援運用委員會駐美技術代表團副團長。8 月調任中央銀行理事。

9. 第十軍軍長與師長人事。

10. 對美、日記者之談話要旨。

三月十七日　星期日　氣候：雨

雪恥：一、青年節文稿。二、陸戰隊人事。三、矛盾論。四、省縣考績標準。五、雨天工具與工資。

朝課後研讀「蘇俄軍事思想」開始，閱完第一章，甚覺有益。十時到情報局主祭戴故局長[1]後巡視畢回，十一時禮拜後，與希聖談「蘇俄在中國」附地圖，與俄共對美文化、科學急求交換之陰謀，應對美提警告。午課後審核晉升中、少將之人事，頗費心力，與妻車遊山上一匝，得報菲總統麥帥山[2]座機衝山殞命，甚為可惜，菲國殊一大損失也。晚課，散步。

三月十八日　星期一　氣候：晴

雪恥：一、美國對於菲總統為共黨謀害的這一事情，其對東亞共黨政策是否重作檢討與改正，以對此事不能不使他感覺東亞共黨問題之嚴重也，但恐未必引起其如此感覺乎。

朝課後，抄錄舊日記兵學格言數則於雜錄之內，十時到研究院主持研究周，宣讀「反攻復國心理建設要旨」與「建設三民主義模範省的要領」，約二小

1　戴笠（1897-1946），原名春風，字雨農，浙江江山人。歷任軍事委員會調查統計局處長及副局長、中美特種技術合作所主任。1946 年 3 月 17 日墜機身亡。

2　麥格塞塞（Ramon Magasaysay, 1907-1957），又譯麥帥山、麥獅山，菲律賓政治家，曾任國會議員、國防部部長，1953 年 12 月至 1957 年 3 月任總統。

時畢，前後致訓約半小時。午課後修正講稿後，約見日本棋會名手永野[1]等暢談一小時，客散後，與妻車遊山上一匝。晚觀影劇不甚佳，晚課後廿三時寢。

三月十九日　星期二　氣候：晴

雪恥：一、勞動工人之領導，指揮人員之組織，與自動及經濟方法之訓練。二、對余要求訪美者之答覆。三、共匪和諧之作用，惟有此虛偽宣傳方法，苟延其偽政權之命運，尤以安定大陸人心為然。五[2]、郭寄嶠[3]工作。

朝課後，續閱「蘇俄軍事思想」卡德洛夫[4]著第二章後，記昨日事，十時入府，召見李駿耀與穆懿爾[5]及法國外交部亞洲司長[6]後，主持一般會談，據報毛匪在偽最高國務會議中，所謂解決人民內部矛盾問題不敢發表，而對匪區智識階級之待遇已經提高一點，應加注意。午課後續修前稿，晡車遊淡水道上回，入浴，修稿，記事，晚課。

1　永野護，日本參議院議員，帶領日本圍棋訪問團晉見，成員另有圍棋九段瀨越憲作、八段宮下秀洋、七段長谷川章、七段村島誼紀、眾議院議員山本条吉、眾議院議員唐澤俊樹，共七人。
2　原文如此。
3　郭寄嶠，原名光霱，安徽合肥人。1951 年 3 月至 1954 年 6 月任行政院政務委員兼國防部部長、國防會議秘書長。1957 年 4 月轉任總統府國策顧問。
4　卡德洛夫（Raymond L. Garthoff），美國學者，耶魯大學博士，時任智庫蘭德公司研究員。
5　穆賢（Raymond T. Moyer），又譯莫懿、穆懿爾、穆易爾、穆依爾，曾任美國經濟合作總署中國分署署長、中國農村復興聯合委員會委員。
6　米勒（Pierre L. Millet），法國外交部亞洲司司長。

三月二十日　星期三　氣候：陰雨

雪恥：一、飛彈交涉查報。二、招待泰勒[1]之程序與準備。三、金門演習之準備。四、放寬對匪禁運與文化、技術交換之為害人類，皆為救共而非反共之道。

朝課後，續看蘇俄軍事思想至第三章之馬克斯[2]與列寧節，上午主持中央常會，聽取臺灣省政十年經過之報告，頗有益。午課後續修講稿第二次完，晡經兒來見，交給其四十一－四十五年日記抄錄副本。晚散步，讀勝利生活，記事，晚課。

三月二十一日　星期四　氣候：陰

雪恥：一、海外與香港機構應澈底統一。二、要塞廢砲處理問題。三、步師火力與砲數之增加。四、師屬飛機（十八架）之編制。

朝課後讀勝利生活一章，看蘇俄軍事思想至帝俄軍事思想之影響一節完，十時入府見合眾社見〔記〕者[3]，約談半小時餘畢，另見劉〔陳〕劍如[4]等七員畢，召見孟緝與昌煥[5]，催簽飛彈運協定後，批閱。午課後審核講稿後，約見加拿大人[6]與美經濟總署穆懿等茶會後，車遊。晚觀影劇後，晚課。

1　泰勒（Maxwell D. Taylor），又譯太勒，美國陸軍將領，曾任第一〇一空降師師長、陸軍副參謀長、第八軍團司令、琉球民政長官，時任陸軍參謀長。
2　馬克思（Karl Marx, 1818-1883），普魯士人，馬克思主義的主要創始人，發表著名的《共產黨宣言》和《資本論》。
3　布朗（Cecil Brown），又譯白朗、勃朗，二戰期間為美國哥倫比亞廣播公司（CBS）、互助廣播網（Mutual Network, MBS）報導戰地訊息。戰後擔任 Mutual、NBC 和 ABC 的記者，從事廣播新聞工作。時任美國合眾通訊社駐臺分社主任。
4　陳劍如，廣東台山人。第一屆國民大會代表。來臺後受聘擔任光復大陸設計研究委員會委員。時任中國國民黨南方執行部代主任委員。該部於 1957 年 7 月底撤銷。
5　沈昌煥，字揆一，江蘇吳縣人。1950 年 3 月任中國國民黨中央宣傳部副部長，7 月起任中國國民黨改造委員會委員。1953 年 12 月，出任外交部政務次長。
6　金萊賽（Hugh L. Keenleyside），加拿大外交官，曾任駐墨西哥大使，1950 年到 1958 年擔任聯合國技術協助管理局局長。

三月二十二日　星期五　氣候：陰

雪恥：一、第三軍軍長侯程達[1]。二、第十軍軍長張國英。三、第五十八師師長應鞏華[2]或孫竹筠[3]。四、王廷宜補應缺。五、趙家驤[4]任參謀長。六、唐俊賢[5]。七、周中峯[6]晉升少將。

朝課後看蘇俄軍事思想後，讀勝利生活。入府見朝日新聞記者山中繁〔男〕[7]，告以日商購買大陸糧食，無異吸吮我大陸同胞殘餘之血瀝，將為中、日二民族百年之恥辱與不能洗淨之痛恨。會客，主持財經會談，對預算與證券所方針加以指示，午課後續修講稿（養成領袖人才）第四次完，車遊山上一匝。晚修稿，晚課，散步。

三月二十三日　星期六　氣候：雨

雪恥：一、兩棲作戰司令黎玉璽[8]與羅友倫。二、戰區總司令。三、臺灣省主席。四、江杓之職務。五、尹仲容[9]經濟安定委員會秘書長。六、徐康良

1　侯程達，字公美，遼寧遼陽人。時任第三十三師師長。1957 年 4 月升任第三軍軍長。
2　應鞏華，號固安，浙江蘭谿人。1954 年 9 月至 1955 年 3 月，任第五十九師副師長。1957 年 4 月調任預備第一師師長。
3　孫竹筠，貴州黃平人。1956 年 2 月預備第一師師長，1957 年 4 月調任第五十八師師長。
4　趙家驤，字大偉，河南汲縣人。1951 年至 1955 年任陸軍總部參謀長。1955 年奉調第一軍團副司令兼參謀長，1957 年 7 月調任金門防衛司令部副司令官。
5　唐俊賢，號英毅，廣西鬱林人。歷任第十九師副師長、第一軍參謀長，1957 年 7 月調任第十九師師長。
6　周中峯，字秀三，河北慶雲人。原任第一軍團參謀長，1957 年 4 月，調任國防部第五廳副廳長。1958 年 5 月，調任第一軍軍長。
7　山中繁男，日本《朝日新聞》記者。
8　黎玉璽，號薪傳，四川達縣人。1952 年 4 月，調任海軍總司令部副總司令兼海軍艦隊指揮部指揮官，1955 年 9 月免兼。1956 年 10 月，兼海軍六二特遣部隊指揮官。1959 年 2 月，升任海軍總司令部總司令。
9　尹仲容，本名國鏞，湖南邵陽人。1955 年 7 月，因「揚子木材公司貸款案」被起訴，10 月 30 日，獲判無罪，宣布辭去經濟部部長與中央信託局局長。1957 年 8 月，出任行政院經濟安定委員會秘書長。

職務。

朝課後修正對日本讀賣新聞問答稿,記昨日事,十時入府,約日記者[1]談話後,與叔銘談其訪泰國之目的,主持軍事會談,對商船艤裝計畫加以指示,對智力測驗報告甚覺幼稚。又據叔銘報告,菲總統麥獅山座機遭燬原因,完全為其空軍無制度與駕駛技術不良之故,殊堪警戒。午課後讀勝利生活,與大維談話。十八時泰勒(美陸參長)來臺,為我上賓,晚記事。

上星期反省錄

一、美國對和戰(共產)問題已面臨其決定階段乎?此殷格索[2]之消息也。

二、美、英在百慕大會議乃在解決英國實際困難問題,對於全盤政策,尤其對俄共和戰問題似不在其議案之列,但對其會議結果之真相或亦可以體會若干耳。

三、麥獅山之炸死,與泰國選舉之共黨示威,以及印尼共黨之深滲,越南吳廷炎[3]被刺未中,琉球市長之共產黨員當選,日、韓反美之形勢,是其對東亞共黨問題亦不能不面臨其決定時期乎?

四、本周看卡德洛夫著「蘇俄軍事思想」書第一至第三章完,甚覺有益,修正重要講詞兩篇,對美、日新聞記者分別談話三次,對美飛彈運臺之協定簽訂皆甚重要也。

1　日本讀賣新聞社馬尼拉支局長山口虔。

2　殷格索(Stuart H. Ingersoll),又譯英格索,美國海軍將領,1955 年 12 月至 1957 年 1 月任第七艦隊司令,1955 年 11 月至 1957 年 7 月任美軍協防臺灣司令部司令。

3　吳廷琰,其他華文媒體亦曾譯為「吳廷炎」。

本星期預定工作課目

1. 與泰勒談話要旨：甲、高等軍事教育之續辦。乙、陸軍編制裝備與日、韓之美援一致。丙、師屬航空部隊之配置。丁、士氣與前展裝備增強之關係。戊、反攻心理與訓練技能之配合，方能延緩反攻時間之情緒。
2. 林崇鏞〔墉〕[1]工作之研究與郭寄僑〔嶠〕之工作。
3. 軍師長與陸戰隊司令等人事之決定。
4. 晉升中、少將人事之判核。
5. 修正對警廳會議前年之訓詞。
6. 中央銀行與紐約中國分行之人事。

三月二十四日　星期日　氣候：雨

雪恥：一、周牧師[2]講道：生命的意義與奧秘，為人生由上帝所創造，生則由上帝而來，死則歸至上帝之意，指明生命之歸宿也。又言上帝之道路，以基督為指南針盤，以基督之言為人生之指導，如欲歸回於上帝，須以基督為必經之道，否則無所歸宿而墮落無靠，則人生即無意義，亦無目的矣。此乃宗教上之說法，比較合理也。

朝課後記上周反省錄，上午重理蘇俄軍事思想之第一篇，最為有益。禮拜，午課後修正「建警之要領與目的」講稿，十七時與泰勒談話一小時餘，總覺其人官氣與敷衍而不誠實也。晚宴會後閒談，甚覺無言可談，以致隨便雜湊，漫無條理，其實無言作別反為適宜耳，晚課。

1　林崇墉，字孟工，福建福州人。1945 年至 1949 年，任中央銀行業務局局長。1950 年任臺灣大學教授，後到美國加州大學，從事文史科學研究。1957 年 9 月申述 1949 年陷共受辱經過之文件請求開復原受黨紀與行政處分請予復職任用。

2　周聯華，筆名羅鶴年，生於上海，祖籍浙江慈谿。1954 年 9 月擔任凱歌堂主日崇拜講員、臺灣浸信會神學院教授、浸信會懷恩堂主任牧師。1960 年擔任東海大學董事長。

三月二十五日　星期一　氣候：晴

雪恥：一、美、英百慕大會議結果實情：甲、美參加巴克達公約軍事委會。乙、阿克巴灣。丙、蘇彝士運河問題，皆貫澈聯合國決議為其共同政策。

朝課後與泰勒話別，一刻時後回，記事，十時到研究院紀念周，並舉行立法、監察二院黨部執行委員宣誓儀式，讀訓「養成領袖人才」篇回，召見劉安祺與胡璉，詢問師長候補人選。午課後，續修警察會議訓詞完，晡車遊陽明山上一匝。晚觀美製影劇「茶與同情」，其意義頗佳，晚課。

三月二十六日　星期二　氣候：雨

雪恥：一、臺省主席人選，文人中實無相當之人，軍人中亦不易選擇一人，黃振〔鎮〕球[1]與周至柔[2]比較各有短長，而黃則人地較宜也。二、兩棲作戰司令與登陸司令之人選應早決定。

朝課後重檢「蘇俄在中國」書中俄共軍事思想一章，與卡德洛夫所講內容相同，並無大差，私人竊慰，續看蘇俄軍事思想第四章完。入府見韓國經濟考察團，又見香港各大學教授考察團後，主持宣傳會談，對百慕大美英會議與共匪政協會議內容，加以討論與指示。午課後記事，審核青年節文稿，仍不能用。晡見英國訪華團茶點，晚指示文稿要旨，與蘇俄在中國書中附圖指示其改正，晚課，記事。

1　黃鎮球，字劍靈，廣東梅縣人。1955 年 8 月，調任總統府參軍長。1957 年 6 月，調任臺北衛戍司令。1958 年 7 月，調任臺灣警備總司令。
2　周至柔，原名百福，字至柔，以字行，浙江臨海人。1954 年 7 月，參謀總長任期屆滿，改任國防會議秘書長。1957 年 8 月，調任臺灣省政府主席，兼臺灣省保安司令部司令。

三月二十七日　星期三　氣候：雨

雪恥：一、中央各組副組長成績與人選之檢討。二、香港與海外黨政機構限期統一。三、軍隊自給蔬菜與豬羊之計畫實施如何。四、監工與工頭之特別組訓。五、節約與飢餓。

朝課後，看蘇俄軍事思想第五章完，並批摘要點與心得數條，上午主持中央總動員會報三小時完，午課後審核青年節文稿，召見于豪章[1]談陸戰隊人事。晚觀影劇夜盡天明，國片技術略佳，但編輯仍不甚好，晚課。

三月二十八日　星期四　氣候：晴

雪恥：一、小學校舍軍眷遷住眷舍。二、兩棲作戰司令與登陸軍司令之指定。三、空軍對艦艇識別與陸、海軍對機種之識別訓練。四、海軍參校對兵棋演習器材之增補計畫。

朝課後，上、下午皆修正青年節文稿工作，頗覺適意。午課、晚課如常，晡約古德[2]中將茶會畢，與妻車遊淡水道上。晚膳後散步，讀詩。

三月二十九日　星期五　氣候：晴

雪恥：一、高級軍官中選訓行政工作。二、黨政機構考績之呈報。三、勞動服務與壯丁訓練工作情形之報告。四、舒適存[3]與董家瑞[4]之退役。五、

1　于豪章，號文博，安徽鳳陽人。1953 年 1 月出任海軍陸戰隊參謀長。1955 年 1 月調任海軍陸戰隊司令部副司令。1957 年 4 月調任第五十一師師長。

2　古德（Roscoe F. Good），美國海軍將領，曾任海軍軍令部次長，時任遠東海軍司令。

3　舒適存，原名壽祺，湖南平江人。1950 年 3 月任臺灣防衛總司令部副總司令。1952 年任國防部戰略計劃委員會委員。1959 年退為備役，任臺灣電力公司顧問。

4　董家瑞，湖南沔陽人。時任國防部聯合作戰委員會會委員。

發朱逸〔一〕民[1]款。五[2]、示範與競賽的賞罰規則與效率之關係。六、梁筠[3]之現職如何。

朝課後看蘇俄軍事思想第六章,十時到忠烈祠春祭後,即到三軍球場向青年大會致訓畢,入府召見調職人員楊松泉[4]、王昌銳[5]、鄧先滌[6]等七員後,批閱公文,十三時方畢。回寓午課後,續看軍事思想第六章完,與妻車遊山上一匝回,記事。

三月三十日　星期六　氣候:晴

雪恥:一、海、空軍遠程通訊器材與情報通信網路之設置情形如何。二、兩棲特遣指揮官與登陸攻擊軍指揮官之職權及人選。三、直升機式樣與購製計畫。四、調職官長之待遇應照原職補發。五、主官要務在使部屬人人能有積極與不閒的精神,每人能找事研究與進步。

朝課後讀勝利生活畢,看蘇俄軍事思想第七章,十時入府,召見王撫洲[7]、李景璐[8]及王寓農[9]、黃宗石[10]、程立佐[11]等升晉人員後,主持軍事會談,對

1　朱紹良,字一民,原籍江蘇武進,生於福建福州。1949 年 1 月,任福建省政府主席兼福州綏靖公署主任,8 月退往臺灣。1950 年任總統府戰略顧問,後改聘為國策顧問。

2　原文如此。

3　梁筠,號雯兮,江西泰和人。曾任第三十六師副師長,時任第四十九師副師長。

4　楊松泉,江蘇吳錫人。時為海軍參謀學校學員,1957 年 4 月任太湖艦艦長,1959 年 6 月任南陽艦艦長。

5　王昌銳,號貫三,湖南湘潭人。時任海軍第四十四戰隊代戰隊長,1957 年 4 月任太和艦艦長。

6　鄧先滌,湖南長沙人。時任率真艦艦長,1957 年 4 月任太倉艦艦長。

7　王撫洲,字公簡,河南正陽人。時任經濟部常務次長,4 月調任經濟部政務次長。

8　李景璐,曾任經濟部土礦管理處處長、交通部全國引水管理委員會主任。時任經濟部顧問。1957 年 4 月代理經濟部常務次長。

9　王寓農,號士昌,浙江杭縣人。1954 年 9 月調任陸軍軍官學校副校長,1956 年 2 月調任國防部總務局局長。1961 年 3 月調任國防部總長辦公室行政特別助理。

10　黃宗石,號君實,浙江瑞安人。1955 年 4 月任軍官外語學校校長。1961 年 1 月任駐韓大使館武官。

11　程立佐,號仁輔,江西鹽城人。時任國防部副官局副局長,3 月晉升少將。

於軍隊召集與征集之關係及三軍通信組織系統皆有了解。午課後續看前第七章完，見尼加拉瓜記者賴佳云[1]後，與妻車遊淡水道上回，入浴，散步，閱報，晚課。

上星期反省錄

一、百慕大美英會議結果，對於中東問題最顯著的一點，就是美國參加巴加達的軍委會。

二、英國訪華團已結束回去，余對其在大陸為共匪所沒收之英財產問題，乃將以履行條約的權利與義務答之。

三、青年節文告與答日記者問同時發表，對於闢斥「和諧」自認為最有力的二篇文字。

四、蘇俄軍事思想書已看至第七章，最為有益。

本星期預定工作課目

1. 金、馬當面之敵兵力部署地點與工事詳情及其第一線縱深程度。

2. 作戰籌劃指導中心之成立，與每周會報時間及其工作計畫與程序。

3. 第一批裝載部隊番號及其登船碼頭與船隻名稱之準備計畫。

4. 左營（陸戰隊）、高雄、基隆、馬公各碼頭各裝一個師，其他如淡水、蘇澳、安平亦應定為預備碼頭，並預作相當（修建）設備。

5. 金門應作機帆、民船、漁船、集載之準備。

1　賴佳云（Leonardo Lacayo Ocampo），又譯賴嘉庸，尼加拉瓜新聞報社長。

6. 後方部隊連、排長之提先補充。

7. 團、營、連應裝備之伴行車限期籌置。

8. 空降敵後工作與戰地政務人員之儲訓登記。

9. 現有軍官團組織情形及其經費如何。

10. 各省市黨政候選人員之催報。

11. 各部會工作協調機構與人選。

三月三十一日　星期日　氣候：陰晴

雪恥：一、戰術思想之統一。二、指揮官之意圖與命令之貫澈，及其部下之了解與應用方法。三、防校與參校畢業之副職與閒職人員，皆應令參加反攻準備作業之各組部門。

朝課後記事，上午考慮反攻準備工作各項機構之組織，與希聖談附圖改正要點後禮拜。午課後清理積案，對美國水中爆破隊訓練之嚴厲，特有所感，與健中談話一小時後，車遊山上一匝。晚看美國戰爭原則之說明書，散步，晚課。

上月反省錄

一、本月內國際大事：甲、歐洲六國共同市場與共同經營核子研究與發展，兩條約之成立。乙、以色列軍撤出加薩等地區。丙、東南亞聯盟會議中，杜勒斯對華政策之聲明，實為其四年來第一篇之有力文字。丁、美、英之百慕大會議：子、美參加巴加大公約之軍委會。丑、美對英供給飛彈與減少英軍在國際上兵力之任務。寅、美、英對中東問題共同機構之設置，此乃美、英恢復團結，對俄共一致之表示，而其對共匪禁運之放寬問題與對共匪加入聯合國問題，雖未明白公布，惟余認為一如過去，並無變更。而其後一問題，英或較前更進一步，與美一致行動乎。戊、印尼內訌，共匪為禍，已成不可救藥之局。己、泰國選舉共匪擾亂雖暫平息，但其新組政府乃砲[1]與乃比〔沙〕利[2]二派仍對立相持不下也。庚、越南吳廷琰被刺，幸未命中。辛、菲總統麥獅山已失事殞命。壬、據美軍方消息，美政府已面臨對俄共政策不能不作決實階段云。

一、共匪偽政治協會已於月初開會，至今毛匪所稱解決人民矛盾問題之內容尚未發表，但其政治恐慌與經濟困迫之情形更無法掩飾，而俄共對日、對德、對英、對丹麥之恫嚇不安，以及提出停止氫彈試驗案之宣傳已無足輕重矣，特別是共匪內部之整肅似已發動矣。

二、英議員狄林訪華後，其中、英友好訪問團九人亦繼續來訪，已引起共匪之大不耐矣。

四、青年節文告闢斥共匪和謠，可謂已盡其詞矣，另修正講稿二篇，頗覺稱意。

五、月初八中全會已如期召開完成。

六、看蘇俄軍事思想最覺有益，惟惜研究太遲耳。

1　乃砲（Phao Sriyanon），時任泰國內政部部長兼國家警察局局長。
2　乃沙立（Sarit Thanarat），又譯乃沙利，泰國陸軍將領。

七、對美、對日記者各談話二次，亦已盡其詞矣。

八、督導備戰計畫之實施亦於本月開始矣。

四月

蔣中正日記
Chiang Kai-shek Diaries

蔣中正日記
Chiang Kai-shek Diaries

民國四十六年四月

本月大事預定表

1. 對鷹廈鐵路隧道爆破之空軍轟炸洞口,及封鎖(火燄)特殊技術之研究。

2. 反攻準備作業各項計畫之程序表。

3. 兩棲作戰司令與攻擊軍司令之人選與組織。

4. 降落傘爆破部隊官兵之組訓計畫。

5. 徐康良任戰略計畫副主委。

四月一日　星期一　氣候:陰雨

雪恥:一、近來甚悔過去三十年對於用人不當與知人不明,以致受挫蒙辱不知所止。對於軍事方面,高級將領屢叛屢撫,屢撫屢叛之徒,如白崇禧[1]、唐生智[2]等各長陸軍訓練總監,而對其職務毫不負責,徒借此職位以為其爭權奪

1　白崇禧,字健生,廣西桂林人。1949 年底來臺後,任總統府戰略顧問委員會副主任委員。

2　唐生智,字孟瀟,號曼德,湖南東安人。1935 年出任國民政府訓練總監。1937 年 11 月主動出任首都衛戍司令長官,後閒居。1949 年間任湖南人民自救委員會主任委員,通電領銜擁護「湖南和平解放」。

利與叛亂倒戈之憑藉。特別是何敬之[1]身長軍政部長幾近二十年,對於軍政一切腐敗落後,不求進步,以致大好時機與勝利皆為其所斷送,能不痛悔自懲我失職乎。

朝課後讀聖經,準備講稿,十時主持國防大學開學典禮致訓畢,見嚴[2]主席、張柏亭[3]後,回記事,記上月反省錄。午課後看蘇俄軍事思想第八章完,與公超談話,晚散步。翁文灝[4]之肉誠不足食矣。記事,晚課。

四月二日　星期二　氣候:陰雨

雪恥:一、鷹廈鐵路之破壞與空投爆破隊及其掩護之組訓研究組應成立單位,並予以經費負責進行,此應由空總與傘兵總隊派員組織,限期設計完成。二、敵後降落部隊設計三個單位,每單位以三百人為基準的組訓,以及挑選官兵着手進行。

朝課後讀勝利生活後,看蘇俄軍事思想第九章完,入府聽取叔銘訪泰報告後會客,召見晉升人員六人後,主持一般會談,道及越南吳廷琰對華僑國藉〔籍〕案堅持無商量預地,如此短見之人,何能望其革命立國耶,可痛。午課後往南港中央研究院之院士會議致詞,感想萬千,回後車遊山上一匝,入浴,閱報,記上月反省錄,記事,晚課。

1　何應欽,字敬之,貴州興義人。1928 年 10 月至 1931 年 12 月出任國民政府訓練總監部訓練總監。1930 年 3 月至 1944 年 11 月任軍政部部長。1949 年 3 月任行政院院長,同年來臺,擔任總統府戰略顧問委員會主任委員。

2　嚴即嚴家淦。

3　張柏亭,字相豪,上海市人。1956 年 4 月任實踐學社副主任,專研各種戰略、戰史。1957 年 1 月出版《克勞塞維茨戰爭論之研究》。

4　翁文灝,字詠霓,浙江鄞縣人。1949 年 2 月任總統府秘書長(李宗仁代理總統),5 月與中共和談失敗,辭職到法國。

四月三日　星期三　氣候：晴

雪恥：一、百萬人委員會經費之籌劃。二、道德信義為擊敗共匪的最基本武器。三、電美技術團直升飛機之價值與式樣。

朝課後看蘇俄軍事思想第十與十一章完，到中央常會商討全國代表大會籌備程序與港澳特派員權責問題。午課後重理已看之軍事思想（俄），頗有心得，閱報後，與妻車遊山上一匝。晚膳後散步，手令反攻準備計畫、對鷹廈路隧道橋塊澈底破壞計畫，與敵後降落部隊之組訓計畫後，晚課。

四月四日　星期四　氣候：晴

雪恥：一、殷格斯造船公司[1]合同延誤何故。二、中、日貿易交涉。三、中、美對東南亞經濟合作之交涉。四、區域經濟之督促。五、對西德經濟合作計畫。六、對義、土、伊等國商務協同之履行。

朝課後，看蘇俄軍事思想第十二章完，入府召見顧問團陸軍組長[2]後，召見調

1　美國殷格斯造船公司（Ingalls Shipbuilding Corportion of Birmingham, Alabama U. S. A）是美國五大造船業之一，除製造巨型商船外，並承造美國政府的海軍艦隻。1957 年 2 月 7 日完成租用臺灣造船公司十年的手續，並舉行交接儀式。將臺灣造船公司更名為「殷格斯臺灣造船公司」（Ingalls Taiwan Shipbuilding and Drydock Co.），擴充設備後，即著手興建一艘三萬二千五百噸的油輪。為中美造船技術合作的先聲。

2　雷斯敦（Richard A. Risden），雷斯頓、雷士頓、雷士登，美國陸軍將領，軍事顧問團陸軍組組長。

職與晉升人員八人李迪俊[1]、邵毓麟[2]、劉馭萬[3]、陳堯聖[4]等畢,批閱。午課後習理軍事思想,招待戴維斯[5]作別茶會。晚宴中央研究院院士會議後,看心理戰資料,晚課。

四月五日　星期五　氣候：晴

雪恥:一、葉[6]部長在月會報告匈牙利反共革命,為俄共駐匈的軍隊與特務自相鬥爭,乃利用匈人為排除其各自之對方,以致演成此次之暴動的由來,余實不信,且其在月會中報告亦極失言,無異對反共者洩氣,甚為不智,應加警戒。

朝課後記事,入府主持國父月會後,召集財經會談,金融尚穩,外匯存款已達五千萬美元,此為遷臺以來之最高額也。午課後審核團長以上調職與晉升人事後,重習勝利的生活,晚課。

1　李迪俊,字滌鏡,湖北黃梅人。時任駐巴西大使兼駐巴拉圭大使,1957 年 5 月 27 日到任,1963 年 7 月 19 日離任。
2　邵毓麟,號文波,浙江鄞縣人。1949 年 7 月任駐韓國大使。1951 年 9 月返臺,任總統府國策顧問兼政策研究室主任,創設國際關係研究會。1957 年 4 月出任駐土耳其大使,1964 年 10 月 19 日離任。
3　劉馭萬,湖北宜昌人。歷任駐聯合國代表辦事處顧問、駐聯合國代表團辦事處處長、駐聯合國大會常會中國代表團秘書長。1957 年 5 月 2 日到任駐古巴全權公使兼駐海地全權公使,9 月 30 日駐古巴公使館升格為大使館後,又任駐古巴全權大使,1960 年 9 月 5 日離任。
4　陳堯聖,浙江杭縣人。歷任中國國民黨中央組織部總幹事、外交部情報司科長、駐英大使館一等秘書,1950 年斷交後,續留英國,創辦自由中國新聞社,並成立自由中國之友協會,出版中英文周刊等。
5　戴維斯（Benjamin O. Davis Jr.）,1955 年擔任美國第十三航空隊副司令,後兼任第十三航空隊派遣隊司令,此時將離任前往西德擔任第十二航空隊參謀長。
6　葉即葉公超。

四月六日　星期六　氣候：晴

雪恥：一、戰區（作戰）司令官聯合特遣部隊－甲、海軍兩棲聯合特遣部隊－子、海軍特遣部隊。丑、海軍攻擊軍。乙、陸軍登陸軍指揮官（最高）。二、兩棲聯合特遣部隊司令官黎玉璽。三、登陸軍最高指揮官周至柔或彭孟緝，以周較宜。

朝課後記事，與夫人往寧夏路女修中學[1]，參加菲故總統麥獅山追悼後，入府召見劉安祺、劉伯中[2]等畢，主持軍事會談，對兩棲登陸作戰指揮之系統大致了解。午課後審核講稿一篇後，與妻往遊木柵指南宮，山上車路已通且甚良好，但其廟內與環境之污穢異甚。如此風景與交通，而其宮廟腐臭如故，但有可惜而已，可說無處不要親自改革也。晚宴客後晚課。

上星期反省錄

一、本周對於反攻準備工作開始策畫，並令組織督導中心。

二、降落遊〔游〕擊部隊計畫亦積極研究，其地區亦已大體策定。

三、中央研究院第二次院士會議強勉成立，但此舉對中國〔學〕術上將來影響必大也。

四、美愛克對協防金、馬事佯言並無明確之允諾，等於食言，可笑，但其國務卿[3]則補充其詞，承認有此私人之函件也。

五、最近外匯充足，為遷臺以來之最高額也。

1　指現今臺北市私立靜修高級中學。1916 年天主教道明會西班牙籍監牧主教林茂才（Fr. Clemente Fernandez, 1879-1952），在臺北大稻埕蓬萊町購地建校，名為靜修高等女學校（Blessed Imelda's School）。

2　劉伯中，號仲石，湖南醴陵人。時任國防部高級參謀，4 月調任陸軍總司令部第三署署長。

3　杜勒斯（John F. Dulles）。

六、周以德[1]在其參議院證詞,對我「蘇俄在中國」著作出版時,將有間接
　　協助之影響乎。

本星期預定工作課目

1. 空軍第五、第六大隊之近況與成績如何。
2. 反攻準備工作督導中心之組織。
3. 將官晉升人事之核定。
4. 團長候補人員之審核。
5. 與殷格索談話:甲、中美聯合作戰計畫之擬訂,與作業程序之訓練。乙、
　 空軍二百名訓練計畫之促成。丙、樂成計畫[2]之測驗演習。丁、對國際局
　 勢之觀察。戊、國軍所有缺點之陳報。

四月七日　星期日　氣候:晴

雪恥:一、降落部隊組訓計畫第一。二、降落地點之指定。三、降落後第
一要務為佔領縣城各公署,拘捕縣長與各匪幹,宣布反正。四、降落後第一
防範匪偽空軍之轟炸,與匪偽快速部隊由各公路要害之增援。五、集中佔領
縣城後,速向各鄉區散開,組織遊〔游〕擊進入山區,建立根據地與通信交
通網。六、通信與陸、空識別記號及空投記號。七、各大隊地區聯繫與接
應計畫。

1　周以德(Walter H. Judd),美國共和黨人,1943 年 1 月至 1963 年 1 月為眾議員(明尼
　 蘇達州選出)。
2　樂成計畫(Rochester Plan),中華民國與美國聯合防衛臺灣計畫。

朝課後記事，膳畢散步遊覽，禮拜後辦公。午課後修改覆白朗[1]函稿，晡與妻車遊大溪，回入浴，審核新調團長人事，甚費力也，晚課。

四月八日　星期一　氣候：晴

雪恥：一、梁序昭升上將。二、郭寄嶠任顧問。三、對美宣言之準備：甲、反攻的天職與權利。乙、對人民之道義與仁愛。丙、不僅為祖國，而亦為美國之利害關係。丁、如俄國干預我內政而保護其傀儡，則由中國獨立（自身）負其反抗侵略之戰，而不須由美國參加戰爭，決不牽累美國，亦不致引起大戰。戊、我所希望者，不是要求美國積極助戰，而是不阻礙我反攻復國，作道義上之支持。己、美如必欲反對我反攻復國，則其對中國之不義，尤甚於耶爾達密約之出賣中國，其為害於美國之悲慘，更非耶爾達密約之遺禍所可比擬，而其責當不在中國也，中國惟已盡其應盡之責矣。庚、對盟約之義務與精神並無虧損或違背：子、我已屢次提出協商。丑、我並未要求美國為我共同參戰，或有任何為害美國之舉，而反有利於盟約也。

四月九日　星期二　氣候：晴

雪恥：昨（八）日朝課後記事，看蘇俄軍事思想之第十三章，十時到國防大學紀念周，朗誦國光會議訓詞二小時畢，召見調職團長五人，皆優秀之選也。午課後修正軍事哲學講稿未完，約秘魯國會外交委員會主席[2]茶會後，與妻車遊山上一匝。晚閱報，散步，入浴，讀經，晚課。

1　白朗即勃郎（Cecil Brown）。
2　莫路易（Luis De Mora），秘魯眾議院外交委員會主席。

本（九）日朝課後記事，看蘇俄軍事思想，十時入府召見孟緝後，見美記者艾倫[1]與日本青年訪問團後，召見姜浩奇[2]等，與梁序昭談其訪美任務畢，主持情報會談約一小時半。午課後續看軍事思想第十三章後，約伊朗訪問團茶會。晚宴智利外長商慕利[3]夫婦等，後散步，晚課，入浴。

四月十日　星期三　氣候：晴

雪恥：一、各部隊表報仍太多，應再研究減少，以免影響行政效率，尤其是軍部為虛級，人員較少，其表報已在軍團部或師部填寫，故該級更可減少表報之煩。二、後備役召集時間一個月太短。三、預備師官長裝備手槍與鋼盔等應該發給。

朝課後記事，甚感記事應在每日朝課後為宜，以新穎思慮與靈感常在晨起朝課靜默時所出，即時記錄不致遺忘也。續看軍事思想第十三章完，到中央主持常會。午課後重習軍事思想，對於蘇俄軍事計畫方式與程序所載甚少也，手擬反攻準備工作督導中心組織與人事命令，甚關重要也。散步，車遊。晚閱報，反省上周事，晚課。

1　艾倫（Orhan Eren），美國記者，任職佛羅里達州聖彼得斯堡時報。
2　姜浩奇，湖北江陵人。時任第九師副參謀長，1957 年 4 月升任第四十六師參謀長。
3　商慕利（Osvaldo Sainte-Marie Soruco），智利政治家，曾任外交部部長，1956 年 9 月至 1957 年 10 月再任外交部部長。

四月十一日　星期四　氣候：陰　晨雨

雪恥：一、後勤力量與數目之增強。二、舊艦報廢與調換新艦。三、海軍員額之增加辦法。四、空軍人事管理與訓練制度。五、噴射駕駛員二百名及全天候噴射機駕駛員訓練，以及偵察大隊新式飛機之要求。六、通信器材設備與組織之加強。七、雷達的周率與聲調之偏差從速改正。八、預備雷達之要求。

朝課後續看軍事思想第十四章起，十時入府，與殷格索將軍討論陸、海、空軍各問題約一小時，甚有益也，召見調升團長人員十二名，與柏園[1]討論紐約中國銀行經理調職與人選已解決為慰。午課後記事，續看軍事思想後，入浴，車遊。晚閱報，記事，晚課。

四月十二日　星期五　氣候：陰

雪恥：一、陽明山莊後期學員畢業者藉〔籍〕貫與才能之統計呈報。二、俄共士氣因素以主義、目的、社會、群眾、國際與愛國為主因，對於生活影響、態度表現與工作熱忱、行動規律，以及責任、榮譽、禮儀、自動服務為副因，而以嚴刑峻罰、嚴厲監視（管制）、強制服從為其士氣之基礎，吾人應研究其強弱各點，以定對共作戰之基本策略。

朝課後看蘇俄軍事思想，十時入府，召見預備新選團長十人畢，聽取明年度對美軍援各種項目計畫之提案二小時後，加以裁定。午課後批閱公文。晚手擬敵後降落部隊之地區及挑選官兵之藉〔籍〕貫與進行方法甚詳，此為反攻準備重要工作之一也。散步二次，晚課。

1　徐柏園，浙江蘭谿人。1954 年 5 月至 1958 年 3 月出任財政部部長。

四月十三日　星期六　氣候：雨陰

雪恥：一、實踐院學員各省藉〔籍〕之統計與挑選，其預備職務人事表應速編呈。二、對大陸人民號召之口號：護衛中國倫理，恢復家庭制度。三、建軍基本方針及經費分配：甲、空軍，乙、海軍，丙、陸軍，為優先之次序。四、減少陸軍員額，補足海、空軍員額。

朝課後續看蘇俄軍事思想第十四章完，補抄敵後降落部隊人選及地區計畫稿，入府會客，亞盟之巴基斯坦與印尼及西德、匈牙利各國代表後，召見馬延彰[1]，可用。主持軍事會談，指示編譯與史政及地政之重要性，與反攻時期戰地政務之政策方針，辭修態度似不甚愉快也。午課後記昨日事，閱報，與妻車遊。晚散步，讀經，桌上跑馬，晚課。

今晨左眼亦發現微塵影點矣，以前則只有右眼有此現象耳。

上星期反省錄

一、印尼臨時內閣雖已強迫組成，但其回教各黨仍一致反對，決不能收拾其分裂之局勢也。

二、約但親埃、俄總理辭職，殊堪注意。

三、本周三與六日俄共二次試放氫彈，如此情勢，大戰果能避免乎，余則以為迫在眉睫矣。

四、本周工作最重要者，為八日之日記中對美宣言要旨之研究，其次為反攻準備工作督導核心會之組織，與敵後降落傘部隊之設計，與人員藉〔籍〕貫之調查挑選及組織之指導令，實為反攻準備之實施也。

五、新調團長與預備師團長各十餘名召見完畢。

1　馬延彰，號明如，甘肅蘭州人。時任陸軍指揮參謀大學第三組教官。

本星期預定工作課目

1. 對共匪名稱之統一 ── 朱[1]毛。

2. 出版合同之問明。

3. 岸信介[2]來訪之問題研究。

4. 軍隊表報仍太多。

5. 上周四與殷格索談話要領之督促。

6. 實踐院學員之統計表。

四月十四日　星期日　氣候：陰雨

雪恥：一、電問董[3]版權合同。二、預備師團長之發表。三、政治作戰研究班訓詞要旨：甲、政戰即心戰。乙、法令制度、組織責任（賞罰）考核調查。丙、共匪心理、人民心理與自我心理（不可主觀）。丁、自治、自衛、自首、自清、自新與領導考核。戊、通匪、藏匪、知匪、怕匪不報者殺。己、行政工具、通信交通、經濟金融、警察民兵、生產合作等機構掌握與利用保護。庚、農工商學、男女老幼之心理研究與分別針對其教練之方法。辛、共匪之弱點與優點及其方法與組織匪幹之考核利用。壬、安全保防。癸、統一團結，守法、服從、整潔。

朝課後續看軍事思想第十四章完，記事，散步，與希聖談話對「蘇俄在中國」之日文出版事。午課後，修正軍事哲學講稿第二次完。晚讀勝利生活，晚課，整稿。

1　朱德，字玉階，四川儀隴人。中華人民共和國成立後，先後擔任中央人民政府副主席、中共中央紀律檢查委員會書記、中華人民共和國副主席、中共中央副主席等職務。

2　岸信介，1956 年 12 月 23 日任日本外務大臣、1957 年 2 月 25 日任內閣總理大臣。

3　董顯光，浙江寧波人。1956 年 4 月，出任駐美國大使。1958 年 8 月卸職返臺，任總統府資政。

四月十五日　星期一　氣候：晴

雪恥：一、約但國王胡生[1]解決其陸軍親共分子以後，新組內閣成立。此或為中東對俄共煽動陰謀之一打擊乎。二、美國聲明重申其不許美國任何公民進入大陸匪區，不僅對其新聞記者之禁止而已。

朝課後記事，手擬對政治作戰班之講稿要旨，十時到政工幹校舉行政戰班開學典禮，訓話約一小時畢，見該校顧問。午課後，續看軍事思想第十六章後，往總醫院檢查身體，據報體力健全如二年前，兩肺部、心臟反比前更強，背脊傷痕亦不見矣。晚修正軍事哲學講稿完，審受難節講稿，晚課。

四月十六日　星期二　氣候：晴

雪恥：一、共匪對蘭州至新疆鐵路停止進展工作，而以建築其已鋪軌段之站廠等工程為藉口，其實以其今年經費無着，而讓其玉門以西未修築之鋪軌工程及其權利，交給俄寇負責建築完成，故其全線通車計畫日期仍不致延緩乃可斷也。二、俄寇伏洛希洛夫[2]已於昨日到北平，其用意全在要結毛匪為俄撐腰，以示抬高共匪在其共產國際中之身價也。

朝課後，續看軍事思想第十六章完，入府召見叔銘，聽取其昨日王兆祥〔湘〕[3]飛偵上海，被匪機沿途圍攻，仍能達到測照目的，不幸在濟州島着地迫降時殉職，聞之悲痛不已。召見調職團長十員後，主持一般會談，研討越南華僑國藉〔籍〕法問題為主後，記事。午課後記事，審閱受難節講稿，另擬要點重草，晚宴菲列得[4]將軍後，晚課。

1　胡笙（Hussein bin Talal），又譯胡生，1952 年至 1999 年為約旦國王。
2　伏洛希洛夫（Kliment Y. Voroshilov），蘇聯政治家、將領，曾任部長會議副主席、國防委員會主席，時任最高蘇維埃主席團主席（即國家元首）。
3　王兆湘（1929-1957），歷任空軍飛行作戰官、第六大隊第十二中隊分隊長。1957 年 4 月 15 日駕駛 RF-84 偵察上海時遭到敵機攻擊，擺脫後於韓國巨濟島迫降失敗殉職。
4　符立德（James A. Van Fleet），又譯菲列德、符理德、菲列塔、菲列得，美國陸軍將領，曾任第八軍團司令、駐韓聯合國軍總司令。

四月十七日　星期三　氣候：晴

雪恥：一、降落部隊戰術之編著：甲、第一破壞交通及其各要道之橋梁涵洞。乙、解放監獄，利用監犯帶路與搜索敵情。丙、散發糧食與平民。丁、集結壯丁與青年學生知識分子編隊發械。戊、招降匪幹，將功贖罪。二、浙、贛全路橋梁涵洞地圖之研究。

朝課後續看軍事思想第十七章，記事，主持中央常會，對預算年度應提前半年之糾正，與對共匪名稱之統一加以指示。午課後修正受難節講稿後，檢查眼睛後散步，入浴。晚閱報，讀勝利生活後晚課。今日為舊曆三月十八日，經兒四十八歲生日，以彼視察橫斷公路中，故未吃麵也。

四月十八日　星期四　氣候：晴

雪恥：一、任袁國徵[1]為陸戰隊第一師師長。二、士兵入營或退伍宣誓式之研究。三、效忠領袖與效忠國家口號功效之比較如何。四、警覺團結、榮譽紀律、自動負責的習性之養成。五、機會與力量相反關係與挑戰之意義性質如何。六、高級將領對作戰經驗教訓之講演定為必須之義務，每人在高級軍校之講述二小時。

朝課後續看軍事思想第十七章、第十八章完，入府見華僑四批後，召見出國與調職人員畢，主持情報會談，共匪沿海機場皆已屯彈與通信完成，隨時可以襲擊金、馬與臺灣也。批閱，午課後記事，重修講稿，晡見美生活雜誌記者後，與妻車遊山上。膳後散步，閱報，晚課。

1　袁國徵，號養農，安徽桐城人。原任海軍陸戰隊第一師副師長，4月升任海軍陸戰隊第一師師長。

四月十九日　星期五　氣候：晴　晡昏雨

雪恥：一、匪區對防我降落部隊仍甚嚴密，在廣西十萬大山尚如此，其他地區更可知矣。二、大陸邊區民眾反共力量，與農村退伍軍人參加集體農場之形勢，以及其匪黨內部上下與新舊黨員之矛盾形勢，如何運用，是為最大之課題，應切實研究。

朝課後續看軍事思想，重習講稿，入府召見周世光[1]、蕭勃[2]、芉復培[3]後，主持財經會談畢，批閱。正午到蔣林基督凱歌堂舉行復活節典禮，誦讀證道講稿畢，回記事，午課默禱，十五時始進膳休息。晡往祝右任生日。晚散步，續看軍事思想十九章完，晚課。

四月二十日　星期六　氣候：晴　未刻雷雨

雪恥：一、政治作戰研究班各教程。二、編譯與印刷經費之增加。三、戰地政務軍政府業務之研究。五[4]、浙西北降落之各地區。四、降落地區之空測計畫。六、降落部隊教程應由政治部主編且秘密。七、蕭勃任參軍。

朝課後記事，手擬要令六則，入府見多米尼加、美國、泰國各記者與歐陽慧瀰[5]後，軍事會談，決草士兵退伍入伍皆須宣誓之法規。午課後，為妻修正扶輪社講稿後，到碧潭空軍基地為王兆湘主持葬禮。回閱港報，晚觀國製影劇後，散步，讀經，晚課。

1　周世光，號炳華，黑龍江木蘭人。時任國民大會代表，在美擔任自由太平洋協會秘書長，在于斌樞機主教領導下，致力國民外交。
2　蕭勃，字信如，湖南湘鄉人。1952 年 8 月出任駐美大使館武官，1957 年 5 月回國任總統府參軍。
3　芉復培，安徽蕭縣人。曾任馬祖、金門二地戰地委員會主任，及空軍總司令部政治部第三處副處長、海軍總司令部政治部第三處處長。時任第二軍團副官組副組長。
4　原文如此。
5　歐陽慧瀰，廣東新會人。留德醫學博士，曾任軍政部軍醫學校廣州分校教官、第四戰區兵站總監部衛生處處長、國防醫學院教務部第二課課長、香港政府公務員體格檢驗所醫官。

上星期反省錄

一、半月來俄共對英、挪威、冰島、西德、土耳其、日本乃至西班牙等各設
置飛彈基地之恫嚇，可說無所不用其極，然毫不奏效。

二、英國新國防計畫之宣布與實施。

三、倫敦裁軍會議對有限度之空中偵察，美、俄態度漸見接近乎。

四、約但內閣改組，其國王親西方政策能否實現，尚待以後之變化如何。

五、以色列與敘利亞又起衝突。

六、俄酋伏洛希洛夫到平訪毛。

七、俄試驗氫彈，自四月三日至十六日止已爆炸五次之多，美國果能不警
覺乎。

八、本周自星一日政治研究班開學訓詞以後，除看蘇俄軍事思想如計進行，
頗有益趣以外，對於降落部隊之籌畫已竭盡心力，惟對大陸工作之進行
總覺甚少進步也。

九、空軍王兆湘與陳懷[1]白晝穿越共匪電子與空軍層層截襲與包圍之中，仍能
達成其偵測上海機場之任務，惟王員不幸仍在濟州島上落機時人機二毀，
其死甚慘，殊為悲痛，但兆湘犧牲，其對我空軍之精神與士氣更能增長
無已，其靈可謂不死矣。

本星期預定工作課目

1. 共匪人事制度與教育內容之研究。

2. 中央與省府人事之決定。

1　陳懷，原名陳體懷，後改名陳懷，福建閩侯人。官校二十八期第一名畢業，先後飛過
P-47、P-51、B-25、T-33、RF-84、F-86、F-100 等各型飛機。於 1959 年赴美受訓 U-2
偵察機，加入黑貓中隊，為最早期隊員之一。

3. 臺省選舉。

4. 空軍與後勤學校畢業。

四月二十一日　星期日　氣候：晴

雪恥：一、自動推進砲之型式如何。二、對後勤高級班訓示要旨。

朝課後記事，記上周反省錄，膳後散步，在靜觀室對山閒坐，到禮拜堂紀念復活節後，到士林中學投縣長與縣議員選舉票，回修正軍事哲學稿第三次開始。午課後續修前稿，晡車遊山上一匝，入浴，膳後與妻視察市中選舉後情形，到中央黨部問選舉情勢，臺北市高玉樹[1]落選，黃啟瑞[2]當選已成定局為慰。回晚課寢後，以心情興奮竟失眠，可知修養不足，不能得失兩忘耳，應自戒勉。服安眠藥。

四月二十二日　星期一　氣候：晴　溫度：八十六

雪恥：一、空軍傳統的精神：以至高無上的志氣，為死難同胞繼志成業的決心，完成其革命救國的使命。二、省政府主席黃振〔鎮〕球或周至柔，以

1　高玉樹，臺灣臺北人。1954 年以無黨籍身分競選臺北市市長成功，1957 年 4 月競選連任第三屆臺北市長選舉失敗。
2　黃啟瑞，字青萍，臺灣臺北人。1950 年 11 月至 1955 年 1 月間，擔任臺北市議會第一、二屆議長。1957 年 4 月當選第三屆臺北市市長，同年 6 月上任。

薛人仰[1]或連震東[2]為秘書長。三、考選部長以陳雪屏[3]或設計會主任[4]充任。四、江杓調政委或顧問。五、交通與內政人選。六、美援會或經委會秘長人選。七、各院部協調工作委會之組織。八、中央銀行總裁人選。

朝課後，續看蘇俄軍事思想第二十章，膳後記事，為夫人修正扶輪社講稿（中文），頗費心力。午膳後起飛，經兒隨行，機上休憩，十六時到高雄，入浴，續看前書後，午課默禱靜坐畢，海濱散步，夕陽西沉，清風徐來，胸襟為開。晚與石、羅[5]等觀美海軍影劇，晚課。

四月二十三日　星期二　氣候：晴

雪恥：一、共匪撤銷廣西省建制，而改為廣西僮族自治區，此乃其為擴張自治區至北越、遼、泰、緬之預備乎，將與內蒙、新疆、西藏各自治區並稱，今後必將以東北改為自治區而為供奉於蘇俄之預備乎。二、西藏達賴[6]

1　薛人仰，字敏銓，福建福州人。第一屆國民大會代表。1948 年任臺南縣縣長，1952 年至 1960 年間任臺灣省臨時省議會秘書長。

2　連震東，字定一，臺灣臺南人。1954 年 6 月出任臺灣省政府建設廳廳長，1956 年 6 月改任臺灣省政府民政廳廳長，8 月任臺灣省政府委員兼民政廳廳長，1957 年 5 月至 8 月曾暫兼臺灣省政府秘書長。

3　陳雪屏，江蘇宜興人。1949 年 4 月出任臺灣省教育廳長兼省政府委員。1950 年 8 月至 1952 年 10 月出任中國國民黨中央改造委員兼第一組組長。在 1953 年開始，擔任臺灣大學心理學系教授。

4　崔書琴（1906-1957），河北故城人。1952 年出任中國國民黨中央委員會設計考核委員會主任委員。1956 年赴美參加美國國際法學會五十周年年會，並赴歐洲各國考察。1957 年 7 月病逝臺北。

5　石、羅即石覺、羅友倫。

6　丹增嘉措，青海西寧人，第十四世達賴喇嘛，藏傳佛教格魯派的最高領袖。1950 年 11 月 17 日提前親政，執掌西藏政教大權，並派代表與中共談判，達成和平解放西藏的協議（又稱「十七條協議」）。1956 年 11 月下旬，應邀赴印度參加釋迦牟尼涅槃二千五百周年紀念法會，停留三個月，於 1957 年 4 月 1 日返回拉薩繼續施政。1957 年以後，主張反對「十七條協議」。1959 年 3 月 17 日，流亡印度。隨後在達蘭薩拉建立藏人行政中央政府，政治理念逐漸轉向推動西藏自治。

亦正於此時發表其遷出布達拉宮之偽命,是乃達賴此次訪印不願回藏之意圖洩漏所致也。以上二種消息皆為共匪日暮途窮、倒行逆施之表現也。

朝課後記事,續看軍事思想,十時到岡山空軍官校舉行畢業典禮(卅八期生),召見韓國空軍參長[1]與美顧問,點名訓話聚餐畢,即到臺南起飛,休憩午課。回臺北後入浴,續看前書,車遊山上回,散步二次。晚散步,修稿,晚課。

四月二十四日　星期三　氣候:晴

雪恥:一、俄凍結公債之剝削賴債的劣政,應對大陸大事宣傳。二、各師每季必須在橫斷公路線山地作行軍與搜索演習。三、招考三軍學生,今年應各以兵科為第一或第二志願科。四、空軍夜間飛行與儀器飛行訓練之加強。

朝課後,續看軍事思想第二十章完,主持總動員會報,與辭修談省府主席人選。午課後記事,修正軍事哲學講稿,對於恐懼與懷疑二節特加修補,甚為重要。令俊[2]來臺。晚膳、散步後續修講稿,晚課。

四月二十五日　星期四　氣候:晴

雪恥:一、最近反省過去「馬下兒[3]」之對華如此侮辱壓迫,而其對共匪一意遷就,被辱而並不悔禍者,其第一當為俄、美共在其左右包圍而昏迷之成

1　張德昌,時任韓國空軍中將參謀總長。
2　孔令偉,原名令俊,孔祥熙與宋靄齡次女,宋美齡外甥女。參與圓山大飯店籌備及營運,擔任經理。
3　馬歇爾(George C. Marshall),日記中有時記為馬下兒,美國陸軍將領,曾任陸軍參謀長、駐華特使、國務卿、美國紅十字會主席、國防部部長,1953 年底獲得諾貝爾和平獎。

功，第二乃由其第二次回華，彼在華府對我五億圓借款既食言背約，而我在東北痛創共匪大勝之餘，對他仍一意遷就將順其意，自動下令停戰，並對其借款背信食言不僅不加責問，而且並不對其提及此一大事。在余以示大方不校，而彼奴反認為可欺之弱點，乃即一意逞其帝國主義之手段，而欺凌不止矣。此一外交失敗之最大教訓，即對西方之外交，對於權利與法律不能作一點遷就之實例，應切戒之，特加追記，以明余過誤之大也。

四月二十六日　星期五　氣候：晴

雪恥：昨（廿五）日朝課後，續看蘇俄軍事思想第二十一章，約見辭修，談臺省主席人選問題後，十時到經理學校補給管理班第一期舉行畢業典禮後，視察點名，召見顧問，照相畢，途中聽讀新聞，回記事。午課後續看前書後，約見聯合國福利會主任，又見檀香山僑團鄺律師[1]等二十餘人茶會。晡車遊，晚散步，續看前書廿一章完，晚課。

朝課後記事，續看蘇俄軍事思想第廿二章，入府召見蔣恩愷〔鎧〕[2]等三人，主持財經會談，商討立法院對殷臺造船公司無理取鬧與不法言行情勢加以警告，憤怒之情又難自制為歉。午課後修正八中全會講稿結論。晚觀空中飛人頗佳，晚課。

1　鄺友良（Hiram Leong Fong），華裔美國人，1942 年至 1945 年擔任美國陸軍航空隊軍法官。1946 年，與人合夥經營「城市市場購物中心」。此後十幾年間，逐步建立金融、保險、房地產和投資公司等商業機構，成為夏威夷華裔首富。

2　蔣恩鎧，字用莊，江蘇太倉人。時任駐越南公使館參事、代辦。1957 年 4 月，代理駐塔那那利佛總領事。

四月二十七日　　星期六　　氣候：晴

雪恥：一、降落地區之空測計畫。二、士氣的內容與具體的因素：甲、紀律。乙、禮節。丙、秩序。丁、生活常態。戊、各盡職責。己、服從。庚、和愛。辛、合作。壬、榮譽。癸、耐苦。子、興奮。丑、自動。寅、不垂頭喪氣。卯、不推諉遲延。辰、整潔。巳、不怨不尤。午、不落伍。未、不退縮恐懼。申、不避險阻艱難。酉、不貪懶怠忽。戌、認真求實。亥、實踐。甲、進步勤勞。乙、活潑。丙、快速。丁、勇敢。戊、向上向前。己、無私。庚、不私鬥。辛、不爭吵。

朝課後修正軍事哲學講稿，入府見幸福雜誌記者[1]與唐守治後，軍事會談聽取軍文人員裁汰與聘雇制度計畫後，指示工作十餘項目，批示。午課後記事，續看軍事思想廿二章完，閱報。晚宴各使節，並謝其祝壽磁器也，晚課。

上星期反省錄

一、臺省市縣各級議會與縣市長選舉皆已順利完成，並無任何糾紛，可知本黨基層組織已有進步，惟對臺胞向心力還須加以培育，使無大陸與臺省之分也。

二、共匪逼迫達賴遷出其布達拉宮。

三、共匪改廣西省制為僮族自區〔治〕區。以上二事，乃為共匪窮途末路之返照也。

四、中東約但王掃除共黨與左傾分子一舉，實為俄共陰謀之又一打擊也。

五、美、英、法聯合聲明反對老撾廖共[2]之顛覆陰謀，是美國在東亞政策轉強之表示也。

1　戴文波，美國幸福雜誌（*Fortune Magazine*）編輯。
2　廖共，即寮共。

六、本周修整軍事哲學講稿第四次完成，看蘇俄軍事思想工作得能提前完成，
　　頗足自慰。

本星期預定工作課目

1. 選舉退讓之黨員召見。
2. 省府秘書長人選：前新竹與宜蘭縣長 [1]。
3. 團長候選名單。
4. 王廷宜任副師長。
5. 軍援顧問團紀念茶會。
6. 殷臺造船公司問題解決。
7. 下月看書計畫之決定。
8. 中央日報人事與整頓。
9. 蘇俄在中國冊首之供獻文謄清。
10. 降落地區之空測計畫。
11. 浙西北游擊地區之補令。
12. 反射面砲兵陣地之圖示。

四月二十八日　星期日　氣候：陰雨

雪恥：一、陸軍與陸戰隊訓練重點：甲、夜戰。乙、各種惡劣氣候之下作
戰訓練。二、陸軍五個師：58、85、51、39 等師重複兩棲訓練。三、各陸
軍師幹部在陸戰隊，分別在初級、高級班受訓。四、軍團以下各級後勤部

1　新竹縣第一任民選縣長朱盛淇，與宜蘭縣縣長盧纘祥。

隊實習岸勤訓練。五、海軍訓練增強兩棲作戰訓練。六、充實陸戰隊不足之單位補充。

朝課後讀勝利生活，研究士氣條目及其因素，膳後與希聖談日譯版交涉之經過與中央日報內匪諜案後，散步，禮拜。午課前後看蘇俄軍事思想第二十三章全書完，晡與妻車遊大溪回，入浴。膳後散步，閱報，晚課。

四月二十九日　星期一　氣候：晴

雪恥：一、對下級幹部及士兵剿共心理與平時心理之研究，例如共匪所喊「中國人不打中國人」與「和平建設」、「愛國一家」、「回家省親」等口號，應如何駁斥與預防。不使士兵心理動搖之工作，應專題研究。

朝課後記事，擬訂講稿要旨，十時到國防大學紀念周，闡明四個月來國際形勢，美國對俄已不能下非降即戰之決心矣。對馬來亞華僑青年訓話，午課後修正八中全會講詞開始。本日略有熱度，故未車遊，膳後閱報，晚課。

本日體溫卅七度八。

四月三十日　星期二　氣候：晴

雪恥：一、歷代名將傳記與言行錄之編印。二、鼓勵戰術研究，其有創意發明且能合理與實施有效者，應特予獎賞，或為某一問題徵集意見，特別懸賞。三、軍事雜誌中有特殊優良研究（專題論文）與譯文正確者，亦予獎賞。

朝起後，以溫度尚未平復，故朝課暫停體操，其他靜坐默禱如常，並批閱公文，入府會客，主持宣傳會談。午課後續修講稿未完，車遊後入浴。晚散步後修稿，晚課。朝、晚仍有溫度，故早眠。

上月反省錄

一、俄國重工業組織之分區制度，是其備戰組織又加強一步也。

二、美國對俄政策已不能不有所決定之階段，此一情報以勢以理皆合邏輯，
惟余對愛克是否有此決心，且其果能堅持到底乎。

三、中東「約臺」國王之肅清共黨之危機似已告成。

四、英國宣布新國防計畫與裁改其軍隊。

五、美、英、法對老撾（即寮國[1]）共產侵略預防之聲明。

六、俄在本月上半月試爆氫彈連續五次之多。

七、俄繼續上月對美之歐、亞氫彈基地各國施展其恫嚇，但皆無效，尤其英、
德為然。

八、俄伏酋訪問北平，此乃俄共對毛匪加強工作之又進一步矣，其為毛匪回
訪俄國與東歐之準備也。

九、共匪現象：甲、清黨整風開始，此乃其黨內之破敗分離與對人民之怨憤
反抗無可掩飾之徵明，余認為其此次整風之結果，決不能如其在延安時
期之收效，且必得相反之效果也。乙、廣西省制改為僮族自治區。
丙、幽禁達賴，且將逼遷其到北平，是乃效俄在三十年前對外蒙活佛之
故技。丁、匪區物價上漲與匪幣澎脹，其經濟崩潰已至不能控制之危
境乎。

九[2]、俄凍結其前所發行之公債六百億美元，此為俄共經濟破產弱點之大暴
露，美其不能利用乎。

十、關乎我政府重要事項：甲、臺省選舉如期完成。乙、越南華僑國藉〔籍〕
案已臨最後關頭，吳廷琰之違法不道，實與共產匪黨無異也，可痛。丙、
反攻準備工作之進行與組織已於本月開始矣。丁、降落部隊之設計最為

1　寮國即寮國。
2　原文如此。

費力，此乃本月之重要工作也。戊、中央研究院院士會議已舉行。己、
殷臺公司案在立法院引起風波，可歎。庚、外匯存款已至五千萬美元，
故經濟暫臻穩定，但歷年來預算虧欠甚大也。

十一、俄共軍事思想書已研究完畢，自覺此為余之又一進步也。

十二、八中全會與軍事哲學二篇講稿整修已完。

五月

蔣中正日記
Chiang Kai-shek Diaries

民國四十六年五月

本月大事預定表

1. 惰性與保守之戒除。

2. 反射面砲兵陣地之圖示。

3. 百萬人委員會之經費津貼計畫。

4. 兩棲作戰司令與攻擊軍司令人選。

5. 降落部隊戰術與行動準則之編著：四月七日與十七日之日記。

6. 建軍方針與經費之分配計畫。

7. 士氣講稿之準備（俄共士氣的因素之研究）：四月十二與廿七之日記。

8. 蘇俄在中國作最後之修正與補充。

9. 李德哈達[1]戰爭論之研究開始。

10. 視察飛彈基地與研究。

五月一日　星期三　氣候：晴

雪恥：一、召見新任各軍長。二、內政、交通、考選各部人事之決定。三、省府秘書長人選。

1　李德哈特（B. H. Liddell Hart），又譯李德達、李德哈達，英國軍事史家，著有《第一次世界大戰戰史》、《第二次世界大戰戰史》等書。

今晨發現膀胱發炎，小便急促而短少，且帶有黑血，甚為憂慮，惟朝課各項目舉行如常，並到黨部勉強主持常會，對越南吳廷琰強迫我土生華僑改入越藉〔籍〕，對我交涉一概不理，情勢至此，實可再忍，乃決心派艦往越，凡其不願入越藉〔籍〕而願回臺灣者，皆協助其來臺，並決定第二步驟撤退駐越南使館，斷絕國交，擬聲明對越南非法命令概不承認，保留我合法權利，待將來正式交涉收復，眾皆贊同。

五月二日　星期四　氣候：晴

雪恥：昨（一日）午體溫高至卅七度九，等於華氏百度，身心甚感不適，午睡亦不能安眠。午課如常，續修講稿，晡到臺北賓館為軍事顧問團在臺第七年紀念，慰勞美國在臺軍政經人員二千餘人，約一小時畢，惟病症反覺漸鬆也。晚宴美國軍政經及顧問團高級人員，並授予其遠東空軍司令「庫脫[1]」將軍勳章，特對藍欽面告我政府對越南所定之政策與步驟，使之預告其政府也。晚課後，溫度降至卅六度六。

本（二）日朝課暫停體操，溫度已如常矣。記事，十時到國防大學聽「庫脫」講空權論二小時，頗有所感。入府見香港各輪船公司來臺觀光之代表，午課後，重校「蘇俄在中國」之俄共軍事思想各章，略有增補。晡車遊，晚觀影劇「阿脫拉」征服者影劇（義國製）後，晚課。下午仍有熱度，約高一分而已。

1　庫勃（Laurence S. Kuter），又譯庫脫、庫特，美國空軍將領，1955 年 5 月任遠東空軍司令。

五月三日　星期五　氣候：晴　熱

雪恥：一、約俞院長談人事與改組問題。二、約俞、彭[1]談作戰計畫與顧問關係。三、軍眷住宅規約與管組問題。

朝課後記事，手繕「蘇俄在中國」的著稿奉獻文，入府見拉丁美洲記者與菲列賓球隊後，情報會談，我對共匪心戰方法似有進步。午課後續核講稿（八中全會）完付印，車遊山上一匝。晚重校蘇俄在中國第三編，晚課。本日溫度終日如常，檢驗小便，紅血球亦極少矣。

五月四日　星期六　氣候：晴　溫度：九十

雪恥：一、共俄知我「蘇俄在中國」一書即將出版，發生極度恐慌，故自四月十五日紐約時報登載此一消息之後，彼共即不斷發出各種不同之宣傳，其目的在間接破壞此書之價值。復至本月一日，俄共在華沙又發出其共匪中央將刊印「蔣總統的著作」一書，其目的第一為使人人知道為何認蔣為最大反動分子，第二為「未能贏得美國的承認，其結果使共匪憑賴其自己資源而反得獨立」之意，此為其對我書之最後手段，董[2]在美對此種重要情報熟視無睹，而對余最初切屬此書發行消息非至其出版前二星期，不可太早洩露，而彼亦未明示出版公司，致為俄共得此反擊之從容時間，直至我親自覺察而方設計對策，豈不可痛。本黨人才與麻木如此，不知如何戰勝共匪矣，天乎。

1　俞、彭即俞大維、彭孟緝。
2　董即董顯光。

上星期反省錄

一、北大西洋盟約各國理事會此次在西德開會的結果，對蘇俄表示不懼其氫彈毀滅的威脅，且一致認為惟有原子武器為防衛西歐的主要工具，惟其美國對各國原子武器裝備還須待數月之後再行決定，是豈尚想與俄談判裁軍會議之結果而定乎，可歎。

二、越南吳廷琰強迫我土生華僑入其越藉〔籍〕，其日期以九日為限，已至最後關頭，當地華僑青年已對我公使館二次示威與搗毀，情勢嚴重，故常會決定先行撤回願回祖國之僑民後，決定撤退駐越公使館以示絕交，再不能長此容忍示弱，並以此意面告美使藍欽矣。

三、本周膀胱發炎，略有熱度，但每日工作如常，且修整重要講稿二篇完成，對軍事指示十餘要旨，故覺精神略倦，而且時發憤怒，必須易地休養為要。

本星期預定工作課目

1. 登陸小艇應增九十艘。
2. 兩棲訓練之步兵師：34、51、49、58、33 各師（3C）。
3. 老兵應加士官教育訓練。
4. 人海戰術的弱點在強制而無自動精神。
5. 化學戰防禦淺說之編訪。
6. 俄國民兵手冊與一九四五年步兵戰鬥教範及其野戰教範之托購。

五月五日　星期日　氣候：晴

雪恥：昨（四）日朝課後記事，手擬令稿五通，甚費心力。上午召見新任軍長四人與郭永、趙家驤等後，主持軍事會談，聽取陸戰隊充實與組訓計畫。正午宴泰國空軍元帥乃芬[1]，此或泰國式之典型官僚乎，東方國家其民族性之如不能根本改變，則決無正真獨立與平等之可爭也。午課後閱報，審閱張學良[2]自傳後，得消共匪刊印「蔣總統的著作」消息，乃即手擬電稿，指示其設法對付此一陰謀之方針。晚令經兒全家聚餐，以補其生日也。晚心緒沉悶，車遊後晚課。

本（五）日朝課後記事，上午召集宣傳指導小組，商討對共匪破壞我「蘇俄在中國」著作之陰謀的防制辦法，以及討論立法院反對殷臺公司案之處理方針。午課後重審第三編開始，車遊，膳後散步，晚課。

五月六日　星期一　氣候：晴

雪恥：一、令皮宗敢[3]搜集士氣因素的資料。二、鬥牛士飛彈裝備的消息詞意。

朝課後記事，約見鴻鈞與國華後，整書出發，十時前起飛到臺中，經故宮博物館視察後，直到日月潭午膳。午課後續校「蘇俄在中國」第二編，晡遊湖。膳後散步，續校前書，略有修補，晚課。近日流行性感冒由香港傳至基隆已到臺北，蔓延甚廣，孝勇[4]亦受傳染發燒為念。

1　乃芬（Fuen Ronnabhakas Riddhagni），泰國空軍總司令。
2　張學良，字漢卿，奉天海城人。1936 年 12 月 12 日，與楊虎城向蔣中正「兵諫」，爆發西安事變，12 月 25 日，釋放蔣中正，並隨蔣回南京。12 月 30 日被判刑十年，五日後即被特赦，但一直遭到軟禁。1946 年 11 月起居住新竹縣五峰鄉清泉溫泉，1957 年 10 月移至高雄西子灣，1959 年再移居臺北北投幽雅招待所。
3　皮宗敢，字君三，湖南長沙人。1956 年 1 月調任陸軍運輸學校校長，4 月改調陸軍指揮參謀學校校長。1959 年 8 月，調任三軍聯合參謀大學校長。
4　蔣孝勇，字愛悌，為蔣經國和蔣方良三子，生於上海，1949 年隨家庭來臺。

五月七日　星期二　氣候：晴

雪恥：一、鬥牛士式飛彈今日已全部運到，中、美雙方發表正式消息，此舉乃將對共匪精神與實力上予以空前之威脅乎。二、經兒訪美之準備事項。

朝課後，續校蘇俄在中國第二編完，記事。午課後補校前書第三編，晡與妻乘舟遊湖至進水口，以近日流水量大減，其進水之水泥圓桶口完全顯露，不能上噴，但其進勢仍如萬馬奔騰，不可抵止也。晚觀影劇「奎克（教友）派」，描寫反抗暴力乃為人之天性，不能以教理感化改正也。膳後散步，晚課。

五月八日　星期三　氣候：晴

雪恥：以躲避戰爭的方法去維持和平，以不聞不問的方法來求其內心的統一，這不是統一生命，而是取消生命。

朝課後覆顯光電，指示其對「蘇俄在中國」發行日期與宣傳辦法，上午續校蘇俄在中國第一編開始。正午記事，午課後續校前書第一編完。晡與妻遊湖至化蕃社前，觀漁夫網魚，以網破未得大魚，悵然而返。入浴後膳畢，散步，修改「蘇俄在中國」一節，晚課，廿三時寢。

五月九日　星期四　氣候：晴　晡微雨

雪恥：真理在最初時，大概是在少數者的中間尋到的（勝利的生活）。

朝課後，續校蘇俄在中國第一編第三章完，記事。午課後續校第四章開始，晡與妻散步，車至魚池附近禾田，視察水量情形，乃有少數田畝漸形枯乾之象，頗覺焦慮，似有造成旱象也。晚觀影劇，美國海軍航空隊發展與忠勇故事甚佳，晚課後，散步回寢。

五月十日　星期五　氣候：晴

雪恥：一、美國對托管臺灣的邪說又在社會中醞釀着，此為英國與美共同路人所協謀進行、以離間中美關係，乃是共匪進入聯合國之陰謀又一方式也。二、美國自動的運送飛彈部隊駐臺之真意何在，應加研究：甲、對共匪示威。乙、準備對共匪作原子戰爭？丙、鎮攝〔懾〕臺灣，以防反美乎？

朝課後續校「蘇俄在中國」第一編第三章完，記事。午課後續校前書補編完，今在第三編增補蘇俄對東方特別重視之原因一段，甚為重要。晡遊湖後，順便至文武廟路口茶山選勘醫院地址。晚觀影劇後，對副官大施惱怒，自覺無聊已極，何以為人，事後看勝利生活二篇方漸息怒，應記過一次，晚課。

五月十一日　星期六　氣候：晴

雪恥：一、美國邀約四十七國參觀其五月至九月間核子爆炸試驗，而並不約俄國在內，此乃美國對俄氫彈示威又一個答覆乎。二、最近月來美國對俄態度，是其有充分作戰準備與不惜一戰之決心，但其不敢挑戰，而其宗旨仍止於應戰而已，當於此點加以研究。

朝課後繕正對二位先慈[1]獻書詞，上午散步，記事，補修「蘇俄在中國」稿交謄清。午課後記上月反省錄後，核稿，晡遊湖買魚。入浴後，在平臺杉林中月下晚膳一樂也，散步後晚課。

1　二位先慈即王采玉、倪桂珍。倪桂珍（1869-1931），宋靄齡、宋慶齡、宋美齡三姐妹的母親，牧師宋嘉樹的妻子。

上星期反省錄

一、本周在日月潭校核「蘇俄在中國」中文最後稿，增補三段甚為重要，至
　　星期六日從頭至尾校核完成，可以付印。

二、近見越南對我國侮辱與美之輕視，時形憤怒，故心情暴躁不耐，此乃為
　　外物所動最大之弱點，可知修養不足，內心仍無主宰也。

三、美國飛彈部隊已於本月八日完全到達，裝配業已完成，此乃美國對俄共
　　作戰決心之又一表示，但愛克對我態度冷漠，並無協力互助之跡象可尋，
　　令人疑慮無已。

四、中東沙地、伊拉克、約但、黎巴嫩四國似有結合反共可能，此乃比前較
　　勝之形勢，惟印尼已完全深入俄共陷阱矣。

本星期預定工作課目

1. 企業公司人事管理及其組織與運用方法。
2. 研究與發展之組織與精神。
3. 工會與退伍軍人協會之組織內容。
4. 核定四十四年度心得報告批示。
5. 清理積案與應看要書。
6. 修正政治作戰講稿。
7. 令皮宗敢搜集說士氣之資料。
8. 積存條陳與摘要書報之閱讀。
9. 節金送發名單之催報。
10. 新生活實踐會發起之研究。
11. 軍事高級將領調職命令。
12. 各部人事調整計畫。

五月十二日　星期日　氣候：晴　晡途中逢雨

雪恥：一、上周五日共匪向我小金門、大、二擔各小島發射重砲五百餘彈，此為一年匪砲射擊彈數最多之一次，顯然是為飛彈在臺灣裝置的八日中美聲明而發，乃為其對飛彈恐怖心理之表現，足證共匪對飛彈已受到空前之脅制矣。二、我對飛彈發射目標與程序應先得我同意之協議，應交換照會並準備聲明。

朝課後重繕對先慈奉獻文，上午散步後，記事，續核修補稿，記上周反省錄。午課後核補稿件後，與令偉往霧社水壩視察工程，今日始對水利工程進入通洞內之實際工程有一了解也，回已二十時矣。入浴，膳後散步，遇大雨甚欣慰，晚課。

五月十三日　星期一　氣候：雨

雪恥：本晨朝課靜默之初即發現朱紅明光，其燦爛無比，實為靜默以來生平第一次所見之現象，豈修養與信仰又一進步之功效乎，特記之。

昨日共匪又對我金門發砲六十餘彈。朝課後記事，膳後散步回，批閱文件，清理積案。午課後審核去年將校讀訓心得之批示，乃對高級將領之文字與性質比較能有考驗也。晡往魚池附近巡視禾田雨水情形，甚覺不足為慮。晚觀影劇後晚課，廿三時半寢。

五月十四日　星期二　氣候：雨

雪恥：一、殷臺公司案對立法委員之指示要旨。二、大法官任期與提名案。三、經國訪美可帶秘書一人。四、共匪對美飛彈隊駐臺之抗議最後一句：「中國」政府莊嚴地宣告，中國人民解放自己的領土臺灣的決心是不可動搖

的，美國必須對他的侵略行為擔負完全的責任。其意是表示其內心燥急，今後大陸不僅再無安定之日，且將無其逃亡之地矣。

朝課後記事，上午散步後，審閱政治作戰講稿開始。午課後重繕奉獻文畢，與希聖談「蘇俄在中國」之中文本第二版編印與發行計畫，及立法與大法官等事，晡往郊原看禾田雨水量，仍嫌不足也。晚閱報，晚課，廿三時寢。

五月十五日　星期三　氣候：雨

雪恥：一、最近美國形態對俄共挑戰的決心實已表達無已，此乃在去年底愛克覆我信中略已窺見其一點，余甚願其能不使世人對其美國領導反共之職責與力量有所失望耳。回憶去年底美國允我運送飛彈來臺之計畫（當時言本年三、四月間），是其第二任總統當選後乃已下定其作戰之決心矣。

朝課後記事，繕稿聽報，上午與下午皆修改政治作戰講稿第一次完。宏濤[1]與乃建[2]來潭，聽取其殷臺公司案立法院反對情勢後，以有一派黨員故意與政府為難，對我指示視若無睹，乃決心以書面明告立院黨員以余對此案方針，促其早日通過，以觀其後也。晡仍出外觀水量仍不足，散步，晚課。

五月十六日　星期四　氣候：雨陰

雪恥：一、為殷臺公司案囑宏濤、乃建轉告立法委員反對此案者之語氣與態度，燥急憤怒，幾乎又陷於失態失言、自暴自棄之情狀，不敬之極，事後心

1　周宏濤，浙江奉化人。1952 年 10 月，專任中國國民黨中央委員會副秘書長。1958 年 3 月，出任財政部政務次長。1959 年 3 月，辭卸中國國民黨中央委員會副秘書長兼職。

2　唐縱，字乃建，湖南酃縣人。1952 年 10 月，出任中國國民黨中央委員會第一組主任。1957 年 8 月，調任臺灣省政府秘書長。1959 年 5 月，出任國民黨中央委員會秘書長。

緒不安,難以自制,乃獨自外出遊湖,先至電力公司與出水壩口視察,對於日月潭水力來源與最後發電機構之全部構築乃得了解其大體矣。

朝課後記事,十時後指示周、唐[1]帶函回去。午課後重修「蘇俄在中國」奉獻文約二小時。晡外出散步乘舟,與妻及令偉等遊覽出水壩口畢,回入浴。膳後繕稿,晚課。

五月十七日　星期五　氣候:晴

雪恥:一、共匪整風運動如僅欺騙大陸民眾而發動,則其對匪黨紀律與精神更形頹毀,而對民眾既已失信,復喪其威,更不可挽救矣。總之只要我黨與政府能堅強穩定,則共匪在大陸任何威迫與利誘手段,惟有促其束手敗亡而已,此時對於立法院之反動黨員只可逆來順受,切勿為小不忍而亂大謀也,戒之。

朝課後記事,上午審校蘇俄在中國最後修正付印稿完,午課後重加校核一遍,並對奉獻文再作修正。晡與希聖談話後,與妻外出,視察雨量與禾稻復蘇情形。晚散步,晚課。

五月十八日　星期六　氣候:陰雨

雪恥:一、近為立法與監察二院對殷臺公司案不察事實,不體國難,而一意孤行,置黨與領袖指示於不顧,幾乎形成無政府狀態,其將何以反攻復國,完成革命使命,思之痛憤。又因外交人員不識大體,一意以外國是重,致為

1　周、唐即周宏濤、唐縱。

外人所輕，故心神更為憂悶。惟此時何時，實臨革命成敗最大之時機，共匪敗象充分暴露，國際形勢亦臨解決階段，此時只有謙和忍耐，存誠主敬，而以慎獨自修，方能渡過最後難關，期底於成，戒之慎之。

朝課後再繕奉獻文，交希聖付印，召見中美洲三國記者畢，記事，遊湖。正午招待國際銀行白勒克[1]夫婦，午課後為夫人寫蘇俄在中國之英文本第一冊填字紀念，看書。晚觀影劇後，膳畢散步，晚課。

上星期反省錄

一、兩周來增補與修正「蘇俄在中國」之手稿與校對，至本周作最後之決定，對先慈奉獻文且亦於周末繕正付印，英文本第一版且已寄到核閱，可說一年半工作至此正告一段落，不勝自慰。

二、政治作戰講稿修正完成，亦甚重要。

三、美、俄在倫敦裁軍會議中皆正提出其空中視察修正案，且討論歐洲劃出非軍事的中立地帶已漸透露其消息，乃可斷定其與虎謀皮，決無成立可能，但其在作戰以前必須有此裁軍若能之姿態，惟以上消息傳布之初，而美國高級軍事當局，自大西洋歐洲至太平洋東亞之陸、海、空軍主官，皆對俄共發表其露骨之挑釁言行，幾乎不留餘地矣，此豈美國虎頭蛇尾之民族性，亦與平時一般之表現乎，余認為美國對俄作戰，至此已不能不下決心矣。

四、共匪之社會經濟破產情勢已日益暴露，而其所謂整風與處理矛盾之動作亦已開始，此亦即其崩潰開始之第一步，余認為只要我基地穩定進步，則共匪崩潰之程度乃必有增無已，且必日益加速也。

1　白勒克（Aron Broches），時為國際復興開發銀行（International Bank for Reconstruction and Development）副總經理。

五、為立法院對殷臺公司案之攻擊可痛，惟應忍之。

六、共匪自臺灣裝備飛彈消息發表後，幾乎自本月十日以來，每日對我金門
各島發砲盲射，此乃其內心慌亂恐懼、夜行吹哨之表現也。

五月十九日　星期日　氣候：晴雨

雪恥：一、對訪美交涉應嚴令停止。此種葉、董[1]幼稚與取巧的態度殊堪發
噱，焉得不為外人輕視，可痛之至。

朝課後記事，記上周反省錄，膳後散步，獨自乘舟遊湖，至對山唐三藏[2]廟
下視察高射砲部隊營房廁所畢，回閱報。午課後重修政治作戰講稿第二遍
完。晡與妻遊湖，途上遇見菲律濱青年回國軍中服務生一隊，相談極歡可愛。
晚散步，入浴，晚課。

本日右肩膀下神經時作刺激疼痛，此乃十餘年前舊疾復發也。

五月二十日　星期一　氣候：晴雨

雪恥：一、師長調職：19D 唐俊賢、46D 蔡人昌、9D 黃毓俊〔峻〕[3]。二、
司令調職：金門胡璉、預師司令袁樸、1CA 羅列、2CA 劉安祺、臺北胡宗南。
三、考選部陳雪屏，經濟部嚴家淦，內政部（前財長？）。

1　葉、董即葉公超、董顯光。
2　玄奘（602-664），俗姓陳，名禕，唐洛州緱氏縣人，師承印度那爛陀寺戒賢大師，中
國佛教法相唯識宗奠基人，知名三藏法師，被譽為中國四大翻譯家、漢傳佛教最偉大
的譯經師之一。由其所口述、弟子辯機撰文的《大唐西域記》為研究古代印度歷史的
重要文獻。
3　黃毓峻，號仲嶽，山東臨沂人。1956 年 7 月任第九師副師長，1957 年 9 月調任預備第
四師師長。

朝課後記事，上午散步後，看史大林「戰略與戰術」一篇，於我有益。午課後，重核第二廳對匪軍兵力增減報告，與朱毛黨政軍組織及其批判小冊，皆有益也。晡與妻等遊湖，晚散步，晚課，廿三時寢。

聞經兒近日亦染流行感冒，恐其對美考察須將延期甚念。

五月二十一日　星期二　氣候：陰　微雨

雪恥：一、蔡人昌履歷與現職查報。二、王廷宜派副師長職如何。三、第二軍團參長應另行人選。四、趙家驤職務。五、內政部長人選。

朝課後記事，膳畢與令偉乘車至東埔下車，步行至山腳乘轎，登武界大山脈，其道路地形與西安翠華山及甘肅興隆山相若，約一小時半至，山上有亭，即武界山至水源地入口處，乃再下反斜坡約五十分時，至水源地打尖，膳後登防洪閘，經隧道再到水壩視察工程畢，乃依原路回程，午課如常，到日月潭正十八時也，途中遇小雨無礙也。晚觀影劇「狐火」，晚課。

五月二十二日　星期三　氣候：晴雨

雪恥：昨日遊覽水源（武界）地，乃為卅六年第一次來遊日月潭時[1]，即想一窮其日月潭隧道來水之源，當時陪者以為道路崎嶇，距離太遠，而又為時間關係，故未能如願。今在其十年後而仍能一償宿願，終得達到目的，亦云幸矣。可知只要有志不怠，如再能假以時日，則未有不成也，反攻復國之事亦如此而已。

1　此處記憶有誤，蔣中正第一次遊日月潭，應在 1946 年 10 月 23 日。

朝課後記事，上午散步後，獨自遊湖，順至北口防洪洞登岸視察洞口建築工程後，回審閱「朱毛的黨政軍組織及其批判」一書，加以嘉獎。午課後看紐約論壇報，對我所著「蘇俄在中國」摘要十二篇稿，比較得體，但尚多缺點也。晡與妻散步，至野原視察雨量，似已充足矣。晚讀唐詩後，晚課。

五月二十三日　星期四　氣候：晴雨

雪恥：一、匪軍有幹部管理部之組織，似我第一廳與副官局之職掌，但其對人事之監察與控制方法，尤其是思想與心理之調查必更嚴格乎。二、共匪鄉鎮組織之合作社一課，但其縣級以上組織皆無此一門。三、匪惟鄉鎮與街道組織皆有婦工會與婦幹，而其縣級以上皆無此組織，應加研究。

朝課後記事，膳後散步，獨自遊湖，至管制水位的出水口亭上視察，研究日月潭周圍地形後，回批閱公文。午課後審閱庫特上將「空軍準則」講稿全文，甚有助益。晡與令偉往野外視察水量後，散步回。晚觀影劇，晚課。

五月二十四日　星期五　氣候：雨

雪恥：一、高級將領調職計畫：甲、彭[1]調陸總或作戰準備中心組之秘長。乙、黃[2]調國防會秘長或參軍長。丙、石[3]調陸軍副總。丁、劉玉章調陸副

1　彭即彭孟緝。
2　黃杰，字達雲，湖南長沙人。1954年調任陸軍總司令並兼臺灣防衛總司令。1957年7月調任總統府參軍長。1958年8月調任臺灣警備總司令。
3　石即石覺。

總。戊、羅奇[1]調衛戍。己、黃珍吾[2]調防衛副總。庚、曹永湘調副總長，唐守治調參次長。辛、胡[3]調金門。二、軍官團經費津貼。三、實踐學社月刊之發行。

朝課後重修「蘇俄在中國」第三編，俄共戰爭思想來源及其基本原則一節，自覺如此比較完備矣。記事。午課後得報，臺北群眾以美國昨日對其上士雷諾槍殺劉自然[4]案軍法審判不公平，判決無罪結果，乃群起包圍美大使館，並加以搗毀與拷打其館員，繼之又包圍美協防司令部，情勢嚴重，此乃外交部始謀不臧所致，令即戒嚴，以防共諜滲入搗亂也。

五月二十五日　星期六　氣候：雨陰

雪恥：昨晡往野外散步回，晚間又悉群眾圍攻臺北市警察局，並聞已死五人，心甚不安，乃令立即戒嚴，晚課，廿二時半寢。

本廿五日朝課後記事，決定下午回臺北處理劉自然案，與暴徒搗毀美使館與撕毀美國旗案，感覺此案如不速即合理解決，必將引起嚴重後果，徒為俄共利用也。上午獨自遊湖，至電力招待所再轉高射砲連部視察後，回館批示將才與指揮藝術小冊。十三時出發，途經觀音橋與北山坑，視察水力入口蓄水

1　羅奇，字振西，廣西容縣人。1949 年 9 月出任陸軍副總司令，1959 年 7 月晉升陸軍二級上將。

2　黃珍吾，字靜山，廣東文昌人。1949 年到臺灣，任東南地區憲兵指揮官，1950 年 2 月調任中華民國憲兵司令。1954 年 9 月調任臺北衛戍司令。1957 年 5 月 30 日因「五二四事件」遭免職。

3　胡即胡璉。

4　1957 年 3 月 20 日，革命實踐研究院學員、陸軍少校劉自然在參加友人婚宴返家途中，在臺北市陽明山美軍宿舍群區內駐臺美軍陸軍上士雷諾（Robert G. Reynolds）公寓外遭槍擊。經由五名駐臺美軍憲兵組成的陪審團投票，軍事法庭於 5 月 23 日宣布雷諾的故意誤殺罪不成立，無罪釋放。一時之間，全臺輿論譁然。5 月 24 日在美國駐華大使館所在的臺北市中華路，發生大規模示威活動。即五二四事件，又稱劉自然事件。

處以及發電所後，到臺中機場起飛回臺北，先與經國、孟緝次第聽取其二日來經過情形報告後，再約辭修等商討對美案處理方針。晚散步，閱報，晚課。

上星期反省錄

一、本月以來，腦筋中以「蘇俄在中國」一書須於六月廿四日出版，認為太過遲延，甚恐為共俄事前陰謀傷害此書之價值，故心中時覺本（五）月廿四日如能過去，則出版時期接近，其危機較減之意縈懷不已，時待廿四日之速過也。不料廿四日發生其另一危機，臺北暴徒突然搗毀美國使館，且撕毀其國旗，而重演庚子年拳匪之行動，此一不測之禍，殊為萬料所不及。八年以來對美忍辱負重，努力奮勉，奠定復國基礎之工作恐將毀於一旦，而且其為最不榮譽之野蠻公民行動所敗毀，能不痛心悲憤？復國前途又蒙重重黯影，不知所止。惟禍兮福所倚，要在自立奮鬥，百折不撓，盡其在我而已。

本星期預定工作課目

1. 蔡人昌品學能力或戰經應再考查。
2. 周中峯應升少將，似可調二軍團參長。
3. 熱核子核射線與熱射線性質如何。

五月二十六日　星期日

雪恥：朝課後記事，十時召見彭[1]、黃珍吾、劉偉〔煒〕[2]、樂幹[3]等，分別面詢其廿四日暴動案經過情形，而以劉偉〔煒〕推諉糊塗最為可痛。彼等負地方責任，只顧個人地位與名位，而對於其職責應盡者則不敢執行，幾至束手無策，目睹暴徒衝進美使館搗毀一切且已撕毀美國旗，而仍不敢下令使用武器負責制壓，甚恐傷害群眾受到處分，如此者三小時之久，而劉偉〔煒〕仍推托卸責，能不痛憤，乃將其三人[4]免職。正午約陳、俞[5]等商討處理辦法，決定治安三主官免職。午課後，十七時見藍欽態度尚佳，故余亦和顏如常，並囑其電愛克表示歉意，兼及此案乃是為對劉案判決不公而引起群憤，並無反美因素在內之意，不料其對三首長負責者撤職以為無用，暗示經國應負重責之語意。但其未明言經國之名，余乃不予詳校，假作不知其所指，以免當面破裂也。

五月二十七日　星期一　氣候：雨

雪恥：（續昨日事）就此更可知美國人之幼稚糊塗與荒唐狐疑驕橫之可憐，殊不易交為朋友，從此亦更可使我警覺，除了自立之外，決無可靠之友邦，應切記之。晡車遊山上一匝。晚召經國與昌煥，指示對美大使談話錄內容，應予特別注意也。散步，晚課。

1　彭即彭孟緝。
2　劉煒，字偉吾，廣東大埔人。1949 年到臺灣，任憲兵司令部副司令。1955 年 9 月，升任憲兵司令部司令，1957 年 5 月因「五二四（劉自然）事件」遭撤職。6 月，任國家安全局設計委員會委員。
3　樂幹，字書田，四川筠連人。曾任中央警官學校校長兼臺灣省警察學校校長，1955 年 12 月，出任臺灣省警務處處長。1957 年 5 月因五二四（劉自然）事件後被解職。
4　黃珍吾、劉煒、樂幹。
5　陳、俞即陳誠、俞鴻鈞。

朝課後記事，考慮昨日藍欽之言意，及其與沈[1]談話記錄合對，是其暗指經國無疑，乃不能不向藍欽嚴正駁斥，故召岳軍、公超與昌煥面示其美員無理胡說，應由外交部面責其狂妄，並須對此澈底根究事實之意。上午到研究院紀念周，回再召昌煥，指示其對藍說話要旨，最後囑其不必為此特召藍欽急斥，待其另有他事召藍時順帶指斥，以免此時對暴動案更添一層黑影也，惟有暫忍而已。

五月二十八日　星期二　氣候：雨

雪恥：昨午課後見鴻鈞談省府暫緩改組事畢，到研究院召見學員廿餘人畢回，與妻車遊山上一匝，回入浴後，假眠一小時半，甚能熟睡，晚膳後散步，晚課，十時半寢。昨晨對藍欽所言痛憤躁急，過午以再四思維，卒能忍辱戒慎，寬緩處理，或為對於此次暴動案安危成敗之重大關鍵。吳稚輝〔暉〕[2]先生所謂急事緩處，大事小做，能不戒勉乎哉。

本廿八日朝課後記事，入府會客後，主持宣傳會談，對暴動案處理善後問題研究二小時，頗有收穫，先後與公超、昌煥談話，皆關對藍欽指責方式，今日彼或已能了解其所想所言完全為其虛偽情報所誤，而自知其非乎。午課後召見學員廿三人回，約見英工黨議員傅理德[3]茶會。晚閱報，晚課。

1　沈即沈昌煥。
2　吳敬恆（1865-1953），字稚暉，江蘇武進人。歷任制憲國民大會主席團主席、第一屆國民大會代表、中央研究院第一屆院士、總統府資政。1949 年，蔣中正派專機「美齡號」將其從廣州接到臺北。1953 年 10 月 30 日逝世，海葬金門。
3　傅理德（Geoffrey de Frietas），又譯傅利達，英國工黨人士，1945 年至 1961 年為下議院議員。

五月二十九日　星期三　氣候：雨

雪恥：一、對全國民眾的警告：甲、共匪最近的宣傳，特別（鼓勵）頌贊臺灣暴徒反美行動的作用。乙、共匪內部正臨崩潰途中，我們復國機運即在目前，此時惟有臺灣暴動與反美乃是為其救共民的惟一良劑。丙、敵友須認清。丁、利害須認識。戊、特別強調俄共對臺灣在太平洋上惟一堅強反共堡壘，為其解決整個亞洲計畫最基本的中心問題，只要臺灣能為其宣傳和威脅所動搖而解決，則俄共不僅對整個亞洲，而且對太平洋上最大障礙亦為其消除，那就無論任何方法亦不能阻止其俄共紅流之整個太平洋，而其後果，我們中國在歷史上不能逃避其一部分之責任，禍福利害全在於此。望切實研究如何乃可不蹈大陸淪陷之覆輒〔轍〕，以貫澈我們反共抗俄的初衷，而不使俄共預定之陰謀得逞耶。

五月三十日　星期四　氣候：雨

雪恥：昨朝課後記事，上午主持總動員會報，言辭已帶憤懣不安之象，應戒之。正午為魯斯生活雜誌之請求照相甚久，午課後召見學員廿三人，其中有陳遲[1]者為布雷[2]之子，甚安詳如其父可愛。晡召集羅志希[3]、黃少谷[4]等研究對民眾警告文字要旨甚久，晚又召經國等研究情勢，並督導其敏捷警覺為先。晚課後入浴。

1　陳遲，號伯須，浙江慈谿人。陳布雷長子。先後在臺灣糖業公司橋頭糖廠任廠長、在臺南糖業試驗所任種藝系主任。曾在菲律賓任職於聯合國糧食及農業組織和亞洲開發銀行。
2　陳布雷（1890-1948），名訓恩，字彥及，筆名布雷、畏壘，浙江寧波人。曾任中國國民黨中央宣傳部副部長、中央政治委員會副秘書長、國防最高委員會副秘書長、軍事委員會侍從室第二處主任等職。1948 年 11 月 13 日，服用過量安眠藥致死。
3　羅家倫，字志希，浙江紹興人。時任中國國民黨中央委員會黨史編纂委員會主任委員。
4　黃少谷，湖南南縣人。1949 年 7 月任總裁辦公室秘書。1950 年 3 月任行政院秘書長，1954 年 5 月任行政院副院長。1958 年 7 月調任外交部部長。

本（卅）日朝課後記事，入府召見菲列濱藝術團及男女籃球隊等百餘人後，召見調職人員與希聖等十餘人，批閱公文。午課後召見研究員廿三人回，約見美合作分署白蘭達[1]，彼對我國頗為友好。晚與經兒談對美使館善後事，晚課。

五月三十一日　星期五　氣候：雨

雪恥：一、英國與對匪禁運委會美國意見衝突，聲明其英國單獨放寬禁運。朝課後修正講稿，上午入府約見澳洲工會訪華代表團後，召見留學人員，主持財經會談。午課後批閱公文，等待第二次修正講稿，直至深夜十一時半重修方畢，甚費心力，以此次對搗毀美使館事警告國民之教育，對內對外之關係皆非常重大也。散步後晚課，就寢時已廿四時半矣。

1　卜蘭德（Joseph L. Brent），又譯白蘭達、勃蘭特，美國外交官，曾任空軍部部長特別助理、經濟合作總署泰國分署副署長、駐華分署副署長，時任駐華分署署長。

上月反省錄

一、最大不幸的暴動（廿四日）事件，實由於廿三日美軍法審判雷諾案判決不公而起，此事本可為我國交涉處於優勢地位，不幸翌日無端發生搗毀其美使館且撕毀其國旗的民眾暴動，以致國家反受重大損害與恥辱。當時藍欽態度與思想之謬誤更是出人意外，彼受中國反動派假情報之包圍，竟疑此案為經國所主動，殊令人刺激無已，真以為不易與美國人為誠實朋友矣。此為遷臺以來最大刺激之一，但仍能極端忍耐，一本慎重處理，凡我所應為和所能為者，無不自動實行，期能消除美國之誤會，以減少不利之影響，至於其結果成敗如何則概置度外。最後草擬告國民書以自責，並警告國民認識此案性質之嚴重程度，使之自反自覺，以打消其憤恨與衝動再發之情緒，一面更使美國反蔣派不能藉此毀華扶共耳。

二、美共同路人與英國協謀在本月初對托管臺灣之說作有計畫的醞釀，在美國內社會上積極發展，以離間中美關係，企圖承認中共，其勢甚兇，適逢下旬暴動案發生，正為其反蔣毀華最大之資本，但此心甚安，毫不為動，且相信上帝予我此一重大鍛鍊，安知其非復國之前必須經過之一幕乎。

三、自上月以來，俄共對美援基地各國皆加以氫彈毀滅之恫嚇，但本月初北大西洋公約國理事會在西德會議，其結果對俄表示不受其威脅，且一致認為惟有原子武器才是防衛西歐的主要工具。此舉實與美國飛彈部隊來臺增防之互相關聯，惟其對西歐原子裝備須待數月之後，是其尚待倫敦裁軍會議之妥協也，但其運臺之飛彈已於本月上旬裝備完成矣。

四、美國在其海內外陸、海、空軍各主官，本月皆對俄共作不留餘地的露骨挑釁之言行，其一切表現似乎其對俄作戰已下決心，而且其飛彈增防臺灣，更足表示其對共匪挑戰之決心，但愛克對我態度四年餘來始終冷漠模棱，從未有堅定協助與重視之意向，至今亦復如此也，誠令人不得其解耳。

五、共匪自美聲明其飛彈防臺以後，自本月十日起即對我金門作猛烈之砲擊，幾乎每日不斷，此乃無的放矢，徒見其夜行吹哨之內心荒亂而已。

六、共匪整風開始，其內部經濟、社會之崩潰現象亦日形顯露而無法掩飾矣。

七、立法院對殷臺公司案，最後終算如計通過矣。

八、越南吳廷炎對我華僑之苛虐侮辱，美國愛克對我之輕忽藐視言行，時形憤懣不耐，可知修養不足，仍易為外物所動，戒之。

九、嚴屬制止外交部與美國務院商談余訪美計畫，此實為對美外交之成敗最後關健〔鍵〕也。

蔣中正日記
Chiang Kai-shek Diaries

六月

蔣中正日記
Chiang Kai-shek Diaries

民國四十六年六月

本月大事預定表

1. 改組省政府。

2. 高級將領之調職。

3. 師長到期者之調職。

4. 夏季戰備第二期完成之校閱。

5. 「蘇俄在中國」書發行之宣傳。

6. 年中定例各宴會。

7. 暴動案之審判與發表方法。

8. 美愛克對英放寬與匪貿易之態度表示贊成之後果與發展，及其對匪政策之
   動向？

9. 倫敦裁軍會議之結果如何。

10. 共匪整風運動之形勢。

六月一日　星期六　氣候：陰晴

雪恥：一、據德國消息，共匪計畫要將北平城牆拆毀，並有一部分已拆除，
此為余所最擔心之一事。

朝課後修正講稿，作最後核定，甚費心神，但比原稿語氣已平正得體矣。十
時前入府主持總統府月會，宣讀對搗毀美大使館案告民眾書，向海內外廣播

後，再增補有關美國從未侵略我寸土尺地與辛丑前後防止瓜分中國之企圖數語，自認為可以加強文告之精神，甚為重要也。主持軍事會談，聽取戒嚴配備與退除役軍官計畫。午課後召見學員廿二人，約柯克[1]在府談話，回與妻車遊淡水道上，入浴，晚觀影劇，晚課。

上星期反省錄

一、本周美國輿論，無論其向來對我仇視與臺灣問題不滿者，皆乘上周搗毀其使館不幸事件共起攻擊，因之重提臺灣地位主張托管，特別是紐約時報主人之姪小「沙子白克」[2]倡言承認中共，而詆誣我為無出息的東西，甚至向來對我友好之議員如諾蘭[3]等，為其自身計，亦不能不表示其不滿與反對之態度，此一趨勢如不設法消弭，則我根本計畫與復國大業必將成為泡影。而且國內民眾因雷諾案之不平，反美情緒仍在普遍潛滋，匪諜亦漸活動，勢將蔓延難制。尤其是一般智識階級多不知此一撕毀他人國旗，搗毀友邦使館為平常之事，而不知其為損毀國際公理，乃是國家最不榮譽之野蠻行動。此種拳匪行徑，只有共匪專心自毀民族，不顧國體之敗類所樂為者。其實此次之暴動，仍受俄共三十年來宣傳之影響所致，何況本案中尚有匪諜從中煽動之關係，若余不發布星六日文告表示態度與決心，則必禍至無日。不勝憂悶之至，近日心情之不渝如此。六月四日十六時。

---

1 柯克（Charles M. Cooke Jr.），又譯可克，曾任美國海軍軍令部副部長、第七艦隊司令、西太平洋海軍部隊司令，1948 年退役，1950 年春天起，組織「特種技術顧問團」，在臺灣推動非官方軍事顧問計劃，1952 年結束。時任殷臺公司董事。
2 沙資勃克（Cyrus L. Sulzberger II），又譯小沙子白克、小沙絲白克，美國新聞記者，1940 年代和 1950 年代《紐約時報》（*New York Times*）外國通訊員。
3 諾蘭（William F. Knowland），又譯羅蘭、羅倫，美國共和黨人，1945 年 8 月至 1959 年 1 月為參議員（加利福尼亞州選出）。

六月二日　星期日　氣候：陰

雪恥：對岸信介談話要點：甲、勉其成為日本政治之中心。乙、中、日合作的要領在反共政策為基礎。丙、東亞與日本之惟一威脅為俄共。丁、日本安全之關鍵在中國大陸政權與主義如何。戊、日本目前政治為如何協助我復國。己、對印度之政治。庚、中立主義之嫌疑。辛、基本政策與鮮明主張及立場。壬、對美遠東政策之偏差共同匡正。癸、俄共急務為：（一）赤化日本。（二）侵佔臺灣。

朝課後讀報，十時見沈大使[1]後，禮拜畢，記事。午課後約辭修、鴻鈞、岳軍、公超等商談與岸信介談話要旨，約一小時半。晡與妻車遊，心頗不樂，回入浴，閱報，散步，晚課。

六月三日　星期一　氣候：陰雨

雪恥：對岸[2]談話：一、切勿接受匪貿易代表團。二、切勿中立。三、中日對共之聯合情報組織。四、發揚東方文化精神。五、聯合國內通力合作。六、亞洲經濟開發專款，中日合作爭取發展東南亞市場。七、工業機械設備及器材之購置與分期付款之協商。八、對中國叛逆分子（共匪與偽臺灣獨立黨）之取締。

朝課後記事，考慮對岸信介談話要旨，十時前入府準備歡迎語意，指示岳軍對共同聲時〔明〕內容毋使岸為難，不可強勉之方針，自十時至十一時問其隨從議員對東南亞考察感想畢，再召見日本新聞記者十餘人完，批閱後回。午課後在院中散步，自十六時起與岸談話二小時，皆對其說明日本今日政策（對外對內）之要領，彼似有所動乎。

1　沈覲鼎，字渝新，福建福州人。曾任駐巴拿馬公使、駐日代表團副團長、駐古巴公使、駐巴西大使，1956 年至 1959 年任駐日大使。
2　岸即岸信介。

六月四日　星期二　氣候：晴

雪恥：昨晚宴岸信介至十二時完，余在上午初次會談畢與彼握別時，特問其天皇[1]健康如何，彼現突然之色，乃答其天皇務必向余致敬之辭而別，不知彼有所感否。客散後散步，晚課，廿三時前寢。

本（四）日朝課後記事，準備談話要領，岸要求以岳軍一人任譯作，兩人私談自十時至十二時，彼先詳談其今後反共之機密計畫，與訪美談判之主要條件及其目的，是其對余表示其反共最大之誠意，余亦以精誠應之，而以中日兩國今後之根本政策與共同敵人及其利害與復興之道，彼皆接受，完全同意此兩次談話，彼當不虛此行也。人謂其投機主義者，余以為其有抱負之人，乃能以大道與利害相感召也。

六月五日　星期三　氣候：陰雨

雪恥：昨午課後外出，先至研究院，再至後草山陽明公園遊覽，靜觀雲影與池水消遣，最後視察防空洞，業已修整完成矣，經頂北投回。入浴後，吃餛飩當晚餐畢，遊覽蘭圃一匝後，獨到靜觀室消遣自在約一小時後，晚課畢，廿二時後寢。

本（五）日朝課後記事，上午主持中央常會，聽取對共匪最近整風運動情形後，指示針對共匪整風之宣傳方針取積極攻勢，而對臺北暴動案對美宣傳方針，並督促暴動者審問結果，凡有關匪諜及共黨分子參加者，應提前起訴與宣布實情等之指導。近日處事並不因心神憂悶而散漫貽誤，自以為幸。午課後召見學員廿三人畢，聽取演習計畫之報告畢，回入浴後，閱報，散步，晚課。

1　昭和天皇（1901-1989），日本第 124 代天皇（1926-1989 在位），名裕仁。在位期間經歷第二次世界大戰，1945 年 8 月 14 日發表《終戰詔書》，命日軍停止行動，並向全國民眾親口布告無條件投降。

六月六日　星期四　氣候：雨

雪恥：一、暴動供詞宣布之準備手續：甲、追問與自由中國傅正[1]等有否關係。乙、宣布共匪參加之供詞時，應與最初無共匪關係之說法相配合，不可為美方反對者所反駁。丙、宣布以前應與美方協商辦法。丁、定星六以前宣布。戊、審判方式凡有匪諜關係者交軍法，其他人犯交法庭何如。

朝課後記事，與經兒談審判暴動案手續與方式問題，入府召見陳恭範〔藩〕[2]等十餘人畢，與岳軍談其訪日計畫後，批閱公文。午課後批閱公文，清理積案，核定經濟機構改正方案。晚在家散步後，簽署將領去年之讀訓心得，批語五十餘通，晚課。

六月七日　星期五　氣候：晴

雪恥：一、審問中主要之點證明其在當場指揮煽動者，以及帶領群眾由大使館轉往新聞處與協防部者為最要。二、詳覓此種指揮領導者與共匪關係及其線索。三、下周宴諮議、顧問與行政院、省府各主官之準備。

朝課後記事，入府約見日本議員廣川宏〔弘〕禪[3]等，本日報載岸信介回日時，稱余為東南亞六國中最偉大之領袖，余惟覺恥辱而已。主持情報會談，指示審判暴動案之要領，並決交軍法審判。午課後記上月反省錄完，閱報，散步，入浴。晚簽署動訓心得各報告完，晚課。

1　傅正，號中梅，江蘇高淳人。1954年任《自由中國文摘》半月刊編輯。1955年插班臺灣大學政治學系。1957年4月任《自立晚報》主筆，6月臺灣大學政治學系結業，8月任關西初中教員至1959年4月離職。1958年任《自由中國》雜誌社編輯。
2　陳恭藩，浙江鎮海人。時任中國銀行副總經理，7月16日接任紐約中國銀行經理。
3　廣川弘禪，1955年2月28日至1958年4月25日，任日本眾議院議員。

六月八日　星期六　氣候：晴

雪恥：近日心神不樂，鬱悶非常，此亦為近年來最憂悶之一次也。

朝課後記事，指示經國對於暴動案審判準備及其要點，入府舉行「多明尼加」公使[1]呈遞國書典禮畢，召見三人後，主持軍事會談，聽取戰備第二期工作之報告，約一小時半完。午課後，從新閱讀「蘇俄在中國」第二版新印本，至第一編第二章完，晡散步，晚課。

上星期反省錄

一、自上月臺北美使館暴動案發生以來，總覺此一事件對於中、美關係最大，更予其美國內反蔣親共派毀謗與促成其政府改變對共匪不承認政策之口實，但一絲靈感，深信此一最不幸事件，乃為反共期間所必不能免者，與其發生於將來反攻開始以後，佔領北平或京滬之時，則不如發生於今日，俾得由此一教訓，而後對於警察、憲兵在戒嚴期中之行動與處治，當不致再有此種疏忽大意，不警覺無決斷之消極現象也。余認為此時對美關係尚不致發生根本變化，未始非不幸中之大幸也，此乃天意，決非人為所能及也。

二、本周心緒不佳，但對二大要事仍得專心處理，並無貽誤，可知修養有素，未為私務所擾：甲、對岸信介之談話二次皆能依照預定步驟深切表達，俾其對中日與東亞政策能有新的認識也。乙、處理暴動案與對美宣傳及態度之指導，尚能一貫注意而不敢放鬆耳。

三、甚為經兒前途及其今後工作憂慮不置。

四、愛克星三日對記者談話中，仍帶有懷疑臺北暴動案乃有組織的行動之

1　費雅諾（José Villanueva），多明尼加駐華公使，1957 年 5 月 26 日抵華，6 月 8 日呈遞國書，8 月 20 日兩國升格為大使級外交關係，12 月 7 日升任大使，1961 年 6 月 8 日離任。

意，應特加戒備。

五、英國在巴黎對共匪禁運會商談美國堅持禁運，而不放寬主張之結果，英
國乃宣布其單獨放寬其禁運貨單，此一行動其必引起美國對共匪政治上
將發生影響，而不在經濟關係也。

六月九日　星期日　氣候：晴

雪恥：一、蘇俄在中國著作之目的：甲、答覆共匪三年來所製造的國共第三
次合作的夢囈。

朝課後，重繕「蘇俄在中國」供獻文，上午審閱暴動案口供，其中三人確為
共匪之潛伏分子無疑。散步後禮拜回，再繕供獻文一通，仍未洽意。午課後
繕寫供獻文，比較洽意，乃付印，重核口供文字，多有不通處，應加修正。
入浴，散步，晚觀影劇（山）甚佳，晚課。

六月十日　星期一　氣候：晴

雪恥：一、對美國務院派來調查暴動案者「卜雷德¹」談話要旨：甲、此案
原因必須在中國共產有關之歷史，及其卅年來宣傳與行動所留之影響餘毒。
乙、行政人員向來之惰性，與不求有功但求無過之惡習。丙、行政效率之
遲鈍拖延，怕負責任之弱點。丁、疏忽大意，期望無事，不願報告上級。
戊、自九一八以來對群眾示威，打毀公署，毆打長官認為常事，不許警察開
槍彈壓。二、對此事欲求了解，必須先了解東方人心，即應認人不認事，重

1　卜雷德（Edwin A. Plitt），又譯普立特、卜里特，美國國務院公使銜官員。

道義情感而不重法律事證，如求澈底了解，恐非數月數年之後不可。三、共產在臺活動，對美情報之虛偽供給與挑撥中美感情，以打倒反共最烈、對美最誠實者為其總目標。不使親美者寒心，以致無法共事，望特加注意。

六月十一日　星期二　氣候：晴

雪恥：續昨：四、應以史迪威與馬歇爾在華受匪諜包圍，以致傷害中、美不可補救之共同利益，至今對一般人民之心理影響還是存在，難以泯除。五、中國人民尤其臺省民心之易於衝動，如兩國稍有不平之事，即可為共匪無形中煽惑，引起重大事變。

昨朝課後記事，上午到木柵研究分院對黨務工作檢討會致詞，約三刻時畢，巡閱一匝回。午課後續校蘇俄在中國第二版本至第一編第三章後，記上周反省錄，晚膳前後皆散步消遣，晚課。

本十一日朝課後記事，入府見卜雷德，約談卅分時，其態度尚稱和洽合理。主持一般會談，研討審判暴動案與大法官是否為終身職，及立、監兩院為此爭執問題。午課後批閱公文，晚研究師長以上人事，晚膳前後散步，晚課。

六月十二日　星期三　氣候：晴

雪恥：一、警告美國，英對匪放寬禁運完全為政治作用，製造東方中立集團與美俄均勢主義，以圖恢復其在東方政治地位。如果美國亦隨從英國有放寬禁運之傾向，就可造成東方人認為美國在東方仍是追隨英國政策，並無其獨立自主之外交，則自本年初蘇彝士運河戰爭以來，美國反對英國侵略之獨立自主之政策又將成為幻想，而東方人的心理對美國反共之信心完全喪失，而發生悲觀，則中立主義更必猖獗矣。

朝課後記事，上午主持中央常會，午課前後續校蘇俄在中國第一編完，入
閱[1]，散步，到靜觀室對山獨坐，頗有天童林木與武嶺幽勝各景在目之感。晚
觀國製影劇（龍女）頗佳，膳後月下散步，閒坐自得者一刻時，今晚月明如
鏡，團圓完滿，甚有所感。晚課。

六月十三日　星期四　氣候：晴

雪恥：一、高級中職期調任幾件應考慮的問題：甲、石覺調陸軍副總抑防衛
副總？乙、劉玉章同甲項。丙、黃杰專任衛戍或參軍長？丁、黃振〔鎮〕
球調聯總或衛戍？戊、黃仁霖[2]與張彝鼎[3]何職。己、副總長調何人充任，胡
宗南？石覺？唐守治？
朝課後記事，入府見美原子能梅露生[4]博士等五位，又見谷正綱[5]、陳岱礎[6]
與調職人員林春光[7]等四員畢，批閱公文。正午約五院各部會及省府各廳處
等主官照例聚宴，加以垂詢與慰勉。午課後，修正對美記者為「蘇俄在中
國」書著作目的之問答稿，並清理積案，晚膳前後散步遊憩，晚課。

1　原文如此。
2　黃仁霖，江西安義人。曾任勵志社總幹事、新生活運動總會總幹事。1947 年起任聯合
　　勤務總司令部副總司令，1954 年 7 月兼代總司令，1955 年 6 月真除。1958 年兼任東
　　吳大學董事長。
3　張彝鼎，號鑑秋，山西靈石人。原任國防部總政治部主任，1955 年兼國軍退役官兵輔
　　導委員會副主任委員，1956 年 7 月調任國防部常務次長，1961 年任總統府戰略顧問委
　　員會戰略顧問。
4　梅露生（W. T. Mallison Jr.），美國原子能委員會國際事務組亞非科主任。
5　谷正綱，字叔常，貴州安順人。1954 年 1 月，出任國防部參謀次長，8 月改任亞洲自由
　　國家聯合反共聯盟中國總會理事長。1957 年中日合作策進會成立時，任中方召集人。
6　陳岱礎，福建閩侯人。1951 年 5 月出任駐澳大利亞大使館公使，暫代館務。1959 年 9
　　月返臺任外交部顧問。
7　林春光，廣東揭陽人。時任海軍艦隊訓練部參謀長，7 月調任海軍軍官學校教育長。

六月十四日　星期五　氣候：晴

雪恥：一、初收復城市對共匪在天花板上與地板下潛伏之匪諜（男女青年）及定時炸彈預置之搜索。二、敵後地區之哨兵多以婦女、青年與民兵，其武器多有木製手槍與炸彈以嚇人者，故敵後滲透與發展特別容易。三、婦女工作與運動在敵後特別重要，其運動人員能有吸引力之男女為最上選。四、下駟對上駟，上駟對中駟之戰法應特研究。

朝課後重修對記者問答，頗費心力，入府召見琉球訪華團十餘人，其面目完全為漢族，而有別於日人也。會客後主持財經會談，午課後批閱公文，記昨日事，晡與妻車遊山上一匝，重修問答，散步，晚課。

六月十五日　星期六　氣候：晴雨

雪恥：一、戰地黨政對匪鬥爭全在組織領導、訓練、監察之勤敏健全，勝過共匪領導之各級幹部方能致勝。二、警覺為一切工作之本，對黨員教育首在警覺。三、以此次暴動案為戒。四、召見布雷之子[1]。

朝課後重修答記者問稿，尚未定案，十時到研究院聽取本期黨政軍聯合作戰演習之總報告與講評，回記事。午課後續修問答稿，十六時半起飛，到臺南落機，駐高雄澄清樓，晚與經兒車遊市區，談孝文留美事，晚課。

上星期反省錄

一、美國對臺北暴動案之情勢至本周已近尾聲，此乃六月一日文告之功效，凡對此案憤怒與藉口反蔣之左派，其口舌皆為此一文告所堵塞矣。

1　陳遲。

二、美國務院派來調查暴動案之卜雷德，其態度和協，對其解釋實情，似已了解。藍欽意態似亦悔悟其當初誤會與聽信謠諑之失策矣，但非我族類，其心必疑，今後對外交又增多我閱歷矣。

三、研究院聯戰班第九期結業，未能親自指導其演習為憾。

四、共匪整風運動在大陸附匪不滿分子以及智識階級對共匪之攻擊日漸露骨，至本周已達頂點，共匪似已不能再忍，不能不向反對者開刀矣。此乃為共匪崩潰之起點，實亦為反共革命之先聲也，余認為共匪此次自暴罪惡之行動不僅無法掩飾，且亦無可挽救或再有彌補之法矣。

五、英國對匪解禁之後，除美國外，西方各國幾乎接蹤〔踵〕效尤，余認此乃一時之心理影響，不久各國必將自知其得不償失，尤以日本與英國自身為然，故此舉對我國際政治之影響，並不如一般社會所推測之甚也。

六、對軍法審判暴動案指示未敢懈忽。

六月十六日　星期日　氣候：雨

雪恥：一、本著[1]在國內發行前之宣傳，應由中央社名義說明書中之內容即可。

朝課後與經兒聚餐後，閱報，記事，十時到鳳山陸軍官校主持校慶典禮，並舉行補習班第五期畢業典禮畢，召見校中各部門主官與教授、顧問等聚餐後，到屏東起飛回臺北。入浴後午課，默禱，續校蘇俄在中國（本著）後，與妻車遊山上一匝。晚與妻往中山堂參加美國空軍樂隊演奏會兩小時，頗足欣賞，惟對美國人習性則愈久愈不了解，尤其對黑人界限為然。晚課。

1　指《蘇俄在中國》。

六月十七日　星期一　氣候：雨

雪恥：一、自上月暴動案發生以來，一般政客與投機分子皆乘機而起，攻訐政府與本黨，其目的皆在推翻現在政局，而以其反共救國會議名義來改組政府，並廢除現在憲法，而重新建立議會與臨時約法以產生新政府。此無異一九一七年布爾塞維基[1]推翻其臨時政府奪取政權之重演，可惜此種政客學者絕無俄共當時之魄力，而徒為共匪作嫁衣裳之幻想，並未想到其本身已受共黨之毒害，乃將無以自拔也。

朝課後記事，十時到研究院舉行第九期結業禮，朗誦軍事哲學全篇，並講評此次演習之缺點後聚餐，午課在後草廬，今日遷住於此也。修正中央社稿，續校蘇俄在中國第二編第二章完，晚課。

六月十八日　星期二　氣候：雨

雪恥：一、一般投機分子已全力向我黨進攻，尤其此次以軍事法庭審判暴動人犯案，以為其煽動民眾，迎合人心之投機資本，應特加注意。二、對劉自然與暴動案經過得失之總檢討，尤其對於兩案調查之手續問題，與對美之心理作用之特加注重。

朝課後記事，入府召見陳遲及香港文化訪問團徐紓〔訏〕[2]、王遐齡〔黃震

1　即「布爾什維克」，在俄語中意為「多數派」，是俄國社會民主工黨中的一個派別。1917 年，布爾什維克通過十月革命，以暴力奪取政權，最終在日後成為蘇聯共產黨。
2　徐訏，本名徐傳琮，字伯訏，以小說創作聞名，1943 年，作品《風蕭蕭》登大後方暢銷書榜首。1950 年定居香港，曾擔任香港中文大學教授、香港浸會學院文學院院長兼中文系主任、《論語半月刊》主編等職。

遐〕[1]等十餘人後，主持宣傳會談，美國內對華政策與對匪通商問題之討論又囂塵上，不能不加注意，但內心總覺最近不致成為嚴重問題，而且自信必能渡過此一難關也，又對暴動案之檢討亦甚有益。午課後批閱，續校本著，車遊後觀影劇（馬路小天使），晚課。

六月十九日　星期三　氣候：晴　未刻雷雨

雪恥：一、對劉[2]案總檢討人員：外交部、司法部、陽明山與臺北市警長，與外事警察、前後任憲警主官，以及魏景蒙[3]、沈琪〔錡〕[4]，與情報會談全體人員、常會出席，及黨務、社會教育、民眾運動有關主官為主體。二、召見俞大維，對高級將領調職計畫之決定。

朝課後記事，十時主持中央常會，聽取協助越南華僑回國總計畫後，加以指示今後方針，並聽取昨日軍法審判經過之報告。午課後續校本著第三編至二章完，車遊，晚散步，晚課。

---

1 黃震遐，筆名東方赫，曾任上海《大晚報》記者、《新疆日報》社社長。1949 年往香港，先後任《香港時報》主筆，《中國評論》社副社長。著有《隴海線上》、《黃人之血》和《大上海的毀滅》等。時任香港亞洲出版社總編輯。日記誤書為《香港工商日報》（*The Kung Sheung Daily News*）專欄作家王遐齡。
2 劉即劉自然。
3 魏景蒙，浙江杭州人。1952 年 7 月，出任中國廣播公司總經理，任職十二年。
4 沈錡，號春丞，浙江吳興人。1952 年至 1956 年任總統英文秘書，1952 年 11 月起兼機要秘書，1954 年 8 月兼任中國國民黨中央委員會第四組副主任。1956 年 2 月卸任秘書工作，擔任行政院新聞局局長。

六月二十日　星期四　氣候：晴

雪恥：一、俄交潛艇三艘於埃及，俄艦隊又出黑海到地中海示威，英、美皆起恐慌。二、約但與埃及破裂，幾已絕交。三、法、義二國內閣皆推倒尚未組成，此皆俄共對西方鬥爭漸趨激急之象。四、愛克對倫敦裁軍情形、對俄提案表示樂觀與希望緩和之姿態，以及其對英國放寬大陸禁運程度表示不反對之言行，此豈其果出於精誠乎，抑為製造戰爭之前奏乎，余仍不信其僅為姿態而有意製造戰爭也，以其性格與環境不如此耳。

朝課，記事，入府會客，黃震遐有望之才，召見泰國與東京華僑二批後，批閱。午課後續校第三編完，與大維談人事調職及建軍與訓練方針，晡遊覽後公園新闢小盤谷，頗幽雅為快。閱報，晚課。

六月二十一日　星期五　氣候：晴

雪恥：一、考慮「蘇俄在中國」應否贈給愛克等，以及何時贈予為宜問題，研究再三，決計贈送，但其時間不宜太早也，如太早則將使其懷疑此著專為遊說他們援我反攻大陸而作耳。二、共匪廣播二十日零時十分，北京醫學院黨委書記「曲正[1]」住宅（報子胡同十二號）突然發生炸彈爆炸事件，曾將窗上玻璃炸碎，並曾起火，損失極小云，此乃七年來北平爆炸第一次之報導，此為偽政權危亡第一種號音而已。

朝課後記事，入府會客，主持情報會談，與辭修談高級將領調職事畢，批閱。午課後審閱毛匪二月間所謂處理人民內部矛盾第一、第二節，乃是其恐懼大陸人民效法匈牙利反共抗暴革命續起而發，斷言其此種詭謀不會生效也。散步，與叔銘談話，晚課。

1　曲正，原名曲觀生，山東黃縣人，中國微生物學家、醫學教育家，曾任蘭州大學校長。1953 年 9 月到 1959 年 12 月任北京醫學院副院長、黨委書記。

六月二十二日　星期六　氣候：晴

雪恥：一、美國將韓國停戰協定中之不得增加武器之部分宣告廢止，此一舉動其果為決心作戰之準備？是其僅為防範共匪進攻而作乎？二、美國愛克對倫敦裁軍會表示妥協之姿態，其內心究竟如何，皆足令人疑慮，其對俄政策希望和平乎，抑為導戰乎。

朝課後記事，入府會客，見李秋生[1]與張師六〔六師〕[2]等畢，主持軍事會談後，召見黃達雲與石覺，詢其對調職志願。午課後續核反攻心理作戰大綱稿，加以批示，召見孟緝後，審閱檔案「馬下兒[3]」使華調停工作之部完。晡車遊，閱報，散步，晚課。

上星期反省錄

一、十六日午夜北平炸彈之爆發案，實為反共革命之先聲。

二、共匪整風案到本月三日已轉為反攻圍擊之形勢。

三、毛匪處理人民內部矛盾全文經三個月改正補充後，突於十九日始行發表，是其全為反整風的作用也，從此大陸共匪破綻暴露，再無安定之日矣。

四、俄共已運潛艇三艘供給埃及。

五、俄黑海艦隊經海峽向地中海，對英、美示威。

六、倫敦裁軍會議雙方姿態柔和，但並無可以妥協的徵候。

七、英國在太平洋聖誕島試放氫彈第三次告成。

八、美國宣布以新武器運補南韓，廢止韓國停戰協定之一部。

1　李秋生，曾任上海《中央日報》總主筆，時任《香港時報》總編輯。

2　張六師，號仁征、狷塵，雲南大理人。曾任北平軍事調處執行部交通處處長、「香港自由民主戰鬥同盟」軍事組副組長。時為香港自由作家、香港中文化協會委員。

3　馬下兒即馬歇爾（George C. Marshall）。

九、暴動案軍法審判終結，尚待宣判。

十、高級將領調職計畫大體完成。

十一、「蘇俄在中國」發行準備已完妥。

本星期預定工作課目

1. 俄共辯證軍事學與軍事辯證法之研究。

2. 匪軍戰法之軍事辯證法（查閱）。

3. 書報登記法之修正工作。

4. 各將領調職時，皆應將其任內經驗所應改革與人事優庸評定詳報。

5. 今後呈報案件，最遲批答以十四日為限，並明示其可否、准與不准之確證。

6. 對其直接部下人事之庸劣，調職報告應提前核示。

7. 經費應用者應速決。

8. 對業務發展與調整之意見應重視速決。

9. 負責。

10. 將領物望之養成與部隊團結自信心之養成。

11. 黨政上下關係、連帶責任與連坐法。

六月二十三日　星期日　氣候：晴

雪恥：一、昨日共匪對我金門各島砲擊至一千八百餘發之多，其對小金門之射擊最多，該島全被砲煙所籠罩，應加防備其對金門有所行動也。

朝課後記事，上午召見胡璉談其調職事，彼有很多改正現在制度意見，甚可採取。復見岳軍，商談黃振〔鎮〕球調職事畢，禮拜回，記上周反省錄與本周工作表。午課後追記再上周反省錄，對共匪內容之研究頗有心得。批閱要

公數件後，召見黃杰，觀察其對調職心理，仍不免有過去之舊習，不願任衛戍司令也，續見張、黃[1]，決調黃[2]為衛戍總司令，如此此次重要問題完全解決矣。晡與妻散步至後公園，晚散步，讀詩，晚課。

六月二十四日　星期一　氣候：晴　風

雪恥：一、毛匪講詞之討論。二、暴動審判案判決文之審查。三、暴動經過與今後改正問題檢討案。四、各師長調職人事。五、對匪作戰之戰術全書之檢討會。

朝課後記事，聽報，美國新聞所載俄國基本問題論文，提及五年以後中共仍在大陸而不崩潰，則美國究將如何之問句殊值注意。上午入府，召集俞[3]院長等軍事有關幕僚首長與陳辭修等商討高級將領調職案，徵求同意後發表，並處理人事問題，批閱公文。午課後閱報，批示，研究毛匪講詞後，獨往後公園散步，晚觀影劇，晚課。

「蘇俄在中國」新著中、英文版皆於本日發行，自認為此乃平生一大事也。

六月二十五日　星期二　氣候：風

雪恥：一、戰地封鎖通行證放寬至十里以內的設計之無知等案之抄呈。二、衛生與宣傳應注重漫畫。三、不隨地吐痰之基本方法。四、暴動案之教訓：上下職責不明，對所部職責視為與本身無關的惡例。五、連坐法之普施。

1　張、黃即張羣、黃鎮球。
2　黃即黃杰。
3　俞即俞鴻鈞。

六、報告應速而並非卸責。七、覆文應定限期。八、警覺太差。八[1]、工作應集中重點並定程序。九、金門高級主官皆召來臺北之錯誤。

朝課後記事，審核心理作戰規程，十時入府會客，召見林鑄年[2]，可用之才也。一般會談研討暴動人犯判決稿，作最後核定，為胡璉、石覺等器量狹窄，彼此不平，甚為前途悲也。午課後，審閱毛匪處理矛盾詞完，乃知其不能在此時發表者，是完全為我「蘇俄在中國」書之先，以掩飾其「長期合作」之詐術也。

六月二十六日　星期三　氣候：晴

雪恥：昨晡至夜以颱風又傷風，故未外出散步，在寓閱讀四明山志，自雪竇寺至大小晦嶺節完，不能身遊而神遊其地，更使向往故鄉無已，竟令我不忍掩卷也。

本（廿六）日朝課後記事，十時主持總動員會報，對公務汽車集中修理與管制案交辦兩年，而行政院仍無結果，殊令人懊喪，面斥行政院主官與秘書長[3]不肯負責研究，毫無現代精神，證明美國人對我政府組織無能，形成車拉牛而牛不能推動車輛之譏諷也，可痛。午課後，續閱蘇俄政治局的政治作戰教典未完，晡教導叔銘任總長後對人事要領，散步回，入浴，觀影劇，晚課。

體重一二六磅。

1　原文如此。
2　林鑄年，號造宇，廣東花縣人。歷任南部防守區第三處處長、第二軍團助理參謀長等，時任第十軍參謀長。1957 年 7 月任第四十六師師長，1960 年 2 月調任陸軍總司令部編訓署署長。
3　陳慶瑜。

六月二十七日　星期四　氣候：陰晴

雪恥：一、對老黨員喪事令秘書處代送禮品或代吊。二、行政院長與省政府主席人選應作重新考慮（辭修、家淦、至柔、屬生[1]四員何人何職為宜）。

朝課後記事，閱報，入府召見沈怡[2]、陳訓畬〔念〕[3]、鄭南渭[4]、蔡孟堅[5]、邱才炳[6]等，與斯特次科[7]談烏克蘭反共形勢，甚覺興奮。批閱，午課後審閱柯克意見書，頗足參考，晡約史敦普夫婦茶點，見其態度不若過去之和愛，何耶。晚約史[8]與藍[9]夫婦便餐，甚覺措辭不易也，十時後客去，晚課。

六月二十八日　星期五　氣候：晴　晚雨

雪恥：一、約沈君怡再談。二、青年人才之物色。三、行政院與省政府同時改組與人選。四、史敦普此來態度，甚覺其不如從前之誠摯，可知此次臺北暴動案對外威望損傷非淺，其將何以補救耶。五、電約藍米茲[10]來臺敘別。

1　張屬生，字少武，河北樂亭人。1954 年 8 月，改任中國國民黨中央委員會秘書長。1959 年 3 月，出任駐日本大使。

2　沈怡，原名景清，字君怡，浙江嘉興人。曾任交通部政務次長、南京市市長。時任聯合國亞洲暨遠東經濟委員會防洪及水利資源開發局局長。1960 年回臺，出任交通部部長。

3　陳訓念，字叔兌，陳布雷之弟。1953 年出任中央通訊社總編輯，同年 4 月調任《中央日報》社長。時任中央通訊社香港分社主任。

4　鄭南渭，浙江定海人。1950 年至 1965 年任臺灣銀行研究員，期間並擔任英文《中國日報》社長兼總編輯。1965 年 10 月，調任行政院新聞局駐舊金山辦事處主任。

5　蔡孟堅，字侔天，江西萍鄉人。時為國民大會代表、經濟部顧問。1957 年 12 月，獲聘臺灣省政府顧問。

6　邱才炳，號烈陽，浙江黃巖人。原任海軍總司令部軍法處副處長，1957 年 7 月升任處長。

7　斯特次科（Yaroslav S. Stetsko），烏克蘭政治家、作家和納粹合作者。在 1941 年納粹德國入侵蘇聯期間，自封為獨立烏克蘭政府臨時首腦，反布爾什維克國家集團的領導人。

8　史即史敦普（Felix B. Stump）。

9　藍即藍欽（Karl L. Rankin）。

10　尼米旨（Lyman L. Lemnitzer），又譯藍米茲、藍勉志、李尼茲、尼米茲，美國陸軍將領，曾任第八軍團司令官，時任遠東司令部司令。

朝課後記事，與妻往送史敦普於其寓所，敘談約半小時，作別後往祝王雲五[1]
七十壽辰，入府召見柯克後，主持財經會談，聽取經援案之說明有益。午課
後，續閱俄政治作戰教典，晡約美空軍司令狄恩[2]與樂福林[3]顧問後，車遊一
匝，入浴，散步，晚課。

六月二十九日　星期六　氣候：晴　陰霧

雪恥：一、歷代名將與名臣言行錄。二、貞觀政要檢呈。三、約殷格索來
見。四、訓練與作戰對於惡劣氣候與夜暗之利用其行動隱秘與襲擊方法為中
心工作。五、海軍巡邏行動應注重午夜與拂曉以前。
朝課後記事，入府會客方豪[4]與王〔黃〕家城[5]等，主持軍事會談，聽取軍官
團組織案，與半年來敵我軍事戰鬥總報告後，指示今後軍隊缺點改正，及前
後任交代時，前任對後任應注重各點之明告等要領畢，召見胡璉與孟緝，訓
示頗詳，但覺疲乏異甚。午課後閱報，散步，晚觀影劇，國製片皆有進步，
晚課。

1　王雲五，字岫廬，籍貫廣東香山，生於上海。1949 年到臺灣，主持臺灣商務印書館。1954
　　年 8 月出任考試院副院長。1958 年 7 月調任行政院副院長，兼總統府臨時政治改革委
　　員會主任委員。
2　狄恩（Fred M. Dean），美國空軍將領，1957 年 3 月任太平洋空軍轄下第十三航空特遣
　　隊司令，8 月兼美軍顧問團空軍組組長。
3　樂福林（Joseph L. Laughlin），美國空軍軍官，1955 年 7 月至 1957 年 8 月任美軍顧問
　　團空軍組組長。
4　方豪，字杰人，浙江杭縣人。天主教神父、歷史學家。時任臺灣大學歷史學系教授。
5　黃家城，原名謙生，江蘇蘇州人。天主教神父、哲學家。時任法國芒什師範學校宗教
　　導師。

上星期反省錄

一、「蘇俄在中國」中、英文本皆已於星一日在國內外同時發行，法國出版商承購其法文版權已將訂約矣。

二、史敦普此次訪臺未如過去之誠摯也。

三、本周共匪自星一至星三連續猛烈砲擊我金門各島嶼，僅星一日對我小金門發射至九千餘發之多，此乃鷹廈鐵路通後，其後方運輸力量大增之表現也。

四、臺北暴動案判決罪犯從輕處治，如期發表，中外輿論翕服，皆無異詞，則此一大案可告結束。但此重大教訓與恥辱不知如何利用，以資我政治、外交之進步，國家因禍得福矣。

五、蘇俄政治局政治作戰教典，與毛匪處理內部矛盾講詞全文皆已審閱完畢，甚覺有益，而毛匪講詞之所以不能不急於十九日發表者，是其對我「蘇俄在中國」廿四日發行日期必須搶先一步，以其去年以來對尾巴黨派宣傳其「長期共存，互相監督」等騙術，行將為我本著第一編第三章第十四節中毛匪之函，所謂兩黨「長期合作」、「統一團結」，以及第十九節中毛派林彪[1]為代表，所謂「精誠合作，永遠團結」等匪話對照，以揭穿其騙局，故其不得已而搶先發表，以圖其文中之修改與彌補耳，可知我「蘇俄在中國」本著未在發表以前以戰勝共匪矣，此乃外界所不能料及，故仍不知其講詞為何要在此時發表耳。

1　林彪，原名育蓉，字陽春，湖北黃岡人。中華人民共和國成立後，先後任國務院副總理、中國共產黨中央委員會副主席、國防部部長、中共中央軍委第一副主席等職務。

六月三十日　星期日　氣候：晴

雪恥：一、作戰準備指導中心組之工作綱要與範圍之規定。二、剿匪戰法之研究。三、劉廉一[1]、胡獻羣[2]、唐守治、艾靉[3]之職務，戰略計畫委會與謀略委員會。四、劉廉一。

朝課後記事，聽讀杜勒斯對共匪不承認政策講稿全文，乃是一篇堅定明朗的罕見文字，此為五月廿四日臺北暴動案件以來，對美國檢討對共政策通商與承認的聲浪中一個霹靂，可以廓清疑雲矣。禮拜後，續閱蘇俄政治作戰教典完。午課後，批閱公文，召見叔銘、孟緝，指示其今後工作重點。晡獨往公園散步，似覺疲乏，晚觀影劇，晚課。

1　劉廉一，字德焱，號榮勳，湖南長沙人。1953 年 8 月奉命出任大陳防守區司令部司令，及江浙人民反共救國軍總司令部副總指揮。時任總統府參軍。
2　胡獻羣，字粹明，江西南昌人。1955 年 4 月調任總統府參軍。1955 年 12 月調任總司令部參謀長。1959 年 8 月升任國防部作戰參謀次長。
3　艾靉，號業榮，湖北武昌人。1956 年 4 月調任第二軍團副司令。1961 年 1 月調任陸軍軍官學校校長。

上月反省錄

一、「蘇俄在中國」新著廿四日在美國及國內同日發行，此為今後反共抗俄事業成功之先聲，乃討伐匪寇之檄文，不僅為三十餘年來對俄共經歷之紀要而已。出版以後，俄共皆無法辯駁，默無一言，而其美共同路人亦無法強辯指摘，其間如白懷得[1]等三人在報上雖有謬評，但其所指者皆正為我在書中所不願與反對之事，例如反對美國參加亞洲反共戰爭者，而白則指責為要其美國流血參戰之類，豈不自擊其頰乎，可笑之至。所可欣慰者，美國大部正派評語皆加讚許，而且英、法、日等皆即購商版權，在其各國承印出售，此雖皆一如預計，而實出於想象之上也，而其最大作用乃在抵消上月廿四日臺北暴動案發生後，美國一般反華倒蔣之逆轉情緒也。

二、月之廿八日杜勒斯在其舊金山發表反對共匪之積極講演，不僅掃清上月廿四日臺北事件在美之陰霾，而其對國際上反共政策又作一次之正式聲明，可以消除英國單獨解除對匪貿易之政治陰謀，實予共匪及其同路投機政客之當頭一棒也。

三、共匪北平醫學院黨委室在十七晨炸彈爆發前後，大陸各地學生與教授反共浪潮同時齊發，而毛匪又在十九日補發其二月間所謂處理人民內部矛盾之謬論，捏造修改，醜態畢露者，其實彼酋乃知我「蘇俄在中國」中所言者皆為其謬論者，已先彼而言，故其不能不在我出書期前先行發表，以掩其荒妄，然而其欲蓋彌彰，結果適得其反也。

四、俄以三潛艇售交埃及，另以驅逐二艦出黑海峽，經蘇彝士河而東航，顯使美、英引起在中東不安情緒，而其在倫敦裁軍會議亦入緊張攤牌階段矣。

1　白修德（Theodore White），又譯白懷得、白懷德，美國記者、歷史學家和小說家，抗戰時期曾任《時代》週刊記者在華採訪。

五、共匪廈門重砲自廿二日至廿四日之間猛射我小金門陣地，其至廿四日一小時內乃對小金門島發射至九千餘彈，但我所受損害極小，而士氣與自信心亦反增強矣，此乃自上月廿四日臺北事件後一個月間之重大紀念，自此其或為我反攻復國成功開始之轉機乎。

六、共匪以大陸上反共運動蜂起，乃即停止其縣級以下之整風運動，以暫維繫其基層幹部之恐怖心理，而其第四次偽人代會亦屢次展期，至廿六日方始開鑼，可知其政權動搖已有一觸即發之危機，豈其果能持久乎？

七、本月工作大部注重於臺北暴動案之結束問題上，其一為一日發表告人民書，其二為軍法審判人犯皆獲相當效果，故暴動案至本月末可說已近尾聲，但美使館仍瑣屑指摘與挑踢〔剔〕絡續不已，殊令人痛憤，惟此亦增加我對美外交經驗不淺也。

八、研究院聯戰第九期結業。

九、高級將領如期調職完成。

十、軍事哲學講詞之完成，反攻作戰準備中心組織綱要之核定，重看貞觀政要開始，定每日一篇，反共心理學大綱之核定，蘇俄政治作戰教程之閱完。

十一、美國對韓國停戰協定中運輸武器部門正式聲明其取消了。

七月

蔣中正日記
Chiang Kai-shek Diaries

民國四十六年七月

本月大事預定表

1. 機場、港口檢查行李之無標準，與不能適應客觀與對象，應嚴加改正（態度不良）。

2. 火車服務員、旅館侍應生不能親切服務。

3. 火車查票員之傲慢與官氣。

4. 觀光接待之引導機構及附屬設備：旅社、食堂、客車。

5. 教育加強體力，不應偏重考試測驗。

6. 青年不正當娛樂及其身心正常發展之活動。

7. 棒球隊等各種球類提倡之辦法與統計。

8. 八全大會日期之決定，雙十節？

9. 說士氣之講稿。

10. 行政院與省政府改組日期之決定。

11. 對大陸反共革命之心戰計畫。

七月一日　星期一　氣候：晴

雪恥：一、劉廉一、唐守治參加指導中心組參謀作業。二、與殷格索談話要旨：甲、反攻計畫共同作業之方式程序與組織，能提供具體意見。乙、中美海空聯合訓練應加強。丙、問其最近所見。三、約白鴻亮與叔銘會見。

四、決令君怡回國服務。五、交通部長人選。

朝課後準備講稿要旨，十時主持擴大紀念周（在國防大學），約講一小時餘，盡我心力矣。召見張柏亭指示其增補蘇俄政治作戰教典要旨後，回記事。午課後閱報，見君怡談其工作事。晡與妻散步，車遊，回入浴，閱報，晚課。

七月二日　星期二　氣候：晴

雪恥：一、訓練匪軍武器之操作課目加強。二、喬裝匪軍與我軍滲雜演習部隊與行軍落伍部隊之實施（每次演習），與偵察力之考驗及偵察方法之規定。三、假用匪軍各種旗號混入匪軍，以及假裝我軍旗號混入我軍或演習場附近之偵察。四、加強民防工作之具體辦法。五、加強軍禮及途中與街上官兵敬禮之課目。

朝課後記事，入府主持高級將領就職典禮與國父月會後，見殷格索將軍畢，主持宣傳會談，據報上周本著在美開始發行第一周已銷售一萬冊餘，私心竊慰，正合預期也。午約沈怡家聚餐，午課後，批閱公文約二小時後，散步，車遊，晚課。

七月三日　星期三　氣候：晴

雪恥：一、岳軍訪日的時期。二、君怡工作的決定。三、叔銘接待藍米旨之準備。

朝課後記事，上午主持中央常會，討論共匪整風運動情勢，第六組分析頗為扼要明晰，如何促成共匪加速崩潰是目前最大之任務也（政治、軍事、外

交、宣傳）。午課後，批閱公文後，接見美眾議員寇恩斯[1]氏後，入浴，閱報，與妻車遊一匝，膳後觀美製影劇，晚課後，廿三時半寢。

七月四日　星期四　氣候：晴　未刻雷雨

雪恥：一、「蘇俄在中國」出版之後，如半年內美國對我反攻大陸戰略再不表示其意見，則我當對其表示消極失望，將於明春辭去現職，交副總統依法繼任，引咎辭職。以既不願違反中美協定自動反攻，又不願違反民意永久孤守臺灣，有愧職責，無以慰人民拯救之望，故反攻無期，實無法靦顏居住，否則將徒為個人權位計也。

朝課後記事，上午到國防大學，聽取羅又倫等考察日本軍事報告，頗覺有益。正午宴客，午課後，批示對日考察報告書後，審閱美生活雜誌對本著之摘要，晡與妻散步車遊，晚觀影劇後，晚課，廿三時寢。

七月五日　星期五　氣候：晴　未刻大雨

雪恥：昨午在國防大學聽取對日考察團報告回後，聚餐時經兒提起俄共已於三日夜發表莫洛托夫[2]、馬林可夫、卡岡諾唯治[3]、謝比洛夫四酋已被革除其中央主席團之名，而以其國防部長朱可夫等提補其遺缺。余始誤「提補」二字為「逮捕」朱可夫，甚為差異，後經經兒說明朱可夫提補主席團遺

1　寇恩斯（Carroll D. Kearns），美國共和黨員，1947 年至 1963 年為眾議院議員（賓夕法尼亞州選出）。
2　莫洛托夫（Vyacheslav M. Molotov），蘇聯外交官，曾任部長會議第一副主席、外交部部長，時任駐蒙古大使。
3　卡岡諾唯治（Lazar M. Kaganovich），蘇聯政治家，曾任部長會議第一副主席。

缺而非逮捕，乃始了解，反以此為一普通之常事，是乃早已料及也。今後則只待赫魔如何處置朱可夫而已，否則須看朱可夫陸軍首腦乃如何來處治赫魯雪夫而已。赫魔利用軍閥達成其獨裁之目的，實為蘇俄造成軍國主義以替代其共產主義之唯一步驟，亦即為共產主義臨到最後關頭之徵兆。此乃余在四十二年史魔死時所言之，證明其不誤也。

七月六日　星期六　氣候：晴

雪恥：昨（五）日朝課，記事，上午入府會客，主持情報會談，介民[1]對共匪整風運動之用意與結果的報告頗有見地，應加研究。午課後審閱文件，以氣候不佳雷雨大作，因之藍勉志上將（美駐日統帥）座機不能降落，甚恐遭受不測為慮，以彼誠意特來臺辭別，返美轉任陸軍副參謀長，余認彼實為美陸軍中最有理性與希望有為之第一人也，後幸平安着落無險為慰。晚設宴款待，相談約一小時餘，甚為重要。晚課後廿三時寢。

本（六）日朝課後訪藍勉志作別，回聽報，上午巴拿馬大使[2]呈遞國書，召見司徒德[3]等四人後，主持軍事會談，聽取無職軍官等情形，及後勤預算管制手續等報告。午課後記昨日事畢，與妻車遊後，散步回寓。晚觀劇未畢而止，晚課。

1　鄭介民，原名庭炳，字耀全，廣東文昌人。1952 年 10 月，任中國國民黨中央委員會第二組主任。1954 年 8 月，任國家安全局局長。

2　韋嘉（Angel Vega Mendez），巴拿馬駐華大使兼駐香港總領事，1957 年 6 月 29 日到任，7 月 6 日呈遞國書，1960 年 10 月離任。

3　司徒德，字慎元，廣東恩平人。1948 年，當選立法院第一屆立法委員。1951 年，任聯合國安全理事會駐韓委員會定期職務，依法喪失其立法委員資格，註銷名籍，由候補人何適遞補。時任美軍遠東總部心戰處顧問。

上星期反省錄

一、藍勉志特應邀來臺辭別，是其對我個人之重視，以增強中美兩國間反共合作之關係自無疑義，但其對我蘇俄在中國新著閉口不提，其果故意裝呆，避免表示其對本著內容之意見，一如史登普者，殊足研究其心理所在。此其個人之事，而果為其政府整個之態度乎，此乃必然之事也。

二、俄共中央革除馬、莫、卡、雪[1]各酋名位舉世震驚，尤其美國發生更多幻想，以圖挽救危機，殊為可笑。此實一極平常之時，余在四十二年史魔死時之預期即其此時，俄共必將造成軍人專政，以取代其共產黨之專政也，今日赫魔憑藉朱可夫軍勢以建立其獨裁制，而實為其軍人專政鋪平道路也，赫魔與共黨已踏上其末日臨終之途矣。

三、共匪整風與清除中立分子已開其刀矣。

四、自上周起每午課後看貞觀政要一章。

本星期預定工作課目

1. 召見留美參大學生。

2. 召見軍法官、檢察官、記者。

3. 後備軍人會法令之製定。

4. 軍需工業與物力動員之法令與訓練。

5. 兵役法之解釋對里民會與社會教育。

6. 遊〔游〕擊戰術應先選多種退卻路線與逃避躲藏地形，以避敵人追擊與圍剿。

1　馬、莫、卡、雪即馬林可夫（G. M. Malenkov）、莫洛托夫（Vyacheslav M. Molotov）、卡岡諾唯治（Lazar M. Kaganovich）、謝彼洛夫（D. T. Shepilov）。

七月七日　星期日　氣候：晴

雪恥：今日是蘆溝橋日軍侵略戰爭二十年的紀念日，回憶往事，展望前途，只有興奮、絕無悲觀的心理，以四十年來始終在日、俄二強陰狠狂暴的挾攻之下，仍能百折不回，至今且與俄共孤軍奮鬥不懈，而並未為其所擊滅，並且愈戰愈強，自信其必能制勝俄共，完成復國救民之使命也。

朝課後即往後公園，由小盤谷底而上，巡視外圍一匝而回。朝膳後記事，為文孫留美學費籌交經兒準備也，禮拜如常，看貞觀政要。午課後記上周反省錄畢，閱報，研究俄共整肅形勢甚切。晡車遊，散步，入浴，膳後散步，晚課。

七月八日　星期一　氣候：晴

雪恥：一、電彥棻[1]轉英訪友。二、見孫科之子[2]。三、約見白鴻亮與王叔銘。四、對共匪盲射金門之用意。五、對新著出版後達成目的進行之程序，與愛克心理之研究。

朝課後記事，考慮世事，對於新的年日應有新的思想、生活、學術、行動、事業以產生新的生命之意，擬於「荒漠甘泉」新編第一日另著一篇，以期一般幹部閱後對於宗教與修養能有所悟而求進步也。上午在研究院，對青年夏令營訓話照相後回，對於美參議院裁軍報告書詳加研究，頗有所得，但心甚不安。午課後批閱公文，閱報，車遊碧潭，回入浴。晚觀影劇後晚課。

1　鄭彥棻，廣東順德人。1952 年 3 月，出任行政院政務委員兼僑務委員會委員長。10 月兼任中國國民黨中央委員會第三組主任。1960 年，調任司法行政部部長。

2　孫科，字哲生，廣東香山人。孫中山先生長子。歷任考試院副院長、行政院院長、立法院院長。1948 年 4 月離職前往香港，1949 年去美國。1950 年，遊歷巴黎、西班牙等地。1952 年，移居美國洛杉磯。其長子孫治平，1955 年取得美國加州州立大學政治經濟學碩士，長期旅居美國。1965 年，陪同父親孫科到臺灣定居。

七月九日　星期二　氣候：晴

雪恥：一、八全大會黨章與組織制度之改革應加考慮。二、美國所提禁止核子武器與空中視察案幾乎將亞洲除外，此其作用何在？應特別研究，只少其在亞洲對共產國家抱有準備一戰之意念乎？抑在先解決歐洲裁軍問題，而後再談亞洲乎？依照（七）日美參議院之報告書，其心理在亞洲作普通武器與使用核子（戰術）武器二問題，已引起其注重矣，此乃「蘇俄在中國」之效用，至少已發生其影響乎？

朝課，記事，入府會客，見孫治平，談其澳門故居取贖事，擬允其所稱，主持一般會談，有益。午課後批閱公文，指示反攻準備督導中心之組織甚詳。車遊山下一匝，入浴，膳後月下散步，至後公園上休憩，小築對月，獨憩為樂，回晚課。

七月十日　星期三　氣候：晴　夜雷雨

雪恥：一、「蘇俄在中國」發行之後，應即照書內所定戰略與政策，向美國積極進行推動的計畫，期其實現，自信此一戰略遲早必有實現之一日，但太遲則失時效，必須從速推動也。二、「慎其獨也」的「慎獨」，乃以「存誠主敬」的精神為之實踐。

朝課後記事，上午主持中央常會，研討共匪整風與俄共整肅莫、馬[1]等內容與影嚮〔響〕，皆甚有益，余認為赫魔利用朱可夫軍力支持其獨裁，已造成次一步俄共軍人專政及其黨權消滅之主因，但共產世界革命之思想與獨裁制度（極權）仍舊如前，或更變本加厲也。午課後批閱公文，閱報，約見白鴻亮等茶點。晚觀影劇，晚課。

1　莫、馬即莫洛托夫（Vyacheslav M. Molotov）、馬林可夫（G. M. Malenkov）。

七月十一日　星期四　氣候：晴

雪恥：昨夜風雨震雷以後，驟見霽月光風，心神欣快，如拂愁雲而見青天，甚願我反共復國之實現亦能如此耳。

一、近日心神為急謀反攻，援助大陸反共形勢，故對美國政策企求其從速改變與積極推動之心理亦益迫切，其實此為代天主張，無濟於事。今後惟有盡我心力，策動一切可能可行之事，但不能強求速效，徒勞無功，致失所望，須知謀事在人，成事在天耳。

朝課後記事，入府召見董熙[1]等八員，與岳軍、公超分別談話，甚覺美國外交之瑣碎無聊，不分敵友善惡，此其所以失敗耳。批閱，午課後修正講稿（說行政管理）。文孫來見，特賜其說文部目鈔本，令其赴美出國前領略中國文字之來源耳。

七月十二日　星期五　氣候：晴

雪恥：昨晡與妻車遊淡水道上，晚同散步於後公園，月下遊覽另有一種興趣也。晚課後廿二時半寢。

本（十二）日朝課後記事，入府見殷格索與劉玉章畢，主持財經會談，對於行政之理論與方法，茲闓[2]與家淦皆優於鴻鈞也。午課後批閱公文，審閱皮宗敢所提士氣資料，甚有益。晡車遊山下一匝，回入浴後，與妻等在後公園魚樂園池畔野餐，以雲濃蔽月失望，但夜景如常，仍徒步回寓，晚課。

1　董熙，號耀亭，察哈爾陽原人。時任陸軍總司令部副參謀長，1958 年 9 月調任臺灣警備總司令部副參謀長。

2　張茲闓，字麗門，廣東樂昌人。1950 年 4 月任財政部政務次長。1952 年任經濟部部長兼臺灣銀行董事長，1954 年卸任經濟部部長，仍任臺灣銀行董事長。

七月十三日　星期六　氣候：晴

雪恥：一、覆盧福寧[1]函。二、小金門與大擔砲戰部隊之獎勉。三、令美參大畢業生報告所得。四、廈匪冒射我軍之原因。五、黨政制度之修改。六、促成大陸反共革命形勢之研究及行動之準備。七、空散武器之計畫與效果。

朝課後記事，十時入府，見日眾議員中曾根[2]後，見緬甸華僑[3]畢，主持軍事會談，聽取設立國防大學研究系與陸軍大學之報告，徐培根[4]之思維總越出其本題範圍，所有想定皆出於理路也，聽取後勤戰力之報告，頗覺自慰。午課後批閱公文後，散步回，車遊。晚觀美製影劇後，晚課。

上星期反省錄

一、毛匪上周末突然在滬發現，可知上海反共形勢之嚴重，乃有非毛不能平息之勢，但毛亦決無法作根本之平息也。

二、俄酋赫魔在捷克大言不慚，其對狄托表示重修舊好，而對共匪暗中表示俄為其所累，且有將被中共榨乾之怨語，此其決非虛言，故共匪今後所謂工業建設必無法維持進行乃可斷言，而其農工商業之經濟崩潰亦將暴露無餘矣。

三、倫敦裁軍會議已臨末路之象。

1　盧福寧，浙江杭州人。時任第二軍團司令部參謀長，後調任駐美大使館武官。1962 年 3 月，任駐聯合國軍事代表團副團長。

2　中曾根康弘，日本政治家。1946 年作為眾議院議員進入日本國會，在自由民主黨中逐步上升，領導黨內一個中等派系 ── 中曾根派。1959 年在岸信介內閣中任科學技術廳長官。

3　緬甸華僑總會理事長陳洪安，及其秘書陳洪錦。

4　徐培根，字石城，浙江象山人。曾任航空學校校長、軍事委員會航空署署長等職。1951 年起任國防部作戰參謀次長。1954 年 8 月調任國防大學校校長。

四、美國對匪、對俄政策並無放鬆或轉變跡象，但其對我亦並未有積極援助可覓也，而藍欽等之態度亦只有變劣而且吹毛求疵，時形侮蔑之態，可痛。

本星期預定工作課目

1. 今後戰爭後方防務重要性（滲透與空降）。
2. 戰地情報實習之加強。
3. 民防部隊之組織，統一計畫之實施。
4. 官長對於新武器裝備之認識重要性。
5. 搜索－車運與徒步及各種工具之研究。
6. 美參大留學回國之總報告。
7. 冷藏器應由日本易貨。
8. 編訂大陸反共言行與共匪形態實錄。

七月十四日　星期日　氣候：晴

雪恥：一、近日對大陸反共人士及降共分子之被逼受審，與各學校師生之反共言行激昂情形觀之，政府既無赴援行動，對美又無法提出反攻之要求，殊不堪設想，何以為計。但大陸反共情緒決不能從此遏制熄滅，必將普遍發展，故今後反攻自必較易，此乃與昔日所想者無異，只要能積極準備，待機實施，甚覺時機突然來臨或比預期為速也。總之共匪今後之經濟益困，人心日渙，乃可斷言也。

本日七時卅分起床最宴〔晏〕，朝課後朝餐，聽報，獨往後公園外圍視察，

散步，禮拜，妻以有病未同行。審閱百將傳首序陳元素[1]，不知其文字所解也。記事，午課後審閱士氣資料二小時，車遊山下一匝，回入浴。晚散步，晚課。

七月十五日　星期一　氣候：晴　風

雪恥：一、召見梁序昭。二、海軍文人轉移與員額增加計畫。三、政府機關工作的制度、程序與效率的不注重，此其所以無能了。四、發展國際貿易：甲、增產。乙、外銷。五、掌握政策。六、研究發展。七、確立制度。八、注重程序。九、分層負責。十、注意動員。十一、掌握教育。十二、扶助民營工業，並嚴加監督與指導。十三、加強宣傳。十四、運用組織。

朝課後記事，記上周反省錄，上午在寓審閱士氣資料完，接見美國中小學教師考察團十餘人。午課後，手擬「說士氣」講稿要旨與目錄，認此為此時軍官教育最欠缺之最大弱點，故急謀補充也。晡車遊山下一匝，回入浴，觀影劇（攻擊），此為軍事教育最優之一片，應普遍放影，晚課。

七月十六日　星期二　氣候：晴

雪恥：一、各軍師之歷史及其過去之番號關連與戰役經過等之編冊。二、官兵在途中對友邦乘車將領旗應敬禮。三、士兵入營誓詞之製訂及老兵之補行宣誓。四、中國革命軍人之口號及英雄主義與自我犧牲精神之養成習性。

1　明代書畫家陳元素改編宋人張預所集《百將傳》為《名將傳》，及至明末黃道周等學者著斷而成《廣名將傳》。此書選錄周至明代名將一百七十餘人的傳記，述其事跡，評其功過，究其作戰得失，並加韻文斷贊，可做為了解古代軍事的一部入門書。清代與民國間均曾重刊重印。1959 年臺北中央文物供應社出版陳元素著《歷代名將傳》（廣百將傳），由蔣中正題序。

五、培養高度士氣為第一要務。六、冷藏應由日本易貨案購辦。

朝課後記事，入府召見臺北各報社報人卅餘名，談一小時，此為首次也。見安國[1]後，主持宣傳會談甚有益。正午為文孫餞行聚餐，午課後，重閱蘇俄士氣理論章畢，修正士氣目錄完。晡車遊回，入浴。晚審閱美國情報後，晚課。

七月十七日　星期三　氣候：晴

雪恥：一、美國防空大演習，全國上下實習至三日之久方畢，俄寇、共匪內部矛盾百出，其反覆無常、壓詐侵侮又如此其顯，而謂仍能避免大戰，達成其陰謀，則真無天理矣。近日每以美員挑踢〔剔〕瑣屑，以及愛克態度模棱，時生灰心，何哉？是乃信心不立之過也。無論事態如何變化，只要忍辱負重，沉機觀變，以盡我心，則三年之內如仍不能實施反攻如期復國，則決無此理，耐之哉。

朝課後記事，主持中央常會，指示今後對大陸促進反共革命之方針，與通過全代大會選舉法。午課後批閱公文，手批戰地政務綱要，閱報，晚課。

七月十八日　星期四　氣候：晴

雪恥：一、對大陸學生運動與指示其方針。二、全面結合與統一戰線的計畫。三、長江兩岸山上據點建立與機動據點之計畫。四、刻苦生活精神與工作之方案。五、倫敦裁軍與共匪關係之研究。六、反統戰計畫。七、反

1　戴安國，浙江吳興人。戴季陶之子，1951 年為復興航空共同創辦人。曾任農業教育電影公司總經理，時任中央電影公司董事長。

共救國會議。七[1]、警告美國再勿錯過機會。八、對右派之號召與聯系。九、第四十九師一四七團之嘉獎（火食辦理最好）。十、防空與民防演習及加強工作。

朝課後文孫來辭別，余乃領其散步至小盤谷下，在瀑布前照相兩張，盤桓而回，故未記昨日事，教其在校以守紀律為第一要事。入府會客後，主持情報會談，指示大陸工作新方針。午課後記事畢，見美報人狄克生[2]，又見洛克番樂第三[3]畢，車遊與散步，晚觀影劇（不防備的一剎那），晚課。

七月十九日　星期五　氣候：晴

雪恥：昨晚得報悉「蘇俄在中國」英文版第二版已在美國售罄，版商要求速印第三版以應讀者，勿使向隅。至於改正文字與增補章節，只可待至第四版矣。私心欣慰，幾不成寐。

本晨朝課後記事，九時出發，乘機飛新竹，參觀飛彈裝發操演一小時半畢，美第十三航空司令[4]為余夫妻講解甚詳，其複雜繁重異甚，惟已能獲悉其使用之大略矣，此亦為新兵器中第一次所見之一也。正午回審閱講稿，午課後批閱公文，其中有二件最難索解，令人腦昏心憂，辭修與岳軍皆不能體諒年老暑熱，而猶以為充其字紙籃也，奈何。晡散步腦暈，乃乘車而回，此為第一次之現象也。晚與妻車遊至中山橋，心神漸鬆，回晚課。

1　原文如此。
2　狄克生（Raymond E. Dix），又譯狄克斯，美國俄亥州狄克生報系發行人。
3　洛克番樂第三（John D. Rockefeller III），又譯洛克斐勒，時為美國總統特別助理。
4　狄恩（Fred M. Dean）。

七月二十日　星期六　氣候：晴　溫度：八十八

雪恥：一、情報局大陸工作之發展如何。二、陸軍裝備必須與日、韓同等。三、裝甲部隊之裝備補充及陸軍航空飛機與直升機之要求。四、逆來順受，勿忘勿助箴。

朝課後記事，入府會客美楊格[1]、西德佩赫爾[2]、澳門記者團與陳劍如等，又見拳擊團十餘人畢，主持軍事會談。午課後讀貞觀政要至虞世南與李績二篇，修正講稿行政管理一節。經兒來見，明日彼巡視橫斷公路工程，約須一星期歸來也。車遊山下一匝，晚觀影劇後晚課。

上星期反省錄

一、美國宣布六個月內裁減軍隊十萬人，何耶。

二、美全國大演習（防空）與不斷試炸原子彈，如不作戰則何為也。

三、對大陸反共形勢之樂觀，但憶及美國之幼稚，尤其無視大陸同胞之慘禍與共匪之敗象，而專以防制我單獨反攻之情態，則又不能不令人疑懼矣，奈何，天乎？

四、文孫十八日起程赴美留學。

五、說士氣講稿要旨擬定。

六、召見臺北報人卅餘位與軍法官十餘人，以嘉勉其對平息暴動事件與審判之公平也。

七、美國已准有限記者赴大陸採訪矣。

1　楊格（Herrick B. Young），又譯楊海格，時為美國俄亥俄州牛津市西方女子學院院長。

2　佩赫爾（Jürgen Pechel），西德布利門等電視廣播公司記者，1948 年至 1953 年任聯合國通訊員，後外派南美洲。

本星期預定工作課目

1. 新聞毀謗條例之催製（書報登記法）。

2. 約健中見。

3. 與殷格索話別。

4. 陸軍裝備之飛機與裝甲車。

5. 年中陸軍檢閱定例。

6. 呈報與批示限期規定之明令。

7. 剿匪戰術全書之研究辦法。

8. 海軍巡邏應在午夜與拂曉前。

9. 臺藉〔籍〕士兵情感與團隊精神之加強工作。

10. 政工對官兵的生活領導為第一工作，對於小組會議與報表表冊應盡量減少。

七月二十一日　星期日　氣候：晴　溫度：九十
地點：陽明山

雪恥：一、本黨體制與組織之專門小組，以參考美、英、德與日本體制為主要資料。二、黨部工作人員退休制。三、將領物望之養成，與部隊團結之自信心。四、上下連帶關係之連坐法。

朝課後朝膳畢，獨自散步於小盤谷泓瀧上下，視察新築之工程後，回記事，往管理局禮拜。午課後記上月反省錄，頗覺自慰，閱貞觀政要馬周[1]章。晡車遊，散步，檢討明日閱兵人員與車輛次序，甚費心力，仍多錯失，可知幹部無知為惜。晚觀影劇，晚課。

1　馬周（601-648），字賓王，隋唐博州茌平人（今屬山東）。輔佐唐太宗，任監察御史、中書令。辦事周密，尤擅言辭，為時人稱頌。

七月二十二日　星期一　氣候：晴

雪恥：一、匪俄最近經濟合作形勢變化之研究。二、反共會議之研究得失。三、反統戰計畫之指示。四、刻苦生活與克難精神。五、俄共關閉海孫崴港口之注意。

朝課後朝膳畢，今日第一次改着翻領新軍服，十時到龍潭舉行本年度年中陸軍總校閱，以場地所限，只集合二萬餘人。典禮完畢後，召見美高級顧問八員，約談一小時，再對團長以上官長點名訓話畢，聚餐後與屬生同車回臺北。午課後記事與上周反省錄，晡散步，晚約宴狄恩後，晚課。

七月二十三日　星期二　氣候：晴　溫度：九十

雪恥：一、召見周培德〔德偉〕[1]稅務司，問成蓬一[2]、孫玉麟〔琳〕[3]與陳列〔程烈〕[4]等人行動。二、獎勵對皮作瓊[5]案之檢察官。三、電影廠嚴令合併。四、研器進口與高麗參案之追究。五、為胡適住所之準備。六、立夫[6]

1　周德偉，字子若，湖南長沙人。1950 年至 1968 年擔任財政部關務署署長，並在臺灣大學、政治大學兼任教授。1955 年 2 月兼任行政院外匯貿易審議委員會副主任委員，致力於外匯貿易改革方案。
2　成蓬一，熱河寧城人。曾任軍政部第七會計處處長、熱河省會計長、熱河省政府委員。1948 年在熱河省選區當選第一屆立法委員，1949 年隨政府來臺。
3　孫玉琳，號雨零，南京人。曾任南京市參議會參議員、監察院閩臺行署委員，時為監察委員。
4　程烈，字鵬飛。安徽巢縣人，落籍吉林。1948 年在吉林省選區當選第一屆立法委員。來臺後，歷任中國國民黨中央黨部設計考核委員、政策委員、黨務顧問、中央評議委員。
5　皮作瓊，湖南沅江人。1948 年 7 月，任國民政府銓敘部政務次長。1951 年 9 月，以林業專家身分就任臺灣省林產管理局局長之職，1956 年 8 月涉嫌盜賣軍用品暨配材集體舞弊案，去職入獄。
6　陳立夫，名祖燕，字立夫，以字行，浙江吳興人。1949 年 6 月至 1950 年 3 月任行政院政務委員，1950 年 8 月任中國國民黨中央評議委員。同時，以參加道德重整會議名義，帶全家離開臺灣，定居美國。

任聯大代表。七、中華毛紡廠主陳能才[1]之暴發財戶查報。

朝課後記事，入府見美哥侖比亞廣播記者[2]，談卅分時，見出國童子軍代表十餘人，召見劉安祺、袁樸後，與胡健中談話，聽其報告有益，復見公超談對星嘉坡政策，補助其獨立之計畫。今後南洋黨務應以星島為中心，而馬來民族之排華無法成為據點也。

七月二十四日　星期三　氣候：晴　溫度：九十

雪恥：昨午課後記上周反省錄，閱貞觀政要求諫篇二章，甚有益。晡約土耳其代辦[3]與巴拿馬大使[4]茶點餞別也，審核行政管理方法講稿後，車遊山下一匝，晚課，閱報。

朝課後記事，上午主持中央常會，解決駐外金融機構與本黨當地黨務之聯繫與運用方針。午課前後，審定戰地政務主要工具之講稿，及審查本年度各軍事機構部隊校閱之成績評定案。晡審核講稿後，入浴，車遊，晚觀影劇後，晚課。

1　陳能才，浙江定海人。曾任上海中華煤油公司總經理、上海華威銀行董事長兼總經理、中國皮鞋公司董事長。到臺灣後，創設中華毛紡織廠股份有限公司，任董事長兼總經理。
2　美國哥倫比亞廣播公司遠東區新任主任卡立薩（Peter Kalischer）、新聞部主任戴約翰，及美國合眾國際社駐臺分社主任勃朗（Cecil Brown）。
3　安勒（Hikmet Hayri Anlı），土耳其駐華參事銜臨時代辦，1955 年 5 月 29 日到任，1957 年 8 月離任。
4　芝蘭（Mario E. Guillen），巴拿馬政治家、外交官，曾任駐上海總領事（未到任）、駐華公使，1954 年 7 月升大使，1957 年 7 月離任。

七月二十五日　星期四　氣候：晴　溫度：九十

雪恥：一、省府改組與經濟部人事之決定。二、中央銀行總裁人選。三、考選部長人選。四、設置本黨體制研究會。五、設置公務處理的經濟有效委員會。六、經濟機構統一之方案實施。七、臺省自動繳稅守法精神之加強。八、物理學教授之培植。

朝課後記事，入府見殷格索，約談一小時後，見周彼德〔德偉〕稅務司與趙家驤、黃毓峻等後，與公超、岳軍談話，批閱公文。午課前後，修改講稿為「五二四」事件的反省與警覺篇後，散步。晚宴殷格索餞別與歡迎竇意爾[1]將軍，相談頗得，晚課，車遊。

七月二十六日　星期五　氣候：晴　溫度：八十八

雪恥：一、澎湖駐軍作戰指揮歸該防衛部，而其督訓歸第二軍團。二、廈門街之金門駐軍辦事處伙伕與傳令兵為還債同死案之查究。三、化學兵訓練班。四、反空降作戰之訓練與演習。五、原子防護演習計畫。六、反共康樂與藝術演劇等之加強。七、雷達網與訓練人才及技術水準之加強與培植人才計畫。

朝課後記事，入府見日本議員木島等四員[2]後，主持財經會談，聽取銀行貨幣流動方向及其資產與負債關係的理論，以及國民所得統計數字有益，又聞立法與監察委員包攬訟案與走私案，不勝痛憤。午課後修正前講稿，晡車遊淡水道上，稻穀已收割完成，本年前期誠五穀豐登之年，不勝感謝上帝保佑。晚讀詩，核稿，未入浴，晚課。

1　竇意爾（Austin K. Doyle），又譯竇亦樂、陶亦樂、杜亦樂，美軍協防臺灣司令部司令。
2　日本參議員木島虎藏、山下義信、西岡春、宮城珠代。

七月二十七日　星期六　氣候：晴

雪恥：一、黨政軍聯合作戰綱要之審核。二、革命時期的幹部，必須要有應變的精神與習性，亦就是要有革命戰鬥的精神，因此必須有警覺、有準備、有決鬥的習性，而其主義的理論、思想、紀律、知識、學術、職權、本分與責任，以及堅強而不可動搖的意志，皆為革命幹部必須具備的條件。三、根究浴場請客人員。

朝課，記事，入府會客，召見王未之[1]等，主持軍事會談，聽取美援政策變化的報告後，與王、彭[2]談人事問題。午課後主持研究院院務會議，晡車遊。晚觀影劇東非洲毛毛問題的形成[3]後，晚課，十二時前寢。

上星期反省錄

一、共匪報稱青海反共暴動已經平服，可知此次青海革命行動之猛烈也。

二、匪報閩省反共組織之展開。

三、匪報槍決記者黃〔王〕洪江，其在獄中仍遍貼反共標語，不為所屈，此乃共匪末日已臨之明證，其對投共分子如黃紹竑〔竑〕[4]等，亦清算其舊日捕殺共黨等老賬開始矣。

四、倫敦裁軍會議已臨攤牌前夕，而俄共對西德裝備原子之恐怖，已在其布

1　王未之，字維止，浙江奉化人。原任國防部預算局副局長，8 月調任陸軍供應部經理署署長。1962 年 7 月聯合勤務總司令部財務署署長。

2　王、彭即王叔銘、彭孟緝。

3　片名「毛毛喋血記」（*Something of Value*），1957 年 5 月 10 日在美國上映，劇情描述毛毛族人發動兇暴的戰爭反抗殖民地政府時，一對黑白好友不得不基於他們的種族立場而發生矛盾。

4　黃紹竑，又名紹雄，字季寬，廣西容縣人。1949 年 4 月為政府和平談判代表團代表。8 月 13 日通電脫離政府。9 月應邀出席政治協商會議第一次全體會議。中華人民共和國成立後，加入新政府。

魔[1] 致英揆函中暴露無遺。

五、俄共關閉海孫崴，宣布其附近海面為其關閉之區域。

六、本年度年中校閱自本周開始矣。

本星期預定工作課目

1. 胡適住所之準備。

2. 立夫任聯大代表。

3. 檢舉皮[2]案之檢察官召見。

4. 召見周德偉。

5. 校閱海空軍。

6. 行政公務處理的效率委員會。

7. 自動繳稅良風之恢復計畫。

8. 陳能才暴發財戶（中華毛紡廠）注意。

9. 政府法令整理委會工作之效果。

七月二十八日　星期日　氣候：晴　溫度：八十九

雪恥：一、召見周至柔。二、改組省政府。三、籌劃增加待遇經費。四、軍官特別借貸處之設置。五、軍眷窮困情形之查報。

朝課後用膳，聽報畢，散步至小盤谷，擬改名小隱潭也。回後記事，到管理局禮拜，午課前後專心修改前講稿（「五二四」事件），另增第四、第五

---

1 布里茲涅夫（Leonid Brezhnev），蘇聯政治家，共產黨中央主席團委員。
2 皮即皮作瓊。

兩項，全部手草，頗費心力。武[1]、勇二孫來見，晡與其散步後，車遊山下一匝。晚觀影劇，美製「蕩婦皇后」，內容與演藝甚佳，晚課後十一時寢。

七月二十九日　星期一　氣候：晴　溫度：八十八
地點：高雄澄清樓

雪恥：一、民防工作人員手冊之編印。二、美政府要求民防工作人員手冊之譯印。

五時一刻起床，盥洗後朝操畢，方黎明。朝課後膳畢，七時出發，八時前起飛，到岡山轉臺南機場，舉行空軍總校閱後，召見顧問四員，對上校以上將領點名訓話，聚餐後，到高雄澄清樓駐節。入浴，休息，午課，記事，記上周反省錄，與經兒遊覽大貝湖，特至新招待所預建場址視察，風景尚佳。晚至柔與劉乙光[2]分別召見，決令至柔為臺省主席也。海濱散步後，晚課。

七月三十日　星期二　氣候：晴

雪恥：一、說恐怖。二、說憤怒。三、說愛國。四、說統一與分裂的內心。

朝課後往海濱散步，巡視海水浴場，每日自七時起民眾即開始游泳也，並至石覺舊寓視察後，回樓朝餐，記事。十時到左營校閱海軍閱兵典禮畢，召見海軍副司令[3]等及顧問畢，接見新馬工商訪問團，並邀其參加聚餐，對

1　蔣孝武，字愛理，為蔣經國和蔣方良次子，生於重慶，1949 年隨家庭來臺。
2　劉乙光，原名書之，字乙光，湖南永興人。1937 年出任軍統局直屬的張學良管理處主任，負責監管張學良。1952 年任保密局組長，一直繼續擔任張學良的看守總管。
3　海軍總司令部副總司令黎玉璽。

將領點名訓話，聚餐後即由岡山飛回臺北。入浴後午課，批閱公文，增修「蘇俄在中國」西安事變一節中王匪炳南[1]有關之語。晚膳前後散步，車遊，晚課。

七月三十一日　星期三　氣候：晴　溫度：九十二
地點：陽明山

雪恥：一、公廉服務銀行之設立。二、土地銀行設公廉服務部。三、社會與警察。

菜根譚：居安常操一心，以慮患（警覺）處變，當堅百忍以圖成（持志）。

朝課後記事，上午主持中央總動員會報，指示臺北市政建設之順序甚多。午課前後，審修「五二四」案講稿。晡車遊回，入浴，晚觀影劇，林白[2]飛行大西洋歷史片，甚覺乾臊〔燥〕無趣，中止後晚課，廿三時寢。

1　王炳南，陝西乾縣人。參與中華人民共和國外交部的籌建工作，任外交部辦公廳主任、部長助理等職。1954 年擔任中共日內瓦會議代表團秘書長，次年出任駐波蘭大使。在擔任駐波蘭大使期間，受命秘密與美國開展接觸，擔任中美大使級會談中方首席代表。1964 年，奉調回國，出任外交部副部長。

2　林白（Charles A. Lindbergh, 1902-1974），於 1927 年駕駛單翼飛機聖路易斯精神號，從紐約市羅斯福飛行場橫跨大西洋飛至巴黎勒布爾熱機場，成為歷史上首位完成單人不著陸飛行橫跨大西洋的人。

上月反省錄

一、毛匪本定二十一日訪問波蘭，現竟不能如期履行，可知大陸反共情勢之
　　嚴重，已到毛匪不敢行動之危境了。

二、毛匪月初到滬親自處置「反右派」鬥爭。

三、共匪宣布青海智識分子有組織的暴動，以閩、粵、桂、湘、川各省之反
　　共與殺斃匪幹及地主「倒算」案件層出不窮。

五[1]、記者王洪江在獄中仍寫反共標語，寧死不屈，乃被匪槍決。

六、共匪對靠攏投匪份子黃紹竑〔竑〕、龍雲[2]、張軫[3]、羅翼羣[4]等繼續追
　　擊不已，對章、羅[5]等鬥爭不已，而其共黨黨員與青年團員皆公開反
　　共，平、津、京、滬、陝、晉、渝、漢、哈爾濱、長春、大連各大專校
　　多為右派勢力把持，故其非用公開鎮壓，無法收拾此一險惡形勢。可知
　　大陸反共革命已至成熟階段，只待國軍反攻一舉，即可使共匪偽政權崩
　　潰，今日問題全在美國對華政策能否及時醒悟轉變，以不反對我反攻耳。

七、今後共匪所謂經濟建設，既不能獲得俄共如約援助，而且赫魯雪夫有

1　原文如此。

2　龍雲，字志舟，雲南恩安人。1928 年任雲南省主席，主政雲南十七年。1945 年 10 月
　　在重慶就任軍事參議院院長，1946 年在南京就任戰略顧問委員會副主任。1948 年 12
　　月從南京飛赴廣州，轉香港居住。1949 年從香港赴北京，加入中共新政府。

3　張軫，字翼三，河南羅山人。1948 年 7 月，任華中剿匪總司令部副總司令、第十九兵
　　團司令官，8 月任河南省政府主席。1949 年 1 月，任華中軍政長官公署副長官，兼第
　　一二八軍軍長，5 月率部在武昌投共。所部編為解放軍第五十一軍，任軍長。1957 年，
　　被劃為「右派」。

4　羅翼羣，原名道賢，字逸塵，廣東興寧人。1949 年被選為中國國民黨革命委員會中央
　　委員，歷任廣東省文史館館員、廣東省人民委員會參事室副主任、全國政協委員、廣
　　東省政協常委等職。1957 年夏，被劃為右派分子；在文化大革命中，又遭迫害。

5　章、羅即章伯鈞、羅隆基。章伯鈞，中國民主同盟和中國農工民主黨的創始人和領導
　　人之一，中華人民共和國交通部部長，《光明日報》社社長。1957 年 6 月 8 日成為中
　　國頭號資產階級「右派分子」。羅隆基，字努生，中華人民共和國成立後曾擔任民盟
　　中央副主席、全國政協常務委員和全國人大常委會委員等職務，反右運動開始後被打
　　倒，有中國第二號「右派」之稱。

「俄將為毛共榨乾」之怨言，其對西方民主國家所謂取消禁運者，亦無現款與物資可以交易。尤其在大陸如此天災人禍中實已剝削盡極，更不能進行建設，而其本身龐大軍隊及其黨、政、警、經無限之開發更難持久。如此惡貫滿盈空虛大物，即不說天怒人怨、倒行逆施必亡之理，而其本身實已陷入自殺絕境矣。

八、七月三日晚俄共宣布革除莫、馬等要職，其結果為其陸軍朱可夫支持赫魯雪夫，總算徼幸的赫酋獲得勝利，但其內訌惡鬥從此乃始開頭，赫酋如不為朱清算，則其必先清算朱酋，不過時間問題。

九、俄宣布海參崴港口附近完全關閉，此一消息不可忽視也。

十、共匪在月杪對日本政府竭力反對，肆其毒罵。

十一、關於倫敦裁軍會議：甲、俄布[1]致英相函，要求西方不在西德裝配原子武器。乙、美、英、法、德四國廿九日柏林宣言，拒絕俄以德國中立換取統一之要求，美提出各種空中偵察圖案。丙、杜勒斯稱一個有關共匪的某些問題為假定的基礎，而不允共匪為參加裁軍協定之一造是可能的，若無共匪遵守協定之保證，則美必拒絕簽此協定。丁、美對裁軍方針反對完全禁用原子武器，其最大原因是為亞洲防務也。美國此一政策不僅有關裁軍會議之成敗，而其對我反攻計畫實現之遲速實有重大影響，應切加注意。戊、美國宣布六個月內裁減十萬名兵額。己、美舉行全國防空演習，又不斷爆炸原子彈試驗。

十二、七月間本身工作：甲、年中總校閱完畢。乙、行政管理與戰地政務講稿修成。丙、「五二四」案自反與警悟講稿付印。丁、本月清理重要積案，如黨政軍聯戰之戰地政務綱要等，以及對黨政軍重要業務之指示頗多，惟心身尚健為慰。

1　布即布里茲涅夫（Leonid Brezhnev）。

八月

蔣中正日記
Chiang Kai-shek Diaries

蔣中正日記
Chiang Kai-shek Diaries

民國四十六年八月

本月大事預定表

1. 公務處理的經濟效率委會之組織。

2. 軍友服務銀行之發起。

3. 外交人員任期之規定與調職。

4. 本黨體制研究組。

5. 軍人特貸處之籌設。

6. 軍眷窮困分級調查計畫。

八月一日　星期四　氣候：晴　溫度：九十一

雪恥：一、倫敦裁軍會議，東西兩方皆不提遠東地區裁軍有關問題，其內容與意義應特別研究。二、連坐法之修正。

朝課後續修「五二四」案講稿，上午入府，約見美百萬人拒匪入聯合國委員會秘書李勃曼[1]君後，召見林鑄年、劉修進〔政〕[2]、項成豪[3]，皆有用之才，

1　李勃曼（Marvin Liebman），又譯李勃門，美國政治活動者，百萬人民反對中共進入聯合國委員會執行秘書。

2　劉修政，號岳翰，湖南岳陽人。1956 年 1 月調任第四十六師砲兵指揮官，3 月入美國指揮參謀大學受訓一年。1957 年任第六十八師副師長。1959 年任國防部作戰處處長。

3　項成豪，湖北雲夢人。1956 年 2 月任第一軍司令部聯絡組主任聯絡官。1957 年 3 月調任第一軍團司令部第二處副處長，7 月調任陸軍參謀學校教官。

與馬繼援[1]談其朝聖經過情形。午課後批閱公文,至日本舊軍人今井武夫[2]對我書評中,以俄共統制大陸乃是喜劇,亦是悲劇等惡言,不勝感慨,可知其舊軍人毫未改變其侵華惡劣心理也。閱報,入浴,散步,晚觀國製影劇,極不藝術也,晚課。

八月二日　星期五　氣候:晴　未刻與黃昏雨

雪恥:一、美之東南亞大使會議本定九月中旬在臺北集會,現忽延展至明年三月,惟其副國務卿哈達[3]仍照原定日期訪臺。二、電詢魯斯與前紐約州長[4]來臺事。三、葉[5]仍應參加本屆聯合國大會。四、情報局工作。

朝課後記事,上午在研究院主持情報會談,聽取倫敦裁軍會議經過與美、俄鬥爭方針。午課後批閱公文,審閱士氣資料(中國部分),與公超談協助林有福[6]在新嘉坡選舉事。晡散步,車遊,妻身體痿〔瘦〕弱,心神消沉為慮。晚讀詩,晚課。

---

1 馬繼援,字少香,經名努日,原籍甘肅河州,生於青海湟中。馬步芳之子。歷任第八十二軍副軍長、軍長、青海省政府委員。時任國民大會代表。6 月奉派與李廷弼、時甲、海維量、賀德麟等五人參加本年回教朝觀大典並訪問巴基斯坦。
2 今井武夫,日本軍人,1944 年 10 月初任中國派遣軍副總參謀長。次年 8 月日本投降後代表日方接洽投降事宜,9 月參加日軍投降簽字儀式。1960 年代,撰寫戰爭回憶錄《今井武夫回憶錄》等。
3 赫塔(Christian A. Herter),又譯哈達、哈腕、赫特、哈太,美國政治家,1953 年 1 月至 1957 年 1 月任麻薩諸塞州州長,1957 年 2 月至 1959 年 4 月任國務次卿。
4 前紐約州州長即杜威(Thomas E. Dewey)。
5 葉即葉公超。
6 林有福,新加坡華裔,1954 年與大衛馬紹爾等合組勞工陣線。1955 年出任勞工及福利部部長。1956 年出任第二任新加坡首席部長。1959 年成立人民聯盟,在大選中重挫,6 月卸任首席部長,淡出政壇。

八月三日　星期六　氣候：晴　下午雷雨

雪恥：一、教習要領：甲、使受教者對其研究之問題先認識。乙、搜集資料。丙、解決問題。丁、啟發式。戊、運用思想。二、訓練手冊之製訂。三、自訂操典之準備。四、一般參謀業務之輪調實習，使之能密切協調合作。五、原子彈發射之要領：甲、目標。乙、情報。丙、後勤。丁、性能。戊、發射方法。己、利用原子武器之指參順序。庚、攻（與）防戰術。

朝課後記事，入府主國父月會後，軍事會談二小時。午課後閱菜根譚，審閱士氣資料第二部分後，見美國教育旅行團，晚約宴比爾[1]牧師後，晚課。

上星期反省錄

一、美國實際裁軍工作及其方針之研究：甲、六個月內裁軍十萬。乙、空軍戰術部隊在國內外者皆大量裁撤。丙、要求韓國裁減軍隊。丁、駐日美陸軍全部撤退。

二、杜勒斯親赴倫敦，提出空中視察各種不同計畫，其惟防制俄共空襲為第一急務，此乃夢想，抑或以此對俄作最後一次之試探，以表示美國之真誠乎。

三、近來夫人以身體瘠弱，常出消極倦世言語，不勝為之憂慮。

四、精神力量之大乃是無窮無限的，嘗思「精神不死」與「身體可殺而精神不可殺」之格言，為之振奮無已。

1　比爾（L. Nelson Bell），漢名鍾愛華，美國美南長老會傳教士，1916 年到 1941 年在中國傳教。

本星期預定工作課目

1. 約雷[1]來臺。

2. 與王、彭[2]談師長人選事。

3. 與王[3]商對美交涉軍援事。

4. 電東原[4]問美、韓裁軍內容。

5. 發希聖款。

6. 巡視金門、馬祖。

7. 改組經濟安定會與人選。

8. 考選部長陳雪屏。

9. 省府改組。

10. 國防會議秘書長由黃達雲兼。

11. 軍眷窮困實況分別程度調查表。

12. 刻苦生活與克難精神之提倡。

八月四日　星期日　氣候：晴　溫度：八十二　申刻雷雨

雪恥：一、生命是永久的，軀體是暫時的。軀體的生命是自然的生命，而不是靈性的生命。自然的生命是有限的，即有死亡的，亦可說是物質的。而靈性的生命是屬天的，其生也由天，其死也歸天，乃歸宿於天命。在宗教而言，即回返於上帝的天堂－老家，此即人生如旅客之謂，故對死並無可怖，而且是只有安樂幸運。古人所謂如遊子之還鄉，是表示其人生惟一之快事，亦為人生最大最後之希望，故只要「死得其所」，是為正命，何懼之有。何

1　雷德福（Arthur W. Radford）。
2　王、彭即王叔銘、彭孟緝。
3　王即王叔銘。
4　王東原，名修墉，安徽全椒人。時任駐韓國大使，1951 年 10 月到任，1961 年 1 月離任。

況軀體之人生必有一死，當死即死，豈有留戀與遲疑之足言乎。

朝、午、晚各課如常，上午遊憩散步，經兒來談，禮拜，聽比爾講道。下午閱貞觀政要直諫章，記上周反省錄。

八月五日　星期一　氣候：晴　晡雨　溫度：八十五

雪恥：昨晡與妻視察南港中央研究院，如此重大機關，星期日寂無一人管理，而其道路與庭院之惡劣毫不經營，此正表現中國高等學者與最高學術機構之無能無識，仍留住於十八世紀以前名士生活之一般也，而且四個月以前已親往指示，至今仍無效用，豈不可歎，乃又引起我對民族前途之悲觀矣，奈何，奈何。晚觀影劇後晚課，廿三時寢。

朝課後記事，九時半到研究院，召見屬生、岳軍、辭修，指示省府改組與人事後，主持黨政軍聯戰班第十期開學典禮，朗誦「五二四」案講稿後，再致沉重雪恥圖強之訓詞畢，與序昭談海軍內部事，促其注重消弭畛域為第一要務。午課前後批閱公文。

八月六日　星期二　氣候：晴　溫度：八十四

雪恥：昨閱赫爾利[1]來函及其致美軍史政局長[2]二函稿，對中國戰區與緬甸戰事力駁其不實各情，殊為感慨，惟赫誠主張公理與正義之美國典型之外交家也。又閱共匪廣播，對於反右派鬥爭情形中，揭露其匪黨黨員之反黨及一般青年

1　赫爾利（Patrick J. Hurley），又譯哈雷、赫雷，美國外交官，曾任戰爭部部長、羅斯福總統私人代表、駐華大使。
2　溫納克（Rudolph Winnacker），美國國防部史政局局長。

忍辱待機復其父仇之事實，不勝憂樂係之，憂則憂其反共分子恐從此被其鏟除盡淨耳。晡與妻車遊，晚續閱匪報後，晚課。

朝課後記事，入府與星馬考察團會談半小時後，與嚴[1]主席談話慰勉之，主持宣傳會談，聽取三報告皆甚有益，指示今後宣傳對美要領，頗詳。午課後閱貞觀政要一篇後，記上月反省錄，甚費心力。車遊，散步，晚課。

八月七日　星期三　氣候：晴　溫度：八十四

雪恥：一、生命與軀體自我之別，必須捨棄自我軀體，而後方能認識生命之真實意義也。二、反攻準備督導中心工作之檢討。三、促成大陸反共革命形勢之行動計畫。四、中國革命軍人之口號擬訂。五、英雄冒險主義與自我犧牲精神之提倡。六、研究發展即設計調查、考核組織之綜合工作（簡化與精確之重要）。七、民兵手冊之製訂與管訓教令。蘇俄軍事思想廿三章（五三）。

朝課後記事，上午與妻同到中央常會，聽取經兒報告反共救國青年團報告後，加以指示畢，對研究黨章修改方針加以指示：甲、總裁制。乙、黨天下。丙、放寬範圍等問題。特須切實檢討此一指示，或使研究者對修改方針乃有一正途之認識也，最後通過至柔為臺省政府主席案。

八月八日　星期四　氣候：晴

雪恥：一、歐洲騎士、日本武士道，與中國之志士及正氣歌與養氣章，應作為說士氣訓詞的主要資料。二、蘇俄在中國節略本之編製。

1　嚴即嚴家淦。

昨午課後，閱貞觀政要後，續補上月反省錄畢，審閱士氣資料（中國部分），入浴剪甲後，與妻車遊山下一匝。晚觀美製影劇（第一傻瓜）頗佳，晚課後十一時寢。

本（八）日朝課後記事，上午入府，見星嘉坡華僑林團長[1]、王相賢[2]及莊惠泉[3]分別談話，莊為有用之黨員也，又見派赴美參大留學候選者七人，與至柔及岳軍分別談話畢回。午課後十七時起飛，到金門視察，駐太武山南麓司令部內，膳後月下與經兒散步，晚課。

八月九日　星期五　氣候：晴

雪恥：一、金門指揮機構歸併案：甲、指揮官兼軍長。乙、軍長兼指揮部參謀長或指揮副職，其軍長職務全由指揮官執行。二、匪砲大擊烈嶼時之我金門砲兵支援不力之原因。三、金門士兵福利康樂之加強計畫。四、民防軍勤部隊與民眾疏散管制之測驗。

朝課，記事，九時出發，再到坑道北口視察北口防護陣地之地位，與指示北口坑道口另闢一口之必要，以及增築支坑道要領畢，視察將士公墓，樹木茂盛，蔚成森林為慰。乘車上太武山，在海印寺略憩，見其對山甚好也。由北道下山到廿六師部視察，經前埔回駐所。午課後到測驗中心視察，再到卅二師部巡視，以此次測驗戰備以該師為主也。

1　林慶年，新加坡僑領。1955 年以後歷任新加坡中華總商會董事、副會長、會長，茶商公會主席，新加坡安溪會館常委、名譽主席，九龍堂林氏大宗祠會長等職務。時為星馬工商業考察團團長。

2　王相賢，新加坡華僑，1930 年與邱錫鑄創建凱勒鋼琴公司。時為新加坡三江會館總理、星馬工商業考察團副團長。

3　莊惠泉，新加坡華僑，抗戰時，參加南洋華僑總會籌賑祖國難民，協助當地政府，發動工人抗敵。1955 年任新加坡民主黨執行委員，1956 年民主黨與進步黨合併為社會民主黨，任中央理事會理事。

八月十日　星期六　氣候：晴

雪恥：昨晡到美顧問招待所視察並慰勞之，此次來金測驗協助顧問共有三十餘人，其精神與合作皆極佳也。晚膳後至政務委員會，與高級將領宗南、達雲等談話後，看紹興劇，頗有藝術也，晚課後寢。

本（十）日五時前起床朝課畢，朝餐後天尚未明，六時出發，過海到小金門（烈嶼）視察，由田師長樹章〔樟〕[1] 陪至其八十一師部略憩，即巡視觀察所，瞭望廈門雲頂山與玉石砲臺、南太武山等，大陸各地歷歷在心。再往南埔視察「一五五」砲兵陣地，至南埔後山上瞭望大擔、二擔等島畢，乃即回渡，在渡頭與田師長、傅伊仁[2] 副師長照相後，回金門水頭，順至稚暉先生紀念亭後，回駐所休息。假眠半小時後，召見金防部參長[3] 與政工主任[4] 及第八軍長王多年畢，聚餐。

上星期反省錄

一、臺灣省府改組，周至柔調任主席，乃是對內的一個重要而有改進的措施。

二、經濟安定委員會發表以及人員之調整，尹仲容任其秘書長亦是一個改革的，而較有希望的措施。

三、親自視察金門戰備測驗，並到小金門巡視陣地，對於戰備精神自有重要作用。

四、清理積案中，對於赫爾利前美大使來函之批閱最為有益，亦最有意義。

1　田樹樟，號中夫，山東高苑人。1951 年 10 月，任臺灣中部防守區司令部第三處處長。1955 年 1 月，任第八十一師師長。

2　傅伊仁，號舉楚，湖南湘鄉人。時任第八十一師副師長。

3　范麟，號燭天，四川資陽人。1956 年 1 月任金門防衛司令部參謀長，1957 年 9 月調任第三軍副軍長。

4　尹殿甲，號魁軒，山東樂陵人。1954 年 12 月任金門防衛司令部政治部主任，1957 年 9 月調任第一軍團司令部政治部主任。

五、共匪自身承認其大陸反共怒潮已有不可遏制之勢，美國上下亦已承認此
　　一趨勢，實為我反攻形勢之新的發展也。

六、俄帝展開新的冷戰，赫酋先在羅馬尼亞與狄托會議，以及本周又到東德
　　表示保護其東德偽組織，與反對西方四國統一德國宣言之基本政策。

本星期預定工作課目

1. 公教、軍務待遇之增加計畫。

2. 政務效率與組織科學管理之考察組。

3. 教堂、教校之管理與登記手續法令呈報。

4. 黨政人員退休制與經費之計算。

5. 國防會議秘書長人選。

6. 金門餘款之用度，應用在金門。

7. 直升機之交涉第一。

8. 一般參謀業務人員之輪調方案。

9. 先選十個戰役（其首長壯烈犧牲者）要目。

10. 反攻領導中心組會議。

11. 戰地政務各種業務手冊細則之擬訂。政務分科手冊：偵察、情報、通信、
　　防衛（自衛隊）。

12. 戰地政會重要組織：甲、防衛隊。乙、偵察情報。丙、通信。

八月十一日　星期日　氣候：晴　溫度：九十二　本日最熱

雪恥：昨午召集金門團長以上將領聚餐訓話後，即上機起飛，回後草廬正
十六時也。入浴後閱報，與妻車遊山下淡水道上回，膳後獨自散步至後公園

即回，晚課，廿二時寢。本夜熟睡足有八小時之久，實為近年來第一次難得之景象也，乃因在金門兩夜皆未安眠之故歟。

本（十一）日七時後起床，朝課後聽報，用餐畢，到後公園散步，獨坐聽泉，小築前優游自得者，約半小時乃回，記事，與妻往管理局禮拜回，閱報。午課後閱貞觀政要二篇後，閱士氣第二資料完，重訂「蘇俄在中國」開始，晡車遊山下一匝。晚觀國製影劇（四千金[1]）後，晚課。

八月十二日　星期一　氣候：晴　溫度：八十八

雪恥：一、自由中國雜誌問題。二、聯合國代表人選。三、教會（學校）立案手續。四、國防會議秘書長由岳軍暫兼。五、聘曾約農為顧問。六、本黨體制之研究。七、軍眷困難實情分別程度之調查。八、傘兵報廢傘具處理。朝課後記事，上午與希聖談反動雜誌處置辦法，與叔銘談其訪美方針，觀察國際形勢及美國對大陸觀念已漸改變，或於我有利之趨向乎。午課後閱貞觀政要卷二完，重校蘇俄在中國第一編完，閱張學良自述，最近對共匪之觀念或已有醒悟也。晡車遊，晚觀（海妻）影劇最佳。

八月十三日　星期二　氣候：晴　溫度：九十一

雪恥：昨晚在門外觀影劇，其藝術特優為感，而一面在東方忽見明月在山頭初升，明澈圓滿之景色，使我突起上帝所賜於我者如此優裕，殊非我所能配受也，其將何以報此洪恩乎。觀畢，乃與妻散步至後公園門前車場上，觀月

1　《四千金》（*Our Sister Hedy*），香港國際電影懋業有限公司 1957 年出品，陶秦導演、編劇，葉楓、林翠、蘇鳳、穆虹、王元龍、陳厚、雷震等主演。描述孔家四個性格不同姐妹的感情生活。

悟景約一刻時，回晚課。

本（十三）日朝課後記事，十時到研究院主持一般會談，討論處理「自由中國」雜誌破壞國策之罪案，結果以慎重將事，待其今後發展再定，以此時大陸共匪正在圍剿鳴放運動，故非其時也。批閱後回，午課後，親題贈美友書十餘本後，閱政要「鑒戒」章，續校蘇俄在中國完，指示王叔銘訪美要旨後，散步，入浴。晚約曾約農等，觀影劇後晚課。

八月十四日　星期三　氣候：晴

雪恥：一、連絡員中軍官之輪調與考驗。二、吳〔胡〕旭光[1]工作與生活。三、約鮑文[2]與雷斯頓。三[3]、對美國要求其不阻礙我反攻大陸之步驟，本日特錄於雜錄欄中，此舉最惡劣的結果：第一立即停止一切美援。第二廢除中美互助協定，但其仍應負一年義務，不能立即放棄臺灣，此為我要求反攻開始以一年期限為準之重要理由，並不違反其協定義務也。第三根本變更其對華政策，承認共匪政權，絕對與我決裂也。

朝課後記事，到中央常會，通過臺省府委廳長人選與陳雪屏為考選部長各案。午課後記雜錄欄要旨一則，最重要問題也，閱政要二篇有益，剪報。晡冒雨散步，稍憩於後公園小築，晚研究匪情，晚課。

午後秋雨秋風開始，想念五十年前在保定得報，秋鑑湖[4]為革命盡職悲壯之情形，不勝為之神馳矣。

1　胡旭光，江蘇無錫人。1956 年 2 月起任國防部聯絡局局長，並任總統軍事翻譯。
2　包文（Frank S. Bowen Jr.），又譯鮑文、包恩、鮑恩，美國陸軍將領，時任援華軍事顧問團團長。
3　原文如此。
4　秋瑾（1875-1907），字璿卿，號旦吾，別號競雄，自稱鑑湖女俠，留學日本。先後加入光復會、同盟會，創辦《中國女報》，創辦明道女子學堂，主持大通學堂體育專修科，並任學堂督辦。因受徐錫麟安慶起義牽連，最後被清廷抓捕處決，葬西湖邊，其義行間接促成辛亥革命。

八月十五日　星期四　氣候：晴　溫度：八十六

雪恥：一、召見李連春[1]。二、石覺兼戰略計畫委員會主任。三、派周宏濤
為聯合國顧問，並調查美國經濟效率委員會工作。四、組織考察美政務效率
與科學管理會，以王雲五、嚴家淦、周宏濤與銓敘部長[2]等為會員。五、中東
阿曼叛亂似已為英平服，或可消除中東俄共一部之陰謀？

朝課後記事，入府召見鮑文、雷斯登，聽取其對金門戰備測驗之意見，頗有
益，召見由美參校畢業回來學員金幼鎔等四員[3]，報告皆甚有益，並見何佑樞[4]
談西藏問題後，批閱。午課後理案，閱政要二篇，研究匪情。晡散步，晚
觀影劇後晚課。

八月十六日　星期五　氣候：晴　溫度：八十七

雪恥：一、對美要求不阻礙我反攻之準備：甲、如何對美全民說服的措詞。
乙、對愛克、杜勒斯仍提其第二任總統之任務，即解決俄共，求得世界和平，
與解放我大陸億萬同胞。而且中國大陸由杜魯門[5]之手喪失，切望由愛克之手
解放與收復，免致中、美兩大民族永存不解之遺憾也。

1　李連春，臺南後壁人。1946 年接任臺灣省糧食局副局長，後升任局長。1949 年，政府
　　遷臺辦公，大量軍民隨之移入，糧食供應漸趨緊繃。制定糧食增產計畫，並順利解決
　　危機。其糧食局局長任期長達二十四年。
2　雷法章，湖北漢川人。1948 年 7 月，出任考試院秘書長，1952 年 6 月，調任銓敘部部長。
3　即 1956 年 6 月至 1957 年 6 月至美國陸軍指揮參謀大學正規班五十七年班進修的金幼鎔、
　　江無畏、鄒凱、伊肇毅等四人。金幼鎔，號大成，雲南墨江人，1955 年 10 月任預備
　　第六師第十七團團長，1957 年 9 月調任金門防衛司令部助理參謀長兼第四處處長。江
　　無畏，號尊理，廣東南海人，1955 年 5 月任國防部第四廳副廳長，1958 年金門砲戰間，
　　任金門防衛司令部第三處處長，12 月調任第四十一師師長。鄒凱，號豈凡，安東鳳城
　　人，時任陸軍總司令部計畫組組長，1958 年 9 月接任金門防衛司令部砲兵指揮部指揮
　　官，1959 年 11 月調任第四十九師師長。伊肇毅，遼寧遼中人，1956 年 3 月任裝甲兵
　　第一師副師長，後任裝甲兵司令部參謀長。
4　何佑樞，號拱北，福建林森人。時為蒙藏委員會專門委員，後任參事、總務處處長。
5　杜魯門（Harry S. Truman），美國民主黨人，原任副總統，1945 年 4 月 12 日接替病逝
　　之羅斯福總統，繼任總統，1949 年 1 月連任，1953 年 1 月卸任。

朝課後記事,上午在研究院主持財經會談,對於增加軍公教人員待遇問題決定先增半數,並自下年度一月開始,使得慰藉其渴望之情緒,此亦望梅止渴之心理作用也,籌設軍友銀行計畫亦交研究。午課後閱研李德哈達之戰略論開始,而貞觀政要改為夜餘續閱也,車遊,晚課。

八月十七日　星期六　氣候:晴　下午午雨

雪恥:一、毛匪究竟有何優點長處,以及其性格、思想、學術、行為、生活,應作一澈底整個與客觀的研究。二、大陸的社會、人心、政治、財經、教育、建設,以及匪黨內部實情及其趨勢作客觀之研究。

朝課後記事,入府會客,以辦公室在修理中,故暫移至北面參謀總長室辦公。十時半主持軍事會談,解決金門指揮機構作統一調整案,批閱公文。午課後續閱李氏戰略論,經兒來談。晡散步,晚觀影劇。

上星期反省錄

一、毛匪逗留滬、青(島),不能即為北平之原因尚難確知,但其黨內對鳴放運動與反右派鬥爭的意見分為兩派,而毛匪本身表示其不願與消極,藉此以推托其共匪兇狠無信之罪惡於其左派幹部則為顯然之事,此一表現更露其毛匪對其匪黨統禦力之減弱,而亦明示其對大陸敗象無法挽救之真情乎。

二、俄帝對敘利亞極盡其滲透與控制之形勢,對亞丁等亦積極運械反英,幸阿曼叛亂漸平,但其對中東積極挑釁,並將敘利亞與美國幾乎形成絕交,而其對裁軍態度強硬,與德國問題絕無迴轉餘地之一般而論,中東之美、俄衝突已如箭在弦上矣。

三、美國軍事政策漸趨於局部戰與原子戰術之準備，而且其裁軍之空中視察案避免大陸匪區之計畫，此皆與我所想像者接近矣。

四、本周對要求美國不阻礙反攻之考慮已有進一步新的思惟，自覺最為進益，而對官兵解除困窮問題，提出軍友銀行設立案最為得意，此亦為我團結官兵心理與戰勝共匪，收復大陸之基本措施也，故本周在精神上自覺最為舒適耳。

五、周至柔已就省府主席，今後省政自可加強指導行政管理考察組。與研閱李德哈達戰略論開始，以及叔銘赴美考察，皆足記錄也。

六、美眾院對援外經費減削三分一，甚足憂慮。

八月十八日　星期日　氣候：雨（颱風接近東岸）

雪恥：一、對美要求修改協防條文，或廢止其附文之交涉計畫，切實研究。二、商討考察經濟效率團之時間與人選。三、第一組長人選。

朝課後，勇孫攜文孫到美國後之安棲來見，乃留其同進朝餐畢，經兒亦來，父、子、孫三人步行至小隱潭，由小溫泉登後公園，在小築前與經兒坐談軍友銀行計畫，務使每一士兵皆成為銀行之股董也。禮拜回，記事，午課後續閱李氏戰略論第二章完，入浴後，與妻車遊山下一匝，恐其修改新著英文本太疲乏也。晚閱政要，晚課。

八月十九日　星期一　氣候：晴

雪恥：一、對美警告其政策，我中央日報暫不評論。二、對外小事不應太過登宣。三、美退伍會對新著倡導大購分送消息應可宣傳。四、全會以前對黨內外之宣傳方針。

朝課後記事，見宏濤談黨務，到研究院主持紀念周，報告時事後，朗誦「行政管理」講稿畢，見道德重整會青年百人，送美參加該會予以訓示。午課前後，研閱李氏戰略論第三章完，甚有益趣，晡散步，入浴後又與妻車遊，以其連日重修「蘇俄在中國」英文本，費力甚疲也，晚閱政要二篇，晚課。

颱風從琉球向東北旋轉，未到臺省與大陸。

八月二十日　星期二　氣候：晴

雪恥：一、勃朗說愛克的哲學與環境所產的政策，無論如何不肯同意我反攻復國的計畫，在其總統任內惟以維持和平為不移的政策，余尚以為不至如此。即使如此，則余仍應以十四日雜錄欄所定方針對美作攤牌之奮鬥，不能再有顧忌，但須慎密布置，以期減少無謂之阻礙。余又以為愛克如果固執不悟，違背此一解放人類之天職，則天亦將不允其久於斯位，自必仍賜恩德，以完成我反攻復國之使命也。

朝課，記事，到研究院會客，主持宣傳會談，健中頗有見解也。午課前後，研閱李氏戰略論第四章起，晡見浸心教會莫雷[1]報告其訪俄所見情形，頗足參考。晚宴勃朗夫婦甚洽，車遊，晚課。

八月二十一日　星期三　氣候：晴　晡雨

雪恥：一、莫雷對俄觀感，認為俄共內部史大林派與反史派之鬥爭必將長期繼續進行，此為俄共分裂覆亡之癥結所在，余認以為必然之勢。而共匪此次鳴放運動之後，其內部之反右派與反反右派之鬥爭，其分裂亦必然之事實。

1　莫雷（John Morley），基督教浸信會牧師。

故共匪內部之分裂，從此只有更為激進而決難彌縫，此乃為毛匪最大之致命傷也。

朝課後記事，到中央常會聽取水利會整理報告，可見近年社會、經濟確有進步也。午課前後，閱研李氏戰略論第四章完，午後審閱說士氣講稿未完，閱政要十四年魏徵[1]擇官疏，甚重要。晚觀國製影劇後，與妻車遊後，晚課。

八月二十二日　星期四　氣候：晴

雪恥：一、假定反攻第二時期為卅七年[2]秋夏之間如何。二、假定登陸地點？三、假定第一次使用兵力十二個師，陸戰隊與裝甲師在內？四、如我早先通報美國，不能得其同意時，彼乃事先發表聲明，於我之利害大小如何：甲、可宣示其阻礙我解放同胞自由主權。乙、破壞其同盟國軍事計畫。丙、使我尚有旋轉與伸縮的餘地。

朝課後記事，在研究院會客，召見調職人員六名，銓敘部次長羅萬類[3]不識大體，自私無用。午課前後，研閱李氏戰略論，批閱公文，審定大陸情報工作新方針與士兵入伍退伍誓詞皆重要也。晡散步、車遊，晚閱政要二篇，晚課。

1　魏徵（580-643），字玄成，河南內黃人。隋唐政治家，思想家，文學家和史學家，以直諫敢言著稱，輔佐唐太宗創建「貞觀之治」。其言論多見《貞觀政要》，其中〈諫太宗十思疏〉為最著名。
2　原文如此，指四十七年。
3　羅萬類，湖南新寧人。時任銓敘部常務次長。

八月二十三日　星期五　氣候：晴　下午大雷雨

雪恥：一、如果大陸反共運動發展到匈國形勢，美將如何態度與行動？其亦將阻止我反攻救民乎。如俄採取行動，亦以對匈國武力鎮壓的手段來重加征服我大陸人民時，美亦將如對匈一樣態度作袖手傍觀，並以其協定附文為據阻制我軍事反攻行動乎？二、如我被動的等待共匪鎮壓我大陸反共運動時，乃復起而反攻，則我反攻軍事不能接應大陸反共運動，以時間不能等待我反攻之有效接應耳。

朝課後記事，在研究附召見調職者四員後，主持情報會談，聽取警政報告，指示大陸情報與空降之人地組訓計畫為重點。午課前後，研閱李氏戰略論第六章，晡約王雲五談話後車遊，晚閱政要李百藥[1]奏論後，晚課。

八月二十四日　星期六　氣候：晴　未刻雷雨

雪恥：一、與美提議修改附文，同意為協商。二、對美要求傘具與空投計畫。三、反攻行動之前必須以傘兵空投為第一主要計畫，以此並未受對美協定之限制也。四、共匪統治與軍事反攻之理由。

朝課後記事，入府召見唐盛鎬[2]與調職人員後，主持軍事會談，聽取物資動員演習與原子防護教育現況等二報告，予以指示，共匪潛艇日來在臺附近活動漸加矣。午課前後，續習戰略論第六章畢，續核說士氣講稿未完。晡散步回，入浴，晚觀國製影劇「情報販子[3]」畢，晚課。

1　李百藥（564-648），字重規，隋唐博陵安平人。受唐太宗詔修《五禮》，定律令。曾上《封建論》疏，規諫裂土分封。在其父舊稿基礎上，撰成《齊史》五十卷。至宋改稱《北齊書》。

2　唐盛鎬，號達人，安徽合肥人。1942 年在駐蘇大使館工作，1945 年由蘇聯至美國，獲哥倫比亞大學哲學博士。時任美國華盛頓特區喬治城大學教授。

3　《情報販子》，唐紹華導演，許寶冠製片，費蒙原著、編劇，鷺紅、張方霞、李溯主演。1957 年新啟明影業公司出品。

上星期反省錄

一、美國又試爆氫彈。

二、共匪特別聲明「毛酋在北平」事（注意）。

三、廿三日與廿四日記事重要，應加檢討。

四、對美修改協定與交涉進行方法研究。

五、軍友銀行之提倡。

六、李德哈達戰略論研究開始。

七、夫人修正蘇俄在中國之英文本。

八、俄共與共匪現階段關係與內容研究。

九、共黨內部矛盾鬥爭與分裂形勢。

十、愛克對裁軍會提停止試驗氫彈之建議，俄共直接拒絕，不加考慮。

十一、反攻問題對內對外各種關係之研究。

十二、續修說士氣講稿。

本星期預定工作課目

1. 聯絡官訓練之加強與考選培養計畫。

2. 對美重提空降計畫。

3. 空降準備第一：甲、地點。乙、指揮人選。丙、人數。丁、訓練完成時期。

4. 黨制與反攻計畫配合之研究。

5. 「五、二四」訓話檢討報告之催報。

6. 海軍政工主任人選。

7. 陳在和[1]職務。

1　陳在和，福建林森人。時任海軍總司令部通信處處長。

8. 購傘之交涉。

9. 空降訓練計畫準備與實施如何。

八月十四日記事重要。

又十六日、十八日、二十日、廿二日、廿三日、廿五日，皆有重要性。

八月二十五日　星期日　氣候：晴

雪恥：一、本晨靈感之意旨記於雜錄欄中，應加注意，並繼續研究其利害與環境時間之實況。二、辭職發表時間與反攻實施之時間的遠近利害最當考慮。三、空降時間與反攻時間之間隔，應注意。四、實施時間應以七月為準乎，或以七月至十月之間為期。

朝課後記事，聽報，散步，至小築休憩一刻時回，禮拜。午課前後，修改說士氣訓詞未完，晡散步回，入浴，晚續修前訓詞稿後，晚課。廿一時觀彗星正在北方，其光如探照燈，此即我在少年時代常聞鄉間老者傳說所謂長毛亂時之「掃帚星」也。

八月二十六日　星期一　氣候：晴

雪恥：一、美國之幼稚糊塗、不識誠偽、不分善惡、不辯敵友、欺良詔兇，更無道義情感可言，此乃政治外交之常，無足為怪。所奇者不明利害、不知輕重，而其冷酷殘忍如「馬下兒[1]」者，其愚昧拙劣、頑固不化，實為世所罕有，且亦不止其一人如此而已。鑒於八年來我以如此精誠相交，而彼之虛偽

1　馬下兒即馬歇爾（George C. Marshall）。

欺詐，甚至防我如防偷竊，對於我國之事實、環境與人民之奴役痛苦則熟視無睹，絕無援手解放之意味，能不為之痛憤乎。

本日三課如常，上午修改士氣講稿，下午閱研李氏戰略論後，見沈怡，與緯兒散步至後公園。晚閱政要後，車遊山下一匝，晚課。

八月二十七日　星期二　氣候：晴　溫度：八十九

雪恥：一、為降傘計畫致杜[1]函。二、質問藍欽以自由中國報事。三、購日降傘計畫。四、對日借運艦之交涉。五、發外藉〔籍〕教官款。六、正氣的力量（至大至剛，直養無害，塞於天地之間）。七、團隊士氣（師克在和）。

朝課後記事，閱研李氏戰略論（西班牙王位繼承問題之部）後，上下午皆修改「說士氣」第一初稿完，甚覺費力。晡散步，晚閱政要（論定分九），閱報，晚課。

八月二十八日　星期三　氣候：晴

雪恥：一、必有事焉而勿正，心勿忘，勿助長也句，在廿四年民族正氣講詞所解者應再加改正，以其「心」字屬上句，即「必有事焉而勿正心」，勿忘勿助長，並以「勿正心」者，乃以「勿待正心」為釋，因為「必有事焉」的現象乃是習慣成了自然，故勿待正心，亦勿用再正其心，如此方能表現其「必有事焉」之真實情狀也。

朝課後續閱李氏戰略論第八章，上午主持中央總動員會報，聽取報告，似有

1　杜即杜勒斯（John F. Dulles）。

進步。午課前後記事，續習戰略論第八章完，晡散步至小築遊覽，休憩，晚見孟緝後，閱政要九章完，晚課。

八月二十九日　星期四　氣候：晴　溫度：八十八

雪恥：一、今日陸上戰爭的戰術與戰略，皆應以敵後發展為第一，必須要待敵後發展至相當程度，到了前方正攻有效時期，方能發動正面戰爭。尤其空軍與傘兵發達的今日，更應以充實與訓練傘兵為第一優先之準備也。二、敵後使用傘兵，在今後反攻計畫，必須有繼續維持至相當時期，不使敵人撲滅，其持久程度至少要有一月以上之持續力，方能開始發動。

朝課後續研閱戰略論，記事。午課前靜坐默禱，午後與華僑青年四百餘人照相，訓話，會客，閱政要。晡見美眾議員卜瑞[1]，甚覺藍欽態度之可怪也。散步，晚觀影劇後，晚課。

八月三十日　星期五　氣候：晴　溫度：八十八

雪恥：一、俄國政治家皆殘忍成性，烈寧[2]與斯大林[3]可為其代表。而美國政治家本多仁慈為懷，以華盛頓[4]與林肯[5]為其代表。但今日世界各國似乎

1　卜瑞（William G. Bray），美國共和黨人，1951 年 1 月至 1975 年 1 月眾議員（印地安納州選出）。
2　烈寧即列寧（Vladimir Lenin）。
3　斯大林即史達林（Joseph Stalin）。
4　華盛頓（George Washington, 1732-1799），1775 年至 1783 年美國獨立戰爭時殖民地軍總司令，1789 年成為美國第一任總統。
5　林肯（Abraham Lincoln, 1809-1865），第十六任美國總統，1861 年 3 月就任，直至 1865 年 4 月遇刺身亡。領導美國經歷南北戰爭，維護聯邦完整，廢除奴隸制，增強聯邦政府權力，並推動經濟現代化。

崇拜殘忍，如非殘忍不能成為政治家之趨向，對於人類甚為不幸。例如中國大陸四億五千萬人民之被奴役慘殺，不僅其熟視無睹，不加援手，而且（對其本身並無損害之事）阻礙他人，亦不許其去救援。此為誰人之過，其慘史究為何國所造成，其果俄國乎，抑其間接所造成者為美國乎。此言擬與哈脫[1]、李查滋[2]說明何如。

本日各課如常，續研李氏戰略論、拿破崙與法國革命戰史，其餘上下午皆修改「說士氣」稿第二次完。散步，車遊，閱政要，晚課。

八月三十一日　星期六　氣候：晴　溫度：八十九

雪恥：一、馬來今日獨立，其為英國不能負責清共乎。二、令星島教育部暫勿來臺為宜。三、切戒藍欽津貼自由中國雜誌。四、以總理遺訓「革命尚未成功，同志仍須努力」二語代替遺囑何如。

朝課後記事，續研李氏戰略論，上午續修「說士氣」稿至十三時完，神經為之一鬆，此為一重要工作也。午課後，審核美、英、俄等有關士氣之書冊後，續研戰略論至第八章完，有益。晡見至柔後，散步，晚觀影劇後晚課。

上星期反省錄

一、俄聲言洲際飛彈試射成功。

二、俄巡洋艦與潛艇通過直布羅陀入地中海。

1　哈脫即赫塔（Christian A. Herter）。
2　理查士（James P. Richards），又譯李卻茲、李查滋、李查斯，美國民主黨人，1933 年 3 月至 1957 年 1 月為眾議員（南卡羅萊納州選出）。

三、俄共拒斥西方裁軍建設甚露骨。

四、馬來亞卅一日獨立。

五、中東情勢繼續緊張，俄對敘利亞滲透不遺餘力且無忌憚。

六、本周廿五日記事四則甚為重要，應注意。

七、廿九日記事對反攻戰術新方針之發見。

八、對美交涉反攻問題之研究已深進一層。

九、購製降落傘具政策之新決定。

十、說士氣講稿準備月餘，今已完成。

十一、李德哈達戰略論於我甚有補益為幸。

上月反省錄

一、自俄共宣布其洲際飛彈製造完成之消息後，美國內情實甚震驚不安，更增加中東情勢之緊張。

二、杜勒斯親自參加倫敦裁軍會議，說明其裁軍提案之理由，本月美對裁軍建議幾乎三次退讓，而最後至月杪卒為俄帝完全拒絕，故裁軍會議閉會實已等於破裂矣。

三、俄艦逐漸進入地中海，並派艦訪問南斯拉夫。

四、俄、敘（利亞）簽訂軍經協定，俄勢在敘已成，美與敘之邦交惡化，已等於絕交矣。

五、美、英對俄封閉海參崴港皆提出抗議。

六、寮國會通過「佛瑪[1]」新內閣容納共黨參加妥協。

七、俄赫[2]先與狄托在羅國談商後，再到東德，表示其反對德國統一之主張。

八、赫酋九日在東柏林聲言任何共產國家一旦遭受攻擊，俄便將其一個毀滅性的反擊，又稱西方國家遲早終將成為共產國家。

九、美有限制的取消其記者進入匪區的禁令。

十、馬來亞宣布獨立。

十一、尼泊爾新總理[3]宣布不承認與共匪所訂條約。

十二、美舉行第十三次核子試驗，俄亦在西比利亞又舉行一次核子武器試驗。

十三、美國朝野國會對共匪在大陸之動搖之情勢，已有新的觀念與認識。

十四、大陸各地農民對共倒算與反清算運動有增無已，而武裝叛變如金華反共志士搗毀共匪黨部，殺害匪幹十二人等舉動，是為較顯著者之一而已。

---

1 富馬（Souvanna Phouma），又譯富嗎、佛瑪，寮國政治家，曾任總理，1956 年 3 月至 1958 年 8 月再任總理。
2 俄赫即赫魯雪夫（Nikita Khrushchev）。
3 辛格（Kunwar Indrajit Singh），1957 年 7 月 26 日到 1958 年 5 月 15 日任尼泊爾總理。

十五、美國自動宣布其六個月內裁軍十萬人,並裁減其戰術空軍。

十六、本月研究李德哈達戰略論,已有半月,自覺此書得益無窮。

十七、聽取彭孟緝等考察韓軍之報告,甚為興奮而且知恥也。

十八、參校(陸軍)第九期生畢業,手編說士氣講詞公布。

十九、最近對美感想千萬,受人輕侮,悲憤無已。

二十、公務人員加薪問題尚未解決也。

廿一、省主席周至柔接任以後,希望能在精神與紀律上為之振作整頓,力求進步,以免除過去嚴家淦之無政府狀態,此乃在內政上實一重要之措施也。

廿二、八月廿二、廿三、廿四、廿八等日記之重要審察。

廿三、反攻問題對外對內關係之研究。

廿四、共產內部之矛盾衝突與分裂乃為其惟一之致命傷,如何使之擴大加深?

廿五、俄共與毛匪現階段關係及其內容如何?

蔣中正日記
Chiang Kai-shek Diaries

九月

蔣中正日記
Chiang Kai-shek Diaries

民國四十六年九月

本（九）月工作表

1. 令彭[1]交雷斯頓行政管理意見書。

2. 操典綱要十五條之重新修正。

3. 海軍政工人選。

4. 遊〔游〕擊戰術之編訂與教學研究。

5. 傘兵降落後動作要務與遊〔游〕擊散合教令。

6. 戰地政務組織、保密防諜及考檢規則。

7. 戰地機構、衛兵勤務、防查斥候勤務令。

8. 江西剿匪第一次被匪伏擊消滅部隊戰史。

9. 外交人事定期調職制之令稿呈報。

10. 重整全軍衛兵與製訂衛兵儀態動作守則。

11. 軍友銀行提案。

九月一日　星期日　氣候：上雨下陰晴

雪恥：一、嚴申禮節及衛兵整頓之命令。二、軍佐與勤務雜役兵服裝附號辦法應重加研究。三、連坐法與操典綱要之修正。四、各師歷史編製之限期。

1　彭即彭孟緝。

朝課後，武、勇二孫來見，領其到陽明小築遊憩，共進朝餐，以天雨故餐罷即回，未能到魚樂園觀魚也。禮拜如常，記事，記上周反省錄。午課後重研李氏戰略論第八章畢，與妻車遊基隆回，散步。晚修正「蘇俄在中國」第一編第四章十節，增補數句，讀唐詩，晚課，觀月。

九月二日　星期一　氣候：晴　溫度：七十八

雪恥：一、近來反省已往經歷，甚覺三十八年以前之軍事、政治、外交、經濟、社會、黨務、人事皆如盲人夜行，任憑個人之自足聰明，而不知其政治、軍事之基本何在，故最後卒遭恥辱之失敗。幸自遷臺以來澈底反省研究，自覺其缺失最大者為學無根柢、教不科學，尤其對於用人無方、行政無法為敗亡之由，於是自覺七年來學術之勤修乃為最大之所得。今日其果領悟軍學基礎之所在乎，惟比已往略知一二而已。

本日各課如常，上午主持陸參學校第九期畢業典禮，宣布「說士氣」訓詞，點名，聚餐，足有四小時工作，尚能支持也。午課後記事，續研戰略論，散步，晚車遊。

九月三日　星期二　氣候：晴　晡後雨

雪恥：一、士氣常盛不衰之法，須憂危以感士卒之情，振奮以作三軍之氣（曾[1]語），二者皆可以致勝，在主帥相時而善用之已也。二、對士氣須善為蓄養節宣，以養成軍中悍而不驕，安而不惰之氣，庶幾其氣常勝，百戰不

1　曾即曾國藩。

殆。三、蓄養節宣之法約有數端：甲、常戰而不逸。乙、鋒（節）過銳、氣太餒則不用。丙、（養）迫促時則慎固安重，危殆時則自保全軍。丁、敗不餒，勝不驕，常留餘力以（蓄）其銳，至於提振宣揚之方，惟有以身作率，先之勞之。將軍有死之心，士卒無生之（氣）意。聞君言，莫不揮涕奮臂而欲戰，則振宣之道畢矣。本日為十二年前抗戰勝利之軍人節，但有恥辱悲憤而已。

（宣導、激發、鼓勵、振奮）。

九月四日　星期三　氣候：陰雨

雪恥：昨（三）日三課如常，十時到忠烈祠主秋祭後，在研究院接見三軍代表與會客，有兵工教官李應庚[1]派送兵學原子能，聞其言只以「望我保重」一語而別，甚為感動我心也。午課前後，續研李氏戰略論第九章完，最為有益，今日軍人節心雖悲哀知恥，但得此亦足自慰，甚願反攻勝利植基於此冊也。散步、車遊如常。

本（四）日朝課後記事，上午主持中央常會，決定雙十節召開第八屆全國代表大會。午課後，續研李氏戰略論第十章完，甚感有益，冒雨散步即回。入浴，晚觀影劇，美製劇名「好來塢」，甚滑稽有趣〔趣〕，晚課。

1　李應庚，四川人。時任兵工工程學院教官，後任清華大學副教授。

九月五日　星期四　氣候：晴

雪恥：一、五、二四訓詞研討之結果與體認、改正之具體辦法如何。二、建軍非練軍也。三、建軍除建立制度、組織以外，特別重要的為建立精神，即禮義廉恥為建軍之本。四、禮節又為四維之首，乃誠中形外、建立精神之第一要義，以廉恥與道義之心，惟有禮節為其具體表現之門也。五、禮節乃寓於食衣住行、進退作息之中，即整齊、清潔、迅速、實簡是也，故今後三軍將領皆應以建立禮節為共同要務，望於一個月內擬定具體辦法呈核。

朝課後續研戰略論，在防大聽取考察韓國之報告後，感動之下講評指示，未知能對一般將領有益否。

九月六日　星期五　氣候：晴　溫度：七八

雪恥：一、惰性暮氣實為今日建軍之惟一障礙，尤其是不負責、不積極，而以避怨討好為一般將領之惡風積習，如不澈底改革，造成其新的精神思想、風氣習尚，則不僅建軍無望，而且國與族亦將從此滅絕矣，能不為之戒勉乎？

昨（五）日午課後，續研戰略論第十一章開始，晡見韓國趙校長[1]後，散步，記事。晚為令偉生日請客午〔晚〕餐，經兒與武、勇來家宴，夜觀影劇，晚課，廿三時半寢。

朝課，記事，（本（六）日）上午在研究院會客，主持財經會談，商討軍公教加薪問題，指示方針，尚未作決定也。批閱，午課後續研李氏戰略論後，散步，晚重修「說士氣」並閱貞觀政要，晚課，廿三時後寢。

1　趙永植，1955 年 3 月 1 日就任韓國新興大學校長。1960 年 3 月 1 日新興大學更名慶熙大學。

九月七日　星期六

雪恥：本晚與妻車遊山下一匝，膳後觀國製影劇，不良，晚課，廿三時寢。朝課後記事，上午入府，與陶亦樂[1]談話約半小時，其誠實可愛。主持軍事會談，聽取供應司令過去一年間工作總報告與今後工作計畫報告後，指示重要應辦編修事項五件畢，自覺講話太多，應戒之。正午宴總統府職員及其眷屬，一年一度也。午課後，續研戰略論，散步。

上星期反省錄

一、倫敦裁軍會議經六個月之爭辯，卒於本周決裂，俄共要求提回聯合國討論，希圖中立國家之附和其建議。

二、俄艦絡逐調至地中海，先訪南斯拉夫，並將訪敘利亞，以壯其附俄之聲勢，而敘利亞之赤禍蔓延，美已無法制止矣。

三、自覺研讀李達哈德戰略論最為有益。

四、聽取彭孟緝等考察韓國軍事報告，不僅興奮而自恥不如也。

五、研究反攻軍事計畫甚切。

六、對美感想漸生悲觀，而且受人輕侮，甚為痛悔。

七、陸參校第九期畢業，說士氣稿完成。

本星期預定工作課目

1. 傘兵計畫名稱問明。

2. 前傘兵計畫抄呈。

1　陶亦樂即竇亦樂（Austin K. Doyle）。

3. 公教人員准借薪一月。

4. 加薪問題之督導。

5. 對日商借運艦之調查。

6. 與史敦普商傘兵訓練問題。

九月八日　星期日　氣候：晴

雪恥：一、叔銘由美考察回報：甲、美國軍人怕戰而又不能不戰之心理。乙、對我反攻大陸不表支持而且盡力防制。丙、美國防大學教官稱其對中國與臺灣問題之研究始終得不到結論，可知其對臺灣並無政策可言。丁、又稱研究中國問題者，認為中國將來必為強大之國家，但在此一代中，無論共產黨或國民黨，皆無希望其可能。余對此一說法，認為共黨毒素已深入於美國軍事教育之中，不僅在其普通教育界已發生不可救藥之影響而已，若不自力更生，起而自救，豈不坐待滅亡乎？

本日為中秋節。朝課後記事，武、勇二孫來家，領其在陽明小築朝餐，散步後禮拜，考慮上週與上月工作及世界形勢。午課後續研戰略論，晡與妻車遊，先至大屯山鞍部視察修路情形回，再往山下巡視一匝。

九月九日　星期一　氣候：晴

雪恥：昨晚膳後與妻散步至後公園，魚樂園池畔閒坐，觀月忽隱忽現，但有時圓明清澈亦甚足興賞，在池畔吟賞月古詩，約半小時乃回。晚課，廿二時

半就寢。午膳約經、緯二家團聚，惟芳娘[1]、章孫以目疾未來，文孫留美亦未能參加也。

朝課後記事，上午在研究員〔院〕紀念周朗誦「說士氣」講稿後，與公超談對美交涉降落傘特種訓練計畫，遲延不決甚為憤慨。午課前後，續研戰略論第十三章完，散步。晚宴大野伴睦[2]後，閱報，晚課。

九月十日　星期二　氣候：雨

雪恥：有人常問我毛匪究竟是何種樣人？余乃答謂其荒唐狂謬的野心好像希脫勒[3]，而其陰狠詭詐的手段想學史大林，但其才智不逮此二人，所以畫虎不成反類狗了，可說毛澤東乃為希脫勒與史大林二人之各半的性質湊合，而成為整個的一個毛澤東，此實為最客觀之評判也。

朝課後記事，上午在寓，召見美第七艦隊司令畢克來[4]後，召見匈牙利反共志士梅占沙巴[5]及皮羅娜[6]二位男女青年，甚為可愛。午課前後續研戰略論第十四章完，接見大野伴睦談一小時後，散步，入浴。晚宴史敦普夫婦，本擬予之直談美國對華政策之應重加研究，並表示余不易維持民心，只有下野一途之意，但欲言而中止也。晚課。

1　蔣方良，俄名芬娜（Faina），原取名芳娘，後改方良，祖籍白俄羅斯。1935 年 3 月 15 日，與蔣中正長子蔣經國結婚，1936 年 12 月，隨蔣經國回中國。生有蔣孝文、蔣孝章、蔣孝武、蔣孝勇三子一女。
2　大野伴睦，日本自由民主黨副總裁，日本國會議員親善訪華團特使。
3　希特勒（Adolf Hitler, 1889-1945），日記中有時記為希脫勒，德國納粹黨領袖，1933 年至 1945 年擔任德國總理，1934 年至 1945 年亦任元首。其於 1939 年 9 月發動波蘭戰役，導致第二次世界大戰歐洲戰場爆發，並為大屠殺的主要策劃者之一。
4　畢克來（Wallace M. Beakley），美國海軍將領，曾任海軍軍令部助理部長，時任第七艦隊司令。
5　梅占沙巴（Mezei Csaba），匈牙利反共志士。
6　皮羅娜（Biro Csilla），又譯皮羅茜娜，匈牙利反共志士。

九月十一日　星期三　氣候：雨風

雪恥：一、擬對藍欽、史敦普談話要旨：甲、大陸反右派運動發生後之情勢，對今後美之大陸政策望美重加檢討。乙、中國人民對美一般心理：（子）美對我自由中國比對其他國家（韓、越、菲、日）特別輕視。（丑）美對我大陸同胞可以設法拯救，而乃袖手坐視，毫不動心。（寅）美倡共產必自動崩潰，不必用武反擊，此說最為華人所疑慮。（卯）如坐待俄共施用氫彈毀滅臺灣，則不如反攻大陸，死中求生。（辰）認為五、二四事件發生之後，美國政策更無援我反攻大陸可能，故此次預算援款減少。（巳）美國防制我反攻行動，無異防範偷竊，無論大小事件皆有此種跡象，故由民心而至士氣皆失去美援反攻之信心，且將由失望而絕望。

本日朝、午、晚三課如常，上午主持中央常會，下午手擬談話稿要旨，晡與藍欽、史登普談話二小時，一如所擬要旨懇談，似已使彼等了解矣。余惟一重點乃在先要其協助我訓練一萬名傘兵游擊隊也。晚觀國製影片「亡命谷」頗佳，廿三時前寢。

九月十二日　星期四　氣候：風雨

雪恥：（續昨）（午）美國今後對華政策應特別注重我人民心理。（未）務使我人民不至絕望，而且時時予以一種對美可能之希望，否則人民無知，必將以其對大陸反攻無望之沉悶氣氛，轉而將對臺灣內部發生不測之行動，不能不防此最惡劣之後果。（申）華人總認為大陸人民受共產今日之殘害，美國應有責任，而且二次大戰在東亞惟有中國與美並肩作戰又犧牲最大，而美國今日對我，不僅不與其他各國一律相看，反比其他為最不值一顧之態度，最為傷心，因中國自認其為決不如其他忘恩負義之民族，而今反被美國之遺棄也。丙、人民反攻希望，其一為信賴其領袖，其二為美國必能援助，如今日實際情勢，其對二者皆絕望矣。

本日朝課後往別史敦普，彼只說其昨日談話之後已了解我的意思而已。上午入府接受土耳其大使[1]到任國書後，會客，批閱。午課後續閱戰略論第十五章完，見約旦軍官，甚感動。晚閱政要，晚課。

九月十三日　星期五　氣候：風雨

雪恥：（續昨）（丁）民心最大對國際道義之憂慮，以為自由中國在臺灣猶如無根之浮萍，隨時可以為人所賣，不賣於俄共即為所共管，若不自求出路，愈遲愈險，進入死路一條。（戊）最易而最急之要務，即今日乘大陸反共、反右派運動之矛盾形勢，如何使之推進擴大，不讓共匪有喘息整補之機會。我們必須對大陸展開有效行動之支援，除軍事反攻以外，應運用一切各種方法爭取主動，使整個大陸形勢操之在我，以收拾內外民心，以縮短反共革命之艱難歷程。

朝課後記事，入府召見海軍調職桂宗炎[2]等五員後，財經會談，商討加薪財源問題，仍覺不妥，以並未能解決公務人員生活問題也。午課後續研戰略論，晚宴美國務副卿赫特與李查茲等，觀赫、李觀感皆好也，晚課。

九月十四日　星期六　氣候：陰雨

雪恥：一、慎獨的意義，乃靜心省察內心之呼聲也。二、大學「親民」應作「新民」解為當，以其下文治國、平天下皆為新民之事，即主動的教化人民，使之革故求新，即「作新民」，但親民之義亦在其中矣。三、美國貨

1　雅飛（Cemil Vafi），時為土耳其駐華大使，1957 年 8 月 30 日到任，9 月 12 日呈遞國書，1960 年 4 月離任。
2　桂宗炎，廣東南海人。時任峨嵋艦艦長，1957 年 10 月調任海軍第一軍區副司令。

逃稅之交涉。四、實誠、求智、求學、求新為革命成功之基礎。五、固步
自封，不自醒覺，為幹部害國害黨的癥結所在。

朝課後記事，入府召見調職人員後，主持軍事會談後，以赫特要提前離臺，
乃約其十二時半來談一小時，主要為美國對大陸反共形勢，與對華政策之從
新檢討與決定，另有記錄。午課後續研李氏戰略論十六章完，車遊山下。
晚觀影劇（神經病者兼有三種人的性格[1]）甚佳，晚課。

上星期反省錄

一、本周對藍欽、史敦普以及赫特等，直說其美國政策對我人民之心理與阻
　　礙我反攻之態度，將使我人民絕望之意闡釋詳明，並明言美國今後政
　　策：一、讓我軍事反攻最為上策，否則其二即除正規軍事行動以外，應
　　盡力協助我各種可能方法，而以支援我大陸游擊戰計畫，務使大陸反共
　　形勢擴大，不令其有喘息坐鎮之機會，以達到推反共產偽政權之目的。
　　除以上二者之外，其三則既反對我軍事行動，又不支援我游擊計畫，乃
　　使我人民無路可走，只有對美絕望而已。此番談話能否使其政府聽信，
　　以重新考慮其對華政策，仍不可得而知也。

二、研閱李氏戰略論甚覺有益，精神修養與思慮純精自覺亦有進步。

三、中東敘利亞問題，美俄冷戰白熱化，尤其雙方在北海與地中海雙方海軍
　　示威行動各不相下，而俄共空軍司令對美國挑戰威脅之言行似可注意。

四、周六聯合國大會通過譴責俄共在匈牙利之軍事暴力壓迫之決議，在宣傳
　　上或予俄之打擊，但於事無濟耳。

1　即《三面夏娃》（*The Three Faces of Eve*），根據美國作家 Corbett H. Thigpen 同名作品改
　　編的電影，由美國二十世紀福斯公司攝製，1957 年 9 月 23 日上映。影片反映一名深
　　受人格分離障礙影響的婦女，在精神科醫生幫助下逐漸恢復正常生活。瓊安・伍華德
　　（Joanne Woodward）因此片榮獲奧斯卡最佳女主角獎。

本星期工作預定課目

1. 提游擊傘兵訓練計畫。
2. 雙十節文稿要旨。
3. 軍友銀行計畫之督導。

九月十五日　星期日　氣候：陰雨

雪恥：一、兩棲訓練之步兵師，應研究高級專精訓練計畫。二、開採金礦發展計畫。三、與李查茲談話之研究。四、考察韓國講評稿之修正。五、何世禮[1]為全會代表何如。六、譯員與通信譯電員守則。

朝課後記事，上午見蔡孟堅，報告降落傘在日製造商談之經過，審修經兒所呈傘兵訓練計畫後，為送贈日友之「蘇俄在中國」題字二十餘冊。午課前後審閱美軍統御術，甚緊要，惟譯文太差耳。晡與岳軍談其訪日各問題與要點後，與妻車遊淡水道上，晚記上周反省錄，晚課。

九月十六日　星期一　氣候：晴

雪恥：本晚膳後獨自散步於研究院道上，回閱貞觀政要後晚課。

朝課後記事，上午在國防大學紀念周宣讀八中全會訓詞全文後，見唐縱與公超畢，回修改彭[2]等考韓軍事報告的講評稿。午課後，續研李氏戰略論十七章德俄作戰之部，晡與李查滋談話一小時半，以協助我半軍事行動，即降落

1　何世禮，原籍廣東寶安，為香港富商何東爵士第三子。1952 年後，歷任駐聯合國軍事代表團團長、聯合國安理會軍事參謀委員會首席代表、行政院美援運用委員會委員。
2　彭即彭孟緝。

部隊計畫為主題，彼雖民主黨已往眾院之政策委會主席，但對我甚富感情，願以精誠相助，故特留臺二日，名為考察而實為問我詳計，將與愛克面告其詳，必有效力。

九月十七日　星期二　氣候：晴

雪恥：一、黨幹部生活（精神）守則：甲、和愛。乙、誠實。丙、不自私。丁、自反。戊、毋欺。己、純潔。二、反斜面與敘面城地性質優劣之分別，及敵我二軍之位置方向等，皆用略圖說明。

朝課後續研李氏戰略論，上午入府會客，召見暑期訓練青年幹部訓話後，主持宣傳會談，得泰國政變「乃沙立」要脅鑾片汶[1]下野之報，此乃意中事。午課後記事，續研戰略論，晡口授叔銘空降特種訓練與使用計畫甚詳，未知美員果能動心否。車遊後膳畢，散步，回閱貞觀政要第四卷完，晚課。

九月十八日　星期三　氣候：陰微雨

雪恥：一、經國對事對人多不注重其環境與實際情勢，而一意以主觀自恃硬幹直衝，因之其觀察與報告亦多偏差而不合實際，殊為可慮，此其平生尚未遭遇真正之艱難與失敗，所以養成此種習性，應切戒之。二、公超力保白崇禧為其隨員訪問中東回教各國，此誠太不知人矣，奈何。

朝課，記事，為組訓空降游擊計畫與美交涉，及提出方案綱要親自研訂草案，甚費心神。上午主持中央常會，研討八全大會主要三種提案後，加以指示，

1　鑾片汶（Plaek Phibunsongkhram），又譯樂披文、鑾披汶，泰國陸軍將領，曾兩任總理，1957 年 9 月被推翻。

未作決定。為空降計畫與叔銘、經國再三研討，指示改正其既定辦法，以期不致與美方意見衝突也。午課後續研戰略論第十八章完。

九月十九日　星期四　氣候：晴

雪恥：昨晡冒雨散步後，聽取公超報告，晚宴美參議員史巴克門[1]夫婦，廿二時前即辭別為快，閱貞觀政要第六卷開始，晚課。

本（十九）日朝課後記事，記格言數則，上午在寓續研李氏戰略論第十八章未完。午課後，接見法國作家四人，復見英國議員馬修士[2]等二人，彼二人去年皆往大陸匪區考察，認為農業合作化政策已經大部成功，社會人民在表面上並無恐怖現象，其與普通和平安定國家並無二致，可知共匪宣傳之成功也。晡散步回，入浴，晚觀影劇（王元龍[3]著「移花接木」）頗佳，膳後散步，晚課。今日以南越吳廷琰訪韓，聞李承晚[4]提倡韓、越、菲三者發起另組亞洲新反共同盟，而以反日為主，其實李、吳共同排華也，一何可笑，只有對其小弱民族自大幼稚之可憐耳。

1　史巴克門（John J. Sparkman），又譯斯巴克門，美國共和黨人，1946 年 11 月至 1979 年 1 月為參議員（阿拉巴馬州選出）。

2　馬修士（Robert Mathew），又譯邁修，英國保守黨成員，國會議員。希爾，英國保守黨成員，國會議員。

3　王元龍，原名秉鈺，出生於天津。1924 年涉足影壇，主演《人心》、《戰功》、《王氏四俠》、《透明的上海》等片，成為影壇首席男明星，人稱「銀壇霸王」。整個 1930 年代，卻只有一部《還我山河》稍有影響。1940 年代主演《楚霸王》、《燕子盜》等片，重受歡迎。

4　李承晚，字承龍，號雩南，韓國黃海道人。長年推動韓國獨立運動。1948 年至 1960 年任韓國大統領。

九月二十日　星期五　氣候：晴

雪恥：一、共匪高階層矛盾問題，所謂「榮譽主席」之黨章應特注意。二、匪黨反右派鬥爭與鳴放主張之矛盾衝突，毛匪失去統制是最明顯的事實。三、毛匪對商人基本定息，及其對農人保留自耕田政策。四、統一戰線政策之消失。五、大陸水利灌溉堤防工作甚普遍實施，及其農村幹部組織與智識不足但統治有效之原因，此為英人實際考察之研究，應加研究。

朝課後記事，上午入府召見調職人員五名，主持情報會談，與公超談特種游擊計畫說帖，彼乃不知政策為何物也。午課後續研戰略論，接見韓參長劉再〔載〕興[1]等後，散步，晚閱政要，晚課。

九月二十一日　星期六　氣候：晴

雪恥：一、反攻佯動目標：甲、北茭半島。乙、南日島。丙、平潭島。丁、東山島。戊、霞浦灣。己、興化灣。庚、湄州灣。辛、泉州灣。壬、銅山灣。癸、詔安灣、柘林灣。二、防守汕頭（獨立）計畫。三、研究由東山島發起，向汕頭進攻道路地形，及其沿途敵情與機場實情。四、積極準備三個師一次運艦計畫。五、破壞鷹廈鐵路北段橋梁涵洞計畫。

朝課後記事，入府召見調職人員，主持反攻督導中心工作之報告，對於戰略開始階段要領行動之詳加指示甚歡，過去對廈門直接攻堅計畫之不學無術之意見可憐。午課後續研戰略論，晡見琉球美總督[2]後，散步。晚心煩看書，晚課。

1　劉載興，韓國將領。1956 年 9 月任陸軍參謀次長，1957 年 5 月任三軍聯合參謀本部議長，1959 年 2 月任第一野戰軍司令官。
2　莫爾（James E. Moore），美國陸軍將領，時為駐琉球高級專員、第九軍軍長。

上星期反省錄

一、繼哈脫談話之後，另與李查滋詳談我空降游擊計畫，或較能生效，以李與愛克可以友人關係詳述此事之重要性也，且此一計畫實為我推翻大陸毛匪偽政權之惟一關鍵也，故手擬綱要與督導不遺餘力。

二、毛匪離平三月，逃避反右派責任，聞周末已回平主持其十月一日偽國慶，斷言其匪黨內部矛盾，毛匪領導權力已發生動搖與減弱矣。

三、岳軍訪日，或能發生較佳影響。

四、吳廷琰訪韓，李承晚似有意借吳同盟，以威脅我友日之態度，殊為可笑，而吳之幼稚無知更為可憐，不知其如何治越矣。

五、聯大十七日開會，十九日美國提議今年不討論中國代表權問題，並拒絕印度所提辯論代表權案，並由六十一國贊成美提議通過。

六、西德總選，艾德諾[1]黨全勝，此為俄共之又一失敗也。

七、泰國政變，鑾披汶被乃沙立反叛而逃往高棉。

八、周六指導反攻中心督導組計畫之方針，自信其甚為正確，甚以辭修仍不知注重學術引以為憂，應如何加強其學識，使之不誤國事也。

本星期預定工作課目

1. 防止異黨兵員之反動言行。

2. 令財廳長[2]參加會談：逃漏稅防止問題與催繳欠稅問題、納稅報表太多及重罰嚴正規則。

3. 各鄉鎮里民大會設置公共收音機。

1　艾德諾（Konrad Adenauer），德國基督教民主聯盟黨魁，1917 年至 1933 年曾以天主教中央黨身份擔任科隆市長，1949 年 9 月至 1963 年 10 月擔任第一任德國總理。

2　陳漢平，字建之，湖南人。1952 年 5 月任財政部常務次長，1954 年 6 月調任臺灣省政府財政廳廳長，1960 年 6 月，回任財政部常務次長，並於次年接任中央信託局局長。

九月二十二日　星期日　氣候：晴　溫度：八十七

雪恥：一、電董[1]往訪李查滋與哈脫。二、兩棲步師之訓練求其專精。三、調澎部隊，應選兩棲師。四、調緯國為高參或國防部附員。

朝課後緯國來見，討論其工作問題，俞[2]部長再三要求調為其〔其為〕侍從參謀以資培養，其用意甚為誠摯也。上午續研戰略論第十八章完，甚為快慰，禮拜回記事，批閱公文，清理積案。午課後記上周反省錄，審核陶[3]擬雙十節文稿等多件，晡散步，在陽明小築前觀魚閒坐，晚觀影劇，晚課。

九月二十三日　星期一　氣候：晴　溫度：八十六

雪恥：一、約伯泉來見。二、緯國參加中心小組秘書處業務。

朝課後記事，聽讀美陸軍參校集體研究小戰的準備之報告，其內容與精神皆與我「蘇俄在中國」內所說者幾乎完全一致，可知人同此心，心同此理也，頗覺為慰。終日在寓續研戰略論第十九與二十章畢，更覺此書重要，恨不能在十年前早閱耳。晚宴土耳其雅飛大使夫婦後，閱貞觀政要忠義篇後，晚課與午課皆如常。

九月二十四日　星期二　氣候：晴　溫度：八十六　閏八月一日

雪恥：一、反攻目標與主要工作之指示。二、中央與省級駢枝機構合併計畫。三、臺省對公廁、公墓與公井職務之主管部門及其工作之規定。四、

1　董即董顯光。
2　俞即俞大維。
3　陶即陶希聖。

行人路上靠左或靠右行進之規定。

朝課後續研戰略論第廿一章,上午入府接見法國前內閣總理「皮乃[1]」,約談半小時,此為熱情之人也,見國際衛生會議會員後,一般會談,批閱。午課後續研戰略論第廿一章完,為婦女出席全國代表大會事無理要求,不勝悶損。晚宴天主教樞機主教田耕莘[2]後,晚課。

九月二十五日　星期三　氣候:雨

雪恥:一、李承晚之言行橫蠻狡詐、無禮不義至此,殊出意外。在此亞洲反共聯盟會開會之時,彼以不許我與日本交好,而只能與其獨好為條件,否則彼代表即於開會之初將作退出亞盟之聲明,此一恫嚇殊令人可笑,其幼稚不道如此,何能領導韓人,望其革命成功乎。彼以為上次反對日本參加亞盟之故,乃即拒絕在臺集會(臨時),余乃忍之不予計校,並停止集會以留餘地,而今復以此侮辱為我真以可欺,此與共匪之行徑何異,惟有置之不理而已,此誠東亞民族之不幸也。

本日三課如常,上午總動員會報,午後續研李氏戰略論廿二章完,甚樂也,經兒以目疾入院醫治,晚宴美友包靈[3]君。

1　皮乃(Antoine Pinay),法國政治家,1952 年 2 月至 1953 年 1 月擔任總理,至 1960 年止並多次擔任財政部部長、外交部部長等職。

2　田耕莘,字聘三,山東陽穀人。1946 年 2 月成為第一位亞洲出身的天主教樞機主教,4 月擔任北平總教區總主教,1960 年任臺北總教區署理總主教,並擔任輔仁大學在臺復校後第一任董事長。

3　珀林(Daniel A. Poling),又譯包靈、波林、保令,基督教兒童福利基金會董事,《基督教先鋒報》總編輯。1950 年代起協助臺灣光音育幼院、臺中育嬰院、大雅盲童育幼院、樂生療養院職業治療室等成立。

九月二十六日　星期四　氣候：雨

雪恥：一、魏濟民[1]、高如峯[2]二員應調海軍實際工作與研究高級學術。二、陸軍掃雷工具幾何。三、直升機（遠程）速購三架。四、特種游擊課程之編訂，以組織民眾與小型民政之軍政府，及偵探、防奸、保密、欺敵、佯動、肅清匪幹，與利用監視及將功贖罪與連保連坐等專課之實習為急務，即宣傳領導、指揮號召與群眾心理為主。

朝課後記事，上午在寓續研李氏戰略論附錄一完。午課後清理積案，審核中央所提本黨政綱頗詳，晡訪包靈牧師，晚宴法國皮乃與夏季諾[3]等後，晚課。

九月二十七日　星期五　氣候：陰

雪恥：一、副總裁之設置，為將來與現在的政治黨務的安危與成敗關係皆有必要，無論對辭修與經國計更有必要也。二、黨天下之譏評雖對共黨而發，但吾黨亦應注意。三、幹部的信條與義務應與普通黨員有別，並嚴格考驗與訓練課目：甲、信仰。乙、意識。丙、生活。丁、紀律。戊、組織。己、領導能力與成績。二、一切計畫聯合性與彈性。三、黨的組織擴大範圍如何。

朝課後記事，手擬令稿四通，入府會客後，主持財經會談，批閱公文。午課後，續研戰略論附錄二，晡到政工學校舉行特別（軍隊）黨部第三次代表大會閉幕典禮，訓話一小時，晚聚餐會，晚課。

1　魏濟民，字樹人，山東歷城人。1949 年 5 月間任海軍軍官學校校長遭拘禁，1951 年 9 月 7 日由海軍總部軍法審判，12 月 27 日判決無罪。1953 年 6 月回任海軍總司令部高級參謀，後任行政院參議，時任總統府參軍。

2　高如峯，號仰山，福建閩侯人。時任總統府參軍，1957 年 12 月調任海軍第一軍區司令，1962 年 2 月出任海軍軍官學校校長。

3　夏季諾（Jacques Segard），又譯夏基諾，法國出席聯合國大會代表。

九月二十八日　星期六　氣候：晴

雪恥：一、黨員守則：甲、為民服務（救貧、吃苦、排難、解囊）。乙、合作互相（禁絕衝突、爭權與派系之分）。丙、冒險探實（險）與自我犧牲。二、總理遺囑應以革命尚未成功，同志仍須努力的遺訓代之。三、中央各組名稱仍應保留，不必以恢復部的名義。四、政治組新設的可改為政策研究發展組。五、提設置副總裁制，此為余惟一不可動搖的主張。

朝課後記事，入府見公超，十一時主持孔誕紀念典禮後會客，正午設宴，為各大專校長及優良教授五十餘人慰勉（在中山堂）。午課後續研李氏戰略論附錄二，晡約亞洲反共聯盟理事會員茶會後，與妻散步、車遊，晚觀影劇（春色無跡[1]）後晚課。

上星期反省錄

一、李德哈達戰略論窮一個月半的公餘之中，幸能如計研讀完成，此為二十年來研究軍事學術中獲益最大之書藉〔籍〕，惜未能在十五年前得讀此書，否則大陸剿匪戰爭不致失敗至此耳。今後如能因此再與俄、共作戰，得能轉敗為勝，乃為不幸中之幸也。

二、李承晚對亞盟理事會在臺開會之時，藉口以我親日太過，彼須退席之威脅，實為最卑劣無知之妄舉，幸未中其狡計，理事會終得無事結束也。

三、聯合國大會印丑梅農[2]強提討論中國代表權問題，仍被四十八票對廿七票之否決，此種印、韓、越等國以我中國抗日戰爭之結果，乃得有獨立自由之今日，而竟皆對我反噬至此，能不為之痛心。

1　《春色無邊》，香港海燕影業公司出品，1957 年 8 月 29 日上映，王豪導演，鍾情、胡金銓主演。

2　梅農（V. K. Krishna Menon），印度政治家，1953 年至 1962 年，任駐聯合國常任代表。

四、對中、美聯合反攻作戰計畫小組人選，雙方皆已派定組成，略可自慰。

九月二十九日　星期日　氣候：晴

雪恥：一、美軍用物品走私與逃稅問題的交涉。二、本黨制度與反攻計畫及空投組訓工作之重要。三、先選剿匪十過慘烈戰役為戰例，作剿匪戰術之重要材料。四、戰時假令與代號之設計。五、93D 劉修己[1]、10D 唐揖遜[2]之政工成績如何查報。六、廉頑立懦為政工之要務。

朝課後，續研李德哈達戰略論附錄二（以阿戰爭戰例）完，最為有益，第一遍全書至此看完矣，應重加新圖詳研。上午散步回，記事。午課前後記上月及上周反省錄，晡見美空軍惠來[3]司令後，散步。晚觀美製影劇（離船），最令人動心也。晚課。

九月三十日　星期一　氣候：雨

雪恥：一、艾其生[4]至今對於其對華政策之失敗，其罪惡之大，愚拙無知，貽害人類及其美國之深，尚不知悔悟，而猶以民主黨政策委員會主席名義，對其今日政府妄施抨擊。他無瑕可擊，只有說蔣介石終不能永久生存，即中國現狀將不會長久保留，因為中華民國的蔣總統不會長生不老，美國必須準備

1　劉修己，號雲生，江蘇豐縣人。時任第九十三師政治部主任，1958 年 10 月，轉任政治大學軍訓主任教官兼生活管理祖主任。

2　唐揖遜，號君儀，江西萬載人。時任第十師政治部主任。

3　惠來（Otto P. Weyland），美國空軍將領，時為戰術空軍司令。

4　艾奇遜（Dean G. Acheson），又譯艾其生、艾其蓀，美國政治家，曾任國務次卿，1949 年 1 月至 1953 年 1 月任國務卿，後即自政界退休。

蔣總統千秋萬歲之後所發生的事情，又說美國現應研究其究竟承認中華民國抑承認中共問題，以及其他有關一切問題云。你看，美國的一等外交家之常識，如此焉得不對俄失敗？

朝課後記事，上午主持陸參校第十期開學典禮，訓話後召見重要教職員十餘人。午課後批閱公文，閱蔣夢麟[1]孔子誕辰紀念文，甚佳，見星島教育部長周瑞麒[2]。晚閱政要及晚課如常。

1　蔣夢麟，原名夢熊，字兆賢，號孟鄰，浙江餘姚人。曾任北京大學校長、教育部部長、行政院秘書長、國民政府委員。1948年10月，任中國農村復興聯合委員會主任委員。

2　周瑞麒，時為新加坡執政黨勞工陣線主席兼教育部部長。

上月反省錄

一、北大西洋公約國由美主持在地中海與英倫海峽大演習，自十八日開始，而俄寇亦在北海舉行海軍大演習，此一針鋒相對之行動，其尚能避免世界大戰乎？

二、美國又宣布其作第二次再裁軍十萬員額，限於明年七月以前減至二百六十萬之總兵額，而其一方面又宣布本年底成立洲際飛彈中隊，據說為其預算不足之關係也。

三、李德哈達戰略論第一遍窮一個半月之力，幸得如期研閱完畢，此一工夫或足為今後反攻復國在軍事上之重要研究乎。

四、為傘兵游擊計畫，對美國副國務卿哈達與太平洋總司令史敦普之交涉談話已盡我心力，不知果能有效否。

五、本月研究反攻方案與外交政策，尤其是辭職以後自動反攻之問題，皆在冊首本年大事表九月五日至十三日記錄其要旨，自覺對反攻計畫尚未能有妥善解決為憾。

六、對反攻督導中心對於軍事計畫之要綱指示頗詳，其他對於軍事有關各項重要之準備，亦可說在本月內策劃決定矣。

七、陸軍指參學校第九期畢業典禮中宣布「說士氣」訓詞，此亦一重要工作也。

八、俄艦逐漸駛入地中海，訪問南斯拉夫與敘利亞，對美積極示威，而其對敘軍械供運不遺餘力，以目前形勢而論，中東實為美俄大戰導火線之第一優先地區矣。

九、聯合國臨時大會譴責俄共以武力干涉匈牙利為侵略行動，俄軍應撤出匈境之決議。

十、聯大本屆不討論中國代表權問題之美國提案通過後，印度梅丑[1]重提要求討論此案之票決，雖將其要求遭多數之否決，但印度之有意侮辱於我國，可謂又加重其不義之史實，故記之。

十一、越南吳廷琰訪韓，李承晚想挾吳以排我於亞洲反共聯盟之外而未果也，其不義幾與印度之泥黑路[2]不相上下乎。

十二、西德選舉其政府黨大勝，此為俄共在歐西陰謀中之一重大失敗也。

十三、俄共宣布其洲際飛彈實驗成功，此乃世界大戰之第一信號也。

十四、毛匪於本月下旬方回北平，是其偽國慶將屆，不能不回也。

十五、匪報自認其思想改造已經失敗，須再加十五年工夫方能望其完成云，未知此十五年之中共匪之命運，其滅亡究決於何年矣。

十六、共匪反右派鬥爭在形式上至本月終將告一段落，但其實際上必將進行鬥爭愈慘矣。最大問題還是其共匪高階層之矛盾亦已入於鬥爭階段矣，不能不特加研究其發展也。

1　梅丑即梅農（V. K. Krishna Menon）。
2　泥黑路即尼赫魯（Jawaharlal Nehru）。

蔣中正日記
Chiang Kai-shek Diaries

十月

蔣中正日記
Chiang Kai-shek Diaries

民國四十六年十月

本月大事預定表

1. 八全大會之提倡：甲、道德與倫理及文化、信義為革命之基礎。乙、自我（私心）與革命（公德）不能相容。丙、針對共匪政治、經濟、社會、教育、軍事、外交之弱點，為本黨反共對象之要點。丁、理論。戊、本黨總裁制改變之檢討。己、黨部切戒行政衙門化，應注重政策與謀略（政治、社會、他黨與青年及智識分子）。庚、特別提倡同志愛與互助精神。辛、獎勉諫諍盡言與物色黨外人才。壬、養成鍛鍊黨員之風格氣節，特別要有剛強不阿、不投機、不討好之有骨幹的革命人格。
2. 公教人員加薪案之督導。

十月一日　星期二　氣候：雨

雪恥：一、開幕詞要旨：甲、發揚革命歷史。乙、繼往開來的職責。丙、貢獻反攻復國的意見，集思廣益製成完備的方案，達成救民救國，實現主義的使命。丁、提倡據理（討）辯論，不厭求詳，不可留有客氣謙讓以避免怨隙的心理，須知大會是共同的使命，必須共同負責辯駁，才能發現真理，達到大會完滿的成功。二、立法院強求全體參加閱兵典禮要求之對策。三、各處公共收音機之管理計畫。

朝課後記事，入府召見調職人員六名後，宣傳會談，指示宣傳方針並加鼓勵，

約健中談話，頗有可採之處。午課後批閱黨章修正意見及李氏戰略論缺疑各點之指出查明，晚觀影劇後晚課。今日夏令時間改為正常時間。

十月二日　星期三　氣候：上雨　下晴

雪恥：一、空軍分列式應分為三批以上。二、軍車繞道，不得直過市中心。三、行人穿過馬路之禁止。四、政策研究組改為委員會，分別設立經濟、社會、外交、大陸等各種研究小組。五、中央設非黨員的顧問委員。六、反共救國會議有否必要之研究。七、策反工作加強。

朝課後記事，經兒目疾初癒，來談製造降傘計畫，令其繼續休養。主持中央常會，討論黨章第二、三、四各條，作最後之決定，通過大會代表人選。午課後審核陶[1]擬文稿，最為無氣，乃着手自草。晚觀美製韓戰影劇極佳，晚課。

十月三日　星期四　氣候：晴

雪恥：一、共匪內部矛盾及其派系鬥爭發展規律之研究。二、思想鬥爭與民族文化之強調。三、擴大爭取匪幹（海外）反正組織。四、強調國家生計、民族生命、人民生活與社會生存之宣傳。五、粉碎俄化大陸陰謀。六、對匪幹規約：甲、自首自清，連坐連保。乙、不窩藏庇護匪徒。丙、知匪必報，勸匪歸誠，將功贖罪。

朝課後記事，上午審閱日本舊軍人視察大陸匪區軍事報告書，認為其士兵體力、紀律與生活優裕以及對人民和好一點，殊堪注意，可知毛匪對其軍力尚

1　陶即陶希聖。

能保持掌握統制權也。惟其軍隊油料奇缺,保養不良,支援無力,訓練不精,雖有新式武器,只是形式仍不脫舊軍心理之窠臼,尤其是各級軍官不學無知,更可注意也。

十月四日　星期五　氣候:晴

雪恥:昨午課後審閱特種空投游擊部隊組訓計畫,與鷹潭鐵路破壞計畫,甚為重要,乃覺求知看書、工作時間對要務延誤之可慮,並每周必須有一空閒時日備作研究與審核要公之用也,以上月專力於李德哈達戰略論之研究,故耽誤甚多也。入浴,車遊,晚課。

本(四)日朝課後記事,召見空軍出國學習特種偵察機技術,及見美協防部新參長李[1]等畢,情報會談,大陸情報工作已有進步。午課後手擬雙十節文告,楚[2]擬代稿亦不能用,故只有自己動手起草也,甚覺文思必須從執筆以後,方能群出不窮也。晡散步後,在小築前池畔觀月娛樂回,晚膳後續擬稿初成,晚課。

十月五日　星期六　氣候:晴

雪恥:一、特種傘兵游擊隊之組訓,應在受訓時期以地區藉〔籍〕貫相當之幹部為組長,再選其士兵配屬該組,固定其組織,由組長在訓練完畢後,即每月定期聯絡,並授與該組長職務,如縣長、專員等行政課目,俾其空投

---

1 李達(William G. Lee Jr.),又譯李德,美軍協防臺灣司令部參謀長(1956-1957)。惟1957年間新到任參謀長應為巴塞特(Harold Huntley Bassett)。
2 楚崧秋,湖南湘潭人。1955年2月任總統府侍從中文秘書、新聞秘書。1958年9月調任中國國民黨中央委員會第四組副主任。

降落後,一面游擊,一面組設行政機構,主持地方政務。二、調查詔安、黃
岡與雲霄、東山駐匪番號。

朝課後手草雙十文稿,修正第一段文字。上午入府舉行伊朗大使[1]呈提國書典
禮後,與岳軍談話,聽取其訪日報告,認其所受禮遇為任何國賓與特使得未
曾有者也,余亦認日政府此次之表示,乃充分對我感恩之誠意無缺耳。軍事
會談畢回寓,午課,記事。四時後獨自出發,七時前到角畈山入浴,膳後散
步,吟詩,晚課。

上星期反省錄

一、俄寇星四日發射人造衛星成功,此一消息時已震驚美國朝野,乃證明其
　　洲際導向飛彈實已成功矣。以後國際形勢必將有重大變化,俄以此能先
　　發制美乎,抑美將對俄屈服乎,此乃為不可想像之事。

二、本周指示傘兵游擊隊之組訓計畫,以及對鷹廈鐵路破壞之要領,實為反
　　攻開始主要之業務,今後當可積極準備矣。

三、反攻初期的軍事目標之決定以及運用軍力之方法,亦已具體指示矣。

四、對黨章與本黨現階段之政治綱要,皆已評判修正完成。

五、共匪偽政權改組之名單中,仍有章、羅[2]等四個右派部長之名,甚覺滑
　　稽,而亦為最有興趣與值得注意之事。

六、岳軍訪日歸來,頗有收穫也。

七、沙地阿拉伯王祖護敘利亞,對美表示不滿之態度,乃為中東形勢轉變之
　　關鍵。

1　南漢儀(Hossein Ghods-Nakhai),伊朗駐華大使,1957 年 10 月 1 日到任,10 月 5 日
　　呈遞到任國書,1958 年離任。
2　章、羅即章伯鈞、羅隆基。

本星期預定工作課目

1. 大會提出副總裁制及其產生之方式。
2. 行政院各部會改組人選。
3. 雙十節文告之草擬。
4. 八次全代大會開幕與準備。
5. 招待參加國慶來賓之程序。
6. 招待中日合作策進會會員。

十月六日　星期日　氣候：晴陰　朝雨

雪恥：一、步兵師兩棲訓練應求精而不在多，先指定兩個師作八個月之訓練。二、標語重新檢討與修正。三、訓練方式、任何講解必須示範與實習。四、衛生所之改革方法，盥洗盆必須發給材料與工具，並定期輪流考驗與訓練。五、訓練與實踐方法之重要，不分軍事與政治皆須規定示範與圖解。

昨夜睡着冷，故今晨起床即覺傷風。朝課後記事，膳後散步即回，修正雙十節文稿，足費半日心力。午課後記上周反省錄，四日俄共宣布其人造衛星成功，而五日其在聯合國大會之外交部長葛羅米哭[1]與美杜勒斯會談有四小時之久，據其公報只表明其雙方之立場成為相持不下之局而已，此乃必然之勢也。晚重校李氏戰略論第一、二、三各章後，晚課，入浴，廿二時寢。

1　葛羅米哭即葛羅米柯（Andrei A. Gromyko）。

十月七日　星期一　氣候：晴

雪恥：一、八全大會中要案副總裁制，其人選由總裁提出，經大會半數以上之表決為定。二、大會後行政院之部會首長：內政、經濟與交通人選之調整。三、大陸情報組織應特別加強。四、大陸民眾與青年之號召，加速反共抗暴運動為第一急務。五、廣告稅與廣告貼寫方式之注意。

朝課後膳畢，散步視察部隊營舍與訓練，回記事，記上月反省錄。午課前散步，膳後休息，十四時半由角畈出發，經大埔村視察總統府疏散區之建築後，經板橋而回後草廬入浴。重整文告至晚夜深未完，晚課。以夜間工作，故睡眠不良也。

十月八日　星期二　氣候：晴

雪恥：一、俄共先發射人造衛星成功，大事宣傳其科學進步已超出美國之上的事實，乃使美國驚恐無已，但余以為此非必為自由世界之禍，或亦為美國轉禍為福之紐機，以其驕矜自大、目中無人之習性，終以為俄共遠不如他，故其漫不在乎的心情乃入於睡眠不醒的狀態，如其果能因此醒覺，自悟其落後，乃將急起直追，猛省邁進，則此兔龜競爭，最後睡兔仍能超越此龜行之前，自無疑義。

朝課後續修雙十文稿第二次完，上午到防大參觀美顧問團兵棋演習，由鮑文對我單獨報告其對國防部昆陽演習計畫各種重大缺點之改進，對我最為有益，更覺我三軍聯合作戰幼稚不學之可慮也，且增進我知識不少為快。

十月九日　星期三　氣候：晴

雪恥：昨中午在蔣林靜觀室作雙十文稿第三次之修正後，宴中日合作策進會會員慰勉之。午課後記昨日事，晡散步至魚樂園獨坐觀景，晚霞秋色甚覺自得。晚觀影劇後，晚課，入浴。

本（九）日朝課後，獨往後公園散步，在小築外池畔遊憩，約半小時回，朝膳後續核文稿，作最後之決定。正午再與妻散步於後公園至魚樂園，風和日暖為快。午課後記事，見美新聞記者後，播音灌片畢，又見薛敏老[1]。晚膳後車遊市內，總統府電光燦爛，裝飾又比去年更輝煌矣。晚課後，以明日閱兵臺來賓席次安排未妥，故夜間睡眠又不安也。

十月十日　星期四　氣候：晴

雪恥：本日國慶，日麗風和、光明燦爛的景象，乃為反攻復國成功的歡樂象徵。昨夜雖睡眠不足，但今晨仍精神倍增，五時半即起床，朝課後默禱，懇求上帝賜我復國救民早日成功，更望明年能在大陸上舉行國慶典禮也。八時夫妻同到陽明山莊介壽堂，舉行本黨第八屆全國代表大會開幕禮主詞畢，即到總統府舉行國慶集會典禮，宣讀文告畢，接受各國使節觀賀，十時登閱兵臺，舉行空軍與陸軍分列式，本年成績更比往年精簡整齊為慰，對軍隊致訓時尤為肅靜莊穆也。午課後記事，閱報，晡在蔣林邀約美、韓將領卅餘人茶典〔點〕。晚膳後至後公園散步觀月回，晚課畢即睡。

1　薛敏老，祖籍廈門，生於菲律賓馬尼拉。1932 年任菲律賓中興銀行（China Banking Corporation）協理、經理、總經理及董事長。抗戰期間，被選為菲律賓華僑援助抗敵委員會委員。1942 年 1 月被日本佔領軍拘押，隔年獲釋。時為菲律賓中興銀行董事長。

十月十一日　星期五　氣候：晴

雪恥：一、調閱昆陽演習計畫。二、七星山修理工程及機器維護保養之情形查報。三、政府機構與公營事業處所之管理與清潔、檢查等方法之學習，訓練之計畫實施，及其全部之調訓檢查計畫。四、全省風景區（通往）公路修整柏油路五年計畫之順序。

朝課後，獨往後公園前「小隱潭」遊憩回，膳後記事，上午召見孔德成[1]，將赴日講學也，又接見巴西與墨西科國際反共領袖後，又見日本「足立正[2]」代表團長畢，與妻往遊烏來，沿途道路及其住所只有退步也，十五時後回。膳後午課，閱報，港九雙十大會主席左舜生不敢提「反共」二字為怪，此種投機中立分子之言行本來如此，何足計也。觀影劇尚佳（國片），晚巡視市區後，晚課。

十月十二日　星期六　氣候：晴

雪恥：一、大會致詞要旨：甲、人才之提撥與扶持培植。乙、道德、信義、文化與革命人格之重要。丙、反攻復國之責任與學養技能。丁、匪黨與本黨之對照，一切之優劣成敗（信義與狡詐，暴力與道德（倫理文化）（仁愛）。戊、建國工作之準備。己、革命歷史發揚之使命。

朝課後散步回，膳後經兒持吳天明[3]同志新近在故鄉視察報告，以及慈墓與素居等照相六張，視為無上至寶。五年以來，以此為第一次獲得故鄉實情消息

1　孔德成，字玉汝，號達生，係孔子第七十七代嫡長孫，襲封三十二代衍聖公、大成至聖先師奉祀官。1949 年 4 月，應政府之請遷往臺灣，復建臺北家廟，倡導儒學。自1955 年起，於臺灣大學中國文學系、人類學系兼任教授，講授「三禮研究」、「金文研究」、「殷周青銅彝器研究」課程。

2　足立正，日本實業家，中日合作策進會議日方代表，日本東京商工會議所會長。

3　吳天明，大陸地區來臺出席中國國民黨第八次全國代表大會代表。

也，更督促我提前反攻之心境也。見叔銘，得悉美國對我三千空降幹部組訓已經同意為慰，巳刻獨到陽明小築休憩，記事。午課後，到龍潭視察空降幹部組訓工作，再到教導團對鷹廈鐵路工作人員訓勉，與經兒同車回，閱報，晚閱政要，晚課。

上星期反省錄

一、本周在學識上重要所得，為美顧問團在防大對昆陽演習計畫之圖上預演之批評，殊有價值，以能發現我將領各種不良之習性與一般弱點也。

二、得吳天明同志攜來故鄉消息，先人盧墓皆安全無恙，又以一般人民對共匪兇惡的怨恨心情，已無顧忌的可以表露，對匪絕無畏懼心理，而對我反攻回鄉亦望若雲霓也。

三、美杜勒斯與俄葛羅面哭[1]在杜[2]家談話四小時，彼此各持其固有立場，致無結果而散。

四、甚覺美、俄在中東地區之戰爭不致太遠也。

五、雙十節文告自覺氣盛而有力，此乃反攻初期第一之要件，亦目前之急務也。

六、戰士授田制在宜蘭縣開施實施。

---

1   葛羅面哭即葛羅米柯（Andrei A. Gromyko）。
2   杜即杜勒斯（John F. Dulles）。

本星期預定工作課目

1. 國際形勢與俄匪內容說明。

2. 黨設顧問（政治），不限於黨員。

3. 調閱昆陽演習計畫原案。

4. 匪部裝扮我軍擾害人民之反宣傳。

5. 對投機取巧之黨員與中立分子政客之排斥。

6. 強調黨德與紀律之重要（有骨幹的人格）。

7. 見沙茲勃克[1]之準備與交換意見。

8. 召見大陸代表之時間與程序。

9. 中央委員與監察委員之人選。

十月十三日　星期日　氣候：晴

雪恥：一、特種游擊隊員訓練課程：甲、被俘時假口供之同異各點須分別研究：（子）組織單位數與員額供詞，應同以其本單位中隊內人數為準（不可多供）。（丑）認識人數以小組姓名為限。（寅）目的：（1）以保全生命，能在匪區生存（相機造謠宣傳）。（2）以能受匪訓後派來臺灣（報告匪情）。（3）如能派往邊疆工作（即在當地相機組織，與國軍設法通信）。（卯）隊員必須能修復無線電機為要務。

朝課後記事，記上周反省錄，見屬生談評議委員職權加大與組織要領之研究後，獨往陽明小築，遊憩半小時回。午課，下午批閱公文，審核對紐約時報記者答詞未完，晡與妻車遊至南港而返。晚觀影劇，晚課。

1　沙茲伯格（Arthur H. Sulzberger），又譯沙茲勃克、沙慈伯克、沙資勃克，1935 年至 1961 年為美國《紐約時報》發行人。

十月十四日　星期一　氣候：晴

雪恥：一、孔德成赴日講學，為我政府宣傳之最好機會，而我黨政主官毫不在意，亦無準備與津貼，實為無知無能之表現。二、財部派員往星加坡策反，而不與外交與僑務聯繫協商，實為政府無組織之表現。三、經兒目疾恐因其糖尿病關係而不易治癒，應令休養就醫。

朝課後，續閱卅八年九月間告全黨黨員書完，感慨不已，乃令全會朗誦，九時主持全會紀念周畢，舉行預備會議後回，記事。午課，午後到大會聽政治與匪情二報告後，召見大陸來會代表後回。晚與妻車遊山下一匝，讀唐詩，晚課。

十月十五日　星期二　氣候：晴

雪恥：一、埃及調派陸軍至敘利亞，在土耳其邊境協防，此乃中東局勢發展之重要關鍵，蘇俄對中東挑起戰爭之陰謀畢露，而西方猶以為其示威態勢，可笑。二、對大會講詞與指示：甲、對大陸共匪之矛盾擴大與利用。乙、大陸工作如何加強統御術之學習。丙、對異黨與中立及正派無私之批評的態度。丁、本黨工作欲求有效與適合使命之要求：（子）學術、技能。（丑）思想、行動、精神。（寅）習性、方法（自私與頑固）。（卯）黨德、權利、派系。（辰）友義、批評與疑忌。（巳）責任與犧牲。（午）紀律組織。戊、國際形勢。己、求新。

朝課，上午到大會，並修正對紐約時報問答稿。午課後記事後，到大會召見大陸代表四員畢，回續修前問答稿，晚約博雷德[1]夫婦便餐後，車遊回，晚課。

1　博雷德即卜蘭德（Joseph L. Brent）。

十月十六日　星期三　氣候：晴　夜雨

雪恥：一、幹部精神修養：甲、和愛。乙、公正。丙、忠恕。丁、謙讓。戊、服務。己、犧牲。庚、互助。壬[1]、協調。癸、袪除四惡：子、欺心。丑、偏心。寅、私心。卯、疑心與妒忌。二、新的精神方能擔當新的事業。三、精神結合的基準：甲、犧牲自由。乙、貢獻能力。本黨過去的失敗「黨員有自由，全黨無自由。黨員有能力，全黨無能力」（總理遺教）。四、先建國而後治國。

朝課後記事，上午到大會，聽讀上次大會我的政治報告書後，自閱總理在第一次大會中講詞，甚有補益。與葉[2]部長談話後，巡視研究院後面建築與道路，比前進步為慰。正午約主席團聚餐，提出副總裁設置案，闡明理由，眾無異詞，令交大會討論。

十月十七日　星期四　氣候：風雨

雪恥：昨午課後到大會，召見大陸代表六人，大體皆甚誠實，而活力恐不甚足，惟滬、浙負責者吳天明同志最有能力，其成績亦甚優異也。晡見紐約時報沙資勃克夫婦[3]及其侄、媳[4]，約談一小時，心緒頗佳。晚往研究院主持第八年成立紀念，聚餐畢，回閱貞觀政要尚儉篇，晚課。

朝課後記事，上午復習總理遺教，手草講稿要旨，至午課後十六時止，審核

1　原文如此。
2　葉即葉公超。
3　沙茲伯格（Arthur H. Sulzberger）及其夫人蘇茲伯格（Iphigene Ochs Sulzberger）。蘇茲伯格（Iphigene Ochs Sulzberger），1917 年至 1973 年擔任《紐約時報》董事。
4　侄、媳即沙資勃克（Cyrus L. Sulzberger II）及其妻子拉達（Marina Tatiana Ladas）。

答紐約時報記者[1]稿畢,見西德記者威廉藍格[2]與區達年[3]夫婦。晚約藍欽談話後,宴沙資勃克並授勳章,沙氏身心遠不如前矣,他對反攻事,極怕俄共參戰暴〔爆〕發大戰也,晚課。

十月十八日　星期五　氣候:雨

雪恥:一、本日設置副總裁案,以交議方式提出大會討論後表決(起立),以三百三十餘代表中贊成者二百八十餘通過,可知尚有少數代表不識大體,尚有派系成見也,經國發言甚得體明理為慰。此副總裁案成立以後,本黨革命基礎穩固,不僅在組織上已戰勝共黨匪奸,而且復國建國長期革命任務,亦可以如期如計推進而無中斷,或如卅餘年來各種阻礙與危險之憂矣,自認此乃余對黨國重大貢獻之一也。

朝課後記事,到大會主席提出交議案,加以說明理由後通過,回批閱公文。午課後與妻參觀陸海空勤裝備展覽,二小時畢,回見克伯生[4]後,考慮中委與評委人選,頗費心力,晚課。近在睡前略飲櫻桃酒後,增強安眠有效也。

十月十九日　星期六　氣候:晴

雪恥:一、沙資勃克離臺到港發表談話,稱「他不贊成承認中共政權,但贊成以事實上外交與文化對中共往來」之語,是其與我相別時所說,如無世界大戰,恐我政府收復大陸沒有希望之意,乃為其前後二說整個心境之表現,

---

1　竇鼎(F. Tillman Durdin),美國《紐約時報》記者,長期撰寫中國新聞,如抗戰、二二八、中共崛起等。
2　威廉・藍格(William Langer),西德通訊社記者。
3　區達年,香港市政局民選議員。
4　克伯生(Evron Kirkpatrick),美國華盛頓喬治城大學教授,美國政治學會執行長。

此亦其猶太人種自私心理之真情，何足為怪。二、對大會指導精神團結與內心統一，對主義與革命事業精誠貫注，而消除分離自私之舊習，方能建立新的事業，完成復國使命也。

朝課後記事，手擬中央委員人選名單，到大會巡視，與辭修、屬生談中委人選注意之點與要旨。午課後與妻車遊木柵分院，視察回，膳後觀影劇，閱報，晚課。

上星期反省錄

一、本黨全代大會正式開議，本周心神皆貫注於大會之如何結果，獲得完全成功的一點之上。

二、復習第一次全國代表大會中總理講詞，與卅八年以來改造本黨主要各文件，尤以卅八年九月告全黨黨員書自覺感慰，以當時所指示者，幾乎每句文字至今皆已一一實現，在大會朗誦之後，對各代表可多得一次黨的教育，其意義特別重要。

三、提出副總裁制交議案，已得大多數起立鄭重通過，實為鞏固黨基與今後本黨革命建國成功之保證，不僅為植反攻復國勝利之根基而已，自覺此為余對本黨重大重〔頁〕獻之一也，乃可安慰總理與先烈在天之靈矣。

四、黨章與政綱皆由余親自修正、指示後，如期通過。

五、沙資勃克來臺訪問時，對於猶太人自私之心理更增我多一次之認識矣。

六、美對我特別游擊降落隊之計畫，已於雙十節後表示贊成，但尚未得其正式換文，據說此一問題與我之建議已到達白宮云。

七、土、敘緊張形勢俄共愈造愈劇，以余觀察，中東戰爭當有六成可能之成分。

八、南斯拉夫承認東德，此乃俄共製造敘、土緊張形勢中整個陰謀之一部，而其急於在中東確立其擴張之根據也。

十月二十日　星期日　氣候：晴

雪恥：一、新的領導方法。二、新的革命道德與品格之修養：甲、存養省察，自反自修，自教自學，日新又新。乙、愧悔與強硬。丙、實踐與篤行。丁、歡樂（樂觀）與活潑。戊、自由與自動。己、恢宏豁達。庚、克己與忍耐。辛、統一與互助，集中與協調。壬、分工與合作。癸、誠實與純潔，公忠與敬愛。

朝課後記事，記反省錄，視察大會，巡視宿舍環境與匪情資料室回，重閱第七次代表大會宣言，甚覺得體為慰，重讀總理第一次代表大會講詞，加以分析有得。午課後巡視大會後，審核宣言初稿，大體可用。晚辭修呈報中委候選名單，大體可用。觀影劇後晚課。本日大會推選總裁，以全體代表起立方式行之。

十月二十一日　星期一　氣候：晴雨

雪恥：一、目光與心思集中於敵人身上，共同對中敵人，加以撲滅，達成反共目標。二、小「沙資勃克」自臺灣報導其紐約時報不僅抬共贊毛，而其對我臺灣之譏刺，認為毫無出息之殘局，殊令我對美國與猶太人之面譽心誹的性情，如你愈對他懇切與熱忱，則更視你為無出息之劣種，其卑污與無識又增我一次經歷矣。

朝課後記事，到大會舉行紀念周，講述一小時之久，未知能有效果否。上午審核中委候選人提名之名單，甚費心力，午課後續審名單，提一百五十人交張厲生與陳辭修再加斟酌之候核，作最後決定。晚審閱宣言第二修正稿，無力無氣，乃重新指示，令其修正，又與張、陳商討最後名單，決提一百卅五人，令選半數六十八員為準，廿二時後晚課。

十月二十二日　星期二　氣候：晴

雪恥：一、此次大陸出席代表只有十分之三，其能力工作是有希望、可信任的，其餘仍以個人活動，尚無組織可言，而且其知識甚差，至領導能力更談不上，其將如何發動大規模革命運動，希望其能有所成就乎。惟此次十八個代表，不過僅以聯絡通信為主，而其真有組織與領導責任者，無法離開大陸崗位而來參加大會，乃為事實耳。

朝課後記事，到大會與屬生秘書長商討執委提名，作最後之決定，並審核宣言第三次稿，大體可用為慰。午課後再到大會視察，選舉情形良好，晡見澳洲外交次長[1]，晚往大會巡視開票情形，發現梁序昭未被提名，自感疏忽不周，夫人以錢用和[2]未能當選與女代表多落選，關懷非常，回晚課。

十月二十三日　星期三　氣候：陰晴

雪恥：昨夜以提名遺漏梁序昭之舉為愁，尚有特選（總裁）十名額內可以補救，不成問題，惟此心總覺不安，故未能安眠。

今晨五時後即起，朝課畢，審查昨日選舉結果，經國多票數超過辭修卅名，心又不安矣。審核宣言稿，尚稱洽意，惟少數文字仍有不妥，尚待修正。而七時半到研究院，召辭修、屬生商評議委員與特選十名之提單甚久，夫人亦來參加商女代表提名事，甚費周折，及至八時半，錢用和候補執委改為評委，於是提名乃得解決，然腦筋頗現不耐矣。九時開會，先提出陳誠為副總裁案，再提評委名單後，提十名特選名單，皆能如計通過完畢，乃作訓詞約一小時畢，舉行閉幕典禮，大會乃告完成。

1　唐琪（Arthur Tange），1954 年 1 月 25 日至 1965 年 4 月 4 日任澳洲外交部部長。
2　錢用和，又名祿園，字韻荷，江蘇常熟人。1931 年年底起任宋美齡私人秘書。1949 年到臺灣後，任監察院監察委員、中國國民黨中央評議委員等職。

十月二十四日　星期四　氣候：晴

雪恥：昨午課後記事，整書畢，遷寓蔣林，入浴，休憩，晚宴大會全體人員後，再講革命成功必須要有新精神、新道德與新學問的道理約半小時，自覺諄諄不已，惟竭盡其公僕職責而已。晚課後廿一時半就寢，酣睡至本晨七時方醒，此為近卅年來最佳之睡眠，可知此次大會對內心之自慰，與自信其對反共復國前途乃有十分把握之象徵耳。

本日朝課後，閱讀大會宣言二次，甚覺滿意，認為最適宜之宣傳資料也，入府召見海外代表八十餘人後，見薛岳、何世禮、伍〔胡〕秩五[1]等五人後，批閱公文。午課後散步，在靜觀室休憩。晚宴美海軍軍令部長勃克[2]，先談一小時，其人謙和可愛，宴畢廿二時完，晚課。

十月二十五日　星期五　氣候：晴

雪恥：一、寮國已與寮共組織聯合政府，此案乃美國外交又受一打擊，但對我則利害參半也。二、人事問題實為政治中第一難題，此次八全大會中央委員之人選仍多缺憾，其原因在事先研究與準備不周也。三、俄「洛科束夫斯基[3]」任外高加索司令。

朝課後記事，入府召見美華盛頓郵報主筆[4]後，見僑聯會議各地僑領代表二十餘人畢，批閱。午課後閒暇自憩，以心煩神倦也。閱美報知小沙茲勃克又對我作第二次之惡評，其譏刺輕侮令人不能忍受，但其所言者並未指我有所缺點，而徒勝口污辱而已，故遣之，視為犬哭可也。晚觀影劇，晚課。

1　胡秩五，名綿昌，廣東順德人。1930 年何東接辦《工商日報》後，先後任該報經理、總編輯、總經理、社長等職，直至 1970 年退休，仍擔任董事。在其任內創辦《工商晚報》和《妖光報》，都風行一時。

2　勃克（Arleigh A. Burke），1955 年 8 月就任美國海軍軍令部部長。

3　洛科束夫斯基（Konstantin K. Rokossovsky），蘇聯及波蘭陸軍將領，曾任波蘭國防部部長兼部長會議副主席。1956 年返回蘇聯。

4　愛斯塔博克，《華盛頓郵報》（The Washington Post）主筆。

十月二十六日　星期六　氣候：晴

雪恥：一、特種遊〔游〕擊隊主要必修課：甲、各種預備通信符號。乙、被俘後各種不同與相同口供。

朝課後記事，九時入府舉行伊拉克大使[1]提國書儀式後，到陽明山莊研究院，舉行本黨第八屆第一次全體中央執行委員會至十二時完畢，回寓，接閱李時明〔敏〕[2]來函，殊出意外。午課後與經兒乘車，到角畈山休憩，以大會期中頗感疲乏也。晚散步，觀月，聽泉，以今為舊曆九月四夕也，晚課，九時半寢。

上星期反省錄

一、美已正式同意我三千降落傘幹部之訓練，此乃我反攻計畫實施之初步也。

二、俄共發明人造彗〔衛〕星已使美國着急，英國首相麥克米侖訪美及其共同公報表示其對俄軍事威脅形勢之嚴重，故愛克且決定於下月在法國召集其北大西洋公約國會議以示團結對俄之心情，已進入其非常時期。

三、俄共對土作軍事威脅與對美之挑戰宣傳，可說無所不至，此一形勢美國果能避戰乎。

四、美海軍令部長勃克來訪，表示中東於十二月至一月間將有小規模戰時，認為俄不敢發動核子戰爭，此其欺人之談。余乃正告其俄如果有越洲飛彈，則必發動核子大戰，決不對美留有餘地矣。如一年之內美之越洲飛彈再不成功，則美國危極矣。

1　史立穆（Mohammed Salim al-Raid），伊拉克駐華大使，1957 年 10 月 22 日到任，10 月 26 日呈遞到任國書，1958 年斷交離任。

2　李時敏，父親李博為澳洲富商，曾經資助孫中山革命，後來舉家遷居香港。據稱曾任蔣中正和陳潔如的英文教師。著有《中國雜錄》（Chinese Potpourri）一書。1964 年，為陳潔如代筆，以英文寫成《陳潔如回憶錄》。

五、本黨此次全國代表大會之結果，認為歷次大會中最良好、最有力之一次，對於總裁之信仰已與第一次大會對總理之信仰相等，而對總裁之權力及黨基之統一與鞏固則超過第一次大會時代，此為最大之成功。以此次大會不僅無俄共滲透之陰謀作用於其間，而且派系之紛爭、個人之疑忌亦未有如第一次胡、汪[1]之跡象，尤其副總裁制之建立，實已奠立對共匪鬥爭之基本勝利矣。惟此會所差者，選舉結果情報幹部太多，是乃美中不足耳。

六、紐約時報「小沙茲勃克」對我之譏笑諷刺，乃視我為一小島主人，全靠其美國之生存的污辱，實自卅八、九年間艾其生侮蔑之後乃為其第一次，但已不能激動我心矣。

十月二十七日　星期日　氣候：晴

雪恥：俄共今日罷免其國防部長朱可夫，而以馬林諾夫斯基[2]繼任，此乃大戰將臨之又一預告。

朝課後，膳畢散步回，記事，記上周反省錄。十一時乘輿，與經兒同遊「溪內」瀑布，即在觀瀑亭用膳後，重遊瀑上山地同胞住地，視察小學校，皆比前完整為慰。沿途回憶詠「溪內」瀑布句「氣壯魄雄千丈勢，何如雪竇澤高深」，猶覺自得也，回已十五時。入浴，休息後午課如常，晡散步，晚觀影劇後，晚課。

1　胡、汪即胡漢民、汪兆銘。
2　馬林諾夫斯基（R. Y. Malinovsky），蘇聯陸軍將領，曾率兵進軍中國東北，1957 年 10 月至 1967 年 3 月任國防部部長。

十月二十八日　星期一　氣候：晴　夜微雨

雪恥：一、美對援助我降落傘撥給與訓練特種遊〔游〕擊空投部隊案，仍要求依據共同防禦協定之附文，不許我自由使用，以隨時增援我大陸反共抗暴運動之用，殊不可再忍，必提出反對案，明告其此非正式軍事行動，而為游擊協助大陸抗暴之用，決不能接受這一要求也。

昨夜睡眠不佳，斷續熟睡不足四小時也。今晨朝課後記事，以李時明〔敏〕等函件交經理，並示其處理方針後，膳畢，巡視望月臺營舍，經小學回寓，即與經兒乘車出發，中經山洞湖畔，重遊舊地，擬建小築，以備不時之需用。正午回蔣林，入浴，午課後閱報。晡到華僑聯合會致詞，晚宴會來祝壽僑領七百位畢，晚課。

十月二十九日　星期二　氣候：陰

雪恥：一、令王[1] 對第二目標計畫應先着手為要。二、對老、少二沙茲勃克之教訓方法，決交其主筆史密斯[2] 轉達。三、對李彌應加慰勉。四、對梅友卓[3] 與劉興誠[4] 事應令鄭[5] 注意。五、令張柏亭編印李德哈達戰略論。六、問託購約米尼[6] 全書消息如何。七、戰爭原則之重訂。八、此一新局勢之下，對美外交之要領如何。

昨夜服藥後睡眠甚佳。今晨朝課後記事，閱研約米尼「戰爭藝術」開始。上

1　王即王叔銘。
2　史密斯（Robert A. Smith），美國《紐約時報》（*New York Times*）主筆。
3　梅友卓，廣東台山人。美國芝加哥華僑領袖，抗戰時，任美中芝城華僑抗日救國後援會委員長。第一屆國民大會代表。1957 年 10 月提任中國國民黨中央委員。
4　劉興誠，旅美女僑領。1957 年 10 月提任中國國民黨中央委員。
5　鄭即鄭彥棻。
6　約米尼（Antoine H. Jomini, 1779-1869），瑞士軍事家，著有《戰爭藝術》（*The Art of War*）等書。

午入府，與公超談美對降落傘部隊之限制我行動事，甚表憤慨，令其先保留表示不能接受之意，再與少谷談對沙茲勃克抗議辦法，召見華僑三批十餘人，批閱作戰計畫。午課後閱報，散步。晚觀日製影劇（明治天皇）「征俄戰爭[1]」，其藝術頗佳，以無翻譯故中止。膳後散步，晚課。

十月三十日　星期三　氣候：陰

雪恥：一、行政院人事之改革。二、行政精神與方針及其工作之改正。三、造船公司與麥粉漲價案。

朝課後記事，九時半到中央黨部，與屬生秘書長談今後黨務工作積極加強，十時主持本屆第一次常會後，召見李彌予以訓誡，並召見吳天明等，對大陸東南與西藏方面工作之指示。午課前後批示反攻計畫原件，仍多粗枝大葉，加以說明。晡見紐約時報記者史密斯，對「小沙茲勃克」之荒謬言論加以指正。晚宴華僑祝壽團六百餘人，環巡宴堂一匝，表示還敬感激之中心。回入浴，晚課，九時半寢。

十月三十一日　星期四　氣候：晴

雪恥：今晨五時醒後，追念先慈劬勞之恩甚切，乃起床朝課，尚未破曉也，夫人亦以余正式生日起而共同禱告，感謝上帝恩賜之深宏不置。記事時，已覺晨起關窗時着涼傷風，繼乃不敢外出散步，惟氣候光明甚佳也。上午重校

1　明治天皇（1852-1912），為日本第一二二代天皇（1867-1912在位），見證日本從孤立的封建國家向工業化世界強國的轉變。《明治天皇與日俄戰爭》影片，為日本新東寶公司製作的戰爭片，1957年上映。以明治天皇為主角，描述日俄戰爭時，雙方於旅順、二〇三高地以及日本海幾場戰事，獲得全面勝利。

「勝利生活」之本月杪歡樂各章，甚饒興趣，批閱反攻初期作戰計畫，多不能用，甚歎一般將領對作戰計畫作為，仍如過去之粗枝大葉、粗心大意，毫無研究進步也。經兒先來祝壽，正午其妻、兒與緯兒及親戚皆來祝壽吃麵。午課後閱報，沐浴，晡與妻車遊淡水回，晚間家宴畢，觀影劇美製尚佳，廿四時前晚課。

上月反省錄

一、西貢美國新文〔聞〕處發生三枚定時炸彈爆炸，傷害美員十五名，適在科倫坡計畫會議在西貢開會期間，可知越南共匪之猖獗，亦與吳廷琰及美國之重大教訓也。

二、南斯拉夫承認東德一事，實足表示其狄托最後必站在俄共一邊，毫無忌諱矣。

三、俄共廿七日免除朱可夫國防部長職權後，乃知廿五日派其副部長羅科索夫斯基任外高架索統帥一職，實為其對內解除朱可夫職權之布置，而並非為其對外的土耳其軍事之準備也，此亦為其無意發動對外戰爭，而徒為恫慄之狡獪乎。

四、俄共發明人造彗〔衛〕星之性質，其影響將來世局前途之大，實為空前無比之進步，而其對俄為禍為福，尚難斷定。

五、俄共製造土、敘緊張局勢，與埃及運送陸軍增防敘利埃之舉，乃中東形勢之又一變也。

六、美、英在華府最高層會議，乃為以上三、四、五各項形勢所促成，此一形勢之變化，至少已使美國驕矜自滿之心理完全幻滅，而英國亦因此覺悟其苟且偷安之狡計決無法自保，而不能不使美、英作整個合作共同禦俄之決心矣。因之下月北大西洋公約國元首會議，以及愛克宣布訪英之消息接續而起，惟其對亞東仍以其軍令部長勃克與史敦普談話方式為止，而其重歐輕亞之精神更表明無遺矣，可痛。

七、美「杜勒斯」與俄「葛羅面哭」二外長在俄宣布彗〔衛〕星成功後，在美杜家之談話四小時，自更無結果矣。

八、共匪偽政權局部改組後，對於其所謂右派各偽部長皆保留其名，此乃一滑稽，但亦可知其內部矛盾正在發展無已，乃陷於殺與放皆不可能之困境也。對於共匪內部矛盾及其派系鬥爭之發展規律，應專組研究。

九、我黨政軍業務之情形：甲、全國代表大會之政綱與黨章之修正，以及各

種決議案與宣言，其結果認為歷屆大會中最統一最集中者也，惟選舉情形對經國票數特多，乃為美中不足之一事耳。乙、雙十節文告有力為慰。丙、戰士授田制開始實施。丁、空降組訓計畫第一步已經準備完成，如計進行。戊、對作戰計畫之研究與指示不敢鬆弛遺誤，尤其對空降部隊之組訓為然。

十、聯合國大會通過對俄在匈暴行與武力干涉匈內政之遣〔譴〕責案。

十一月

蔣中正日記
Chiang Kai-shek Diaries

民國四十六年十一月

本月大事預定表

1. 行政院人事之考慮。

2. 行政精神及其工作方式之改正。

3. 國際新形勢下對外交政策與態度之研究。

4. 李氏戰略論之編印。

5. 戰爭十大原則之重定。

6. 戰爭藝術之閱讀。

7. 反攻初期計畫之指導。

8. 重要積件與條陳之清理。

9. 特種遊〔游〕擊隊之組訓工作為第一要務。

10. 公教人員加薪案之督促。

十一月一日　星期五　氣候：晴

雪恥：（一）假退役軍官改為正式退役案，經費一億二千萬元，經費應與加薪案同時解決，而以前案為第一優先。（二）軍訓教官教法之要領與重點（抬頭平視、齊步挺胸、整齊一致為第一要目）。

朝課後膳畢，散步觀菊，在靜觀室稍憩，回記事，記反省錄。午課後批示

反攻計畫之缺點，晡入府接見伊拉克前攝政王「阿伯都伊拉 [1]」，彼以久慕余名，特來晉謁也。彼年僅四十，相見之下彼此甚為相得，彼此相互授受勳章後，宴會畢，略談後告別，另期約談也。晚課後廿二時半寢。

中央研究院重選院長，應提胡適之為最宜。

十一月二日　星期六　氣候：晴

雪恥：一、近來美國如艾其生與小沙茲勃克等對我無端橫逆之來，尤其是無稽的咒詛與譏刺相加，各種反對聲浪有增無已，乃認此皆為道德與實力加強以及成功接近之證明，內心乃不以為怪而反以為慰，此或修養與經歷之又一進步乎。二、至今尚未能實施反攻而美國且加阻礙者，皆為上帝之深意所在，必使余實力充足，其時機可能，自將水到渠成，確信天必假手於余完成其所賦予之使命也。

朝課後閱報，研究「勝利生活」，入府約見華僑兩批，與大維談話，彼實有才學之幹部，但身體太病為憾，主持軍事會談。午課後記事，批示要件畢，散步，遊憩，晚小宴後，與妻車遊，觀月，晚課。

1　阿伯都拉（Emir Abdul Ilah, 1913-1958），又譯阿伯都伊拉，伊拉克前攝政王，1953 年 5月起擔任伊拉克王儲，1958 年 7 月國內流血革命中，遭殺害。

上星期反省錄

一、楊振寧[1]、李政道[2]二教授在美獲得「諾貝爾」獎金，乃為我民族傳統優秀不凡之事實，自可對美國最近對我民族鄙視之警告，私心自覺榮幸。

二、本周審核戰略研究委會之作戰計畫以及重要問題批示甚切，對於初步作戰方針與要旨皆已明確指示，頗覺自慰。

三、對於退除役軍官經費與軍隊員額之決定，實為建軍中基本工作也。

四、美國反華派小「沙子白克」與艾其生等無端橫逆侮辱之來已不憤怒，以其絕無理由與事實也。

五、聯合國大會通過美、英裁軍會議督促重開與先討論西方提案之決議。

六、國際紅十字會在新德里開大會，通過美國應請中華民國加入案，匪、俄、印等代表退席。

本星期預定工作課目

1. 調閱昆陽演習計畫。

2. 匪軍假冒我國軍之擾害人民。

3. 步兵師兩棲訓練應只求專精。

4. 廣告稅之征收與十月六日之提要注意。

5. 政策研究組、設計考核委會之擴大研究。

6. 戰時假令代號之設計準備。

7. 廉頑立懦為政工之要務。

8. 93D 劉修己、10D 唐揖遜政工如何。

1　楊振寧，安徽合肥人。1956 年 10 月，與李政道在美國《物理評論》發表文章，提出「弱交互作用中宇稱不守恆」，1957 年獲得諾貝爾物理學獎。

2　李政道，江蘇蘇州人。1956 年 10 月，與楊振寧在美國《物理評論》發表文章，提出「弱交互作用中宇稱不守恆」，1957 年獲得諾貝爾物理學獎。

9. 訓練方法必先示範與圖解及實習。

十一月三日　星期日　氣候：晴

雪恥：一、俄共今日發表朱可夫解除其中央黨部一切名位，並其自認錯誤之供詞，以及其自己投票（解除其職位），此乃必然之慣例，毫不驚異，而其各高級將領亦一律斥責朱可夫之錯誤，又宣布其在二次大戰中之罪狀應與史大林同負其責一點，更證明共產世界並無是非功罪之標準，此乃共產黨員絕無人性之禽獸言行之表現，余知其皆出自虛偽恐怖之所為，其敗亡之到來更接近一步，余並不悲觀。

朝課，記事，召見羅友倫，聽取其考察美國陸戰隊之報告，甚為重要。禮拜，觀菊頗快，午課前後審核李氏間接戰略十八個戰例之說明，未完。晡約阿伯都伊拉王儲談話約一小時半，晚車遊後觀影劇，晚課。

十一月四日　星期一　氣候：晴

雪恥：一、敘利埃二日在聯合國撤消其土耳其對敘威脅之控訴案，此乃俄共對內不遑而對外暫示其無意挑戰之又一態度乎？應加注意。

朝課後手批對途中敬禮之要旨及其實例，頗費心力，膳後散步，遊憩，記事，續審十八個戰例之說明完。午課前後，研閱戰爭藝術第一章侵略性戰爭節完，午後見田耕莘樞機主教，彼來辭別也。見李濟之[1]商中央研究院長，

1　李濟，字受之，改字濟之，湖北鍾祥人。主持河南安陽殷墟發掘，使殷商文化由傳說變為信史。1948 年當選中央研究院第一屆院士，1949 年創立臺灣大學考古人類學系，出任首任系主任。1955 年接任中央研究院歷史語言研究所所長。

決推胡適之也。見公超，彼明赴中東訪問與國請示也。見張柏亭，令編印李氏戰略論。晡車遊，晚觀影劇，美製「小茅屋[1]」，頗滑稽，晚課。

十一月五日　星期二　氣候：晴

雪恥：一、空降游擊隊員的主要任務：甲、組織與號召民眾。乙、訓練當地民兵及其動作偵察、放哨、監視、機警、聯絡、協助、救人、合作、保民、鋤奸、通信與通報迅速等項目，而以仁愛、除暴安良、掌握部下與聽言觀行的方法。二、為亞洲反共聯盟上次在臺所開理事會議，黨部與外交及正綱等對韓李[2]退席的要脅之承認其條件一事，對我欺瞞不報，以致喪失國格，不勝憤悶，擬即退出亞盟，不予此種狡蠻者同群可也。

朝課，記事，入府會客，召見調職人員三名畢，主持宣傳會談，對俄共放射第二顆彗〔衛〕星與朱可夫被肅等要案皆有研討為慰。午課後批閱要案三種，與妻車遊山上一匝。晚令偉宴會，為余祝暖壽也，觀影劇，晚課，觀月。

十一月六日　星期三　氣候：晴

雪恥：一、各師部隊應組訓鑿山洞石匠與游泳選手，特別注重偵探與化裝，故應提倡話劇。二、兩棲作戰陸、海、空各軍司令及登陸軍第一路司令之人選，應早派定。三、參謀本部之組織。四、兩棲專訓訓練三個師。四[3]、

1　《小茅屋》（*The Little Hut*），美國米高梅影業公司（MGM）出品，1957年5月3日上映，馬克羅布森（Mark Robson）導演，愛娃嘉娜（Ava Gardner）、史都華格蘭傑（Stewart Granger）、大衛尼文（David Niven）主演。
2　韓李即李承晚。
3　原文如此。

機動部隊之組織。五、中、美聯合作戰計畫之重要性。六、防空設計之加強。七、戒絕政客行動（高級將領）。八、養成主動、自動、積極、冒險、勇敢與澈底的精神。九、吳化鵬[1]之經費。

本日為余舊曆九月十五日之生辰。朝課後研閱戰爭藝術，記事，十一時與妻及經兒、偉甥往大埔村後山麓疏散區新屋午膳畢，經大溪、桃園回來。午課後續研前書，遊憩，散步，車遊淡水，晚觀影劇「狗[2]」，戲甚佳，晚課後廿二時半寢。

十一月七日　星期四　氣候：晴

雪恥：一、財經會談要目：甲、應顧大處：子、孔德成赴日。丑、原子和平會等經費。乙、應保體面，毋惜小費。丙、注重研究發展財源：子、廣告稅等。丁、加薪案與正式退役軍官經費。戊、經濟、內政、交通部更動人選問題。己、財經用度與共偽比較。庚、時代認識之重要。二、訓話要旨：甲、切戒守舊自足。乙、不學無術。丙、求新的組織與工具。丁、戒絕政客行動。戊、養成冒險、勇敢、實在、主動、積極精神。

朝課後續研戰爭藝術第二章完，入府召見美國防部二次長[3]等，並與大維談話，有益，主持情報會談。午課後記事，見阿伯都伊拉來辭行也，散步，續研前書，入浴，膳後與妻在蘭圃觀察月蝕，晚課，廿二時三刻寢。

1　吳化鵬，蒙古昭烏達盟人。第一屆國大代表。1948 年任蒙藏委員會委員兼蒙事處處長，1949 年到臺灣後，曾任行政院蒙藏委員會駐美歐地區特派員、蒙藏委員會委員、駐美大使館文化參事。

2　《老黃狗》（*Old Yeller*），美國迪士尼經典名片，1957 年推出的，描寫人與狗之間的深刻感情。1963 年繼續推出續集《忠狗山姆》（*Savage Sam*）。

3　斯普瑞格（Mansfield D. Sprague），美國政治家，曾任康乃狄克州州眾議員，1957 年 2 月至 1958 年 10 月任國防部國際安全事務助理部長。白里安（Robert G. Barnes），美國外交官，曾任國務次卿特別助理。

十一月八日　星期五　氣候：晴

雪恥：一、俄共赫酋清算朱可夫以後，其已恢復史大林獨裁制，而其性格行態更比史大林暴戾，且其驕矜自大亦比希脫勒當初不可一世之氣燄尤甚，此乃第三大戰接近，不致超出於明年內之根據，而其起點仍在中東。上帝之所以使俄先發明洲際飛彈與人造彗〔衛〕星之真意，乃是使俄共自毀其共產主義之獸性制度，以為拯救人類之張本也。

朝課後記事，續研前書第十六－十八節，入府會客，召見空軍范之遠[1]等，嘉勉其勇敢沈着盡職也。主持財經會談，討論加薪問題二小時餘，嚴教財經行政之守舊無術，仍不改過去在大陸敗亡之惡習也。午課後閱報，續研前書，晡車遊，晚散步，觀月，續研前書，晚課。

十一月九日　星期六　氣候：晴

雪恥：一、黨政軍工作，事事應以大陸時代敗亡之習性與行動為戒。二、美國對俄政策，此時更必重視其各國基地，此為以劣敵優之方法，如其逼不得已，只有對俄應戰之一法，故大戰接近，其期不遠，以其主動在俄，無法求免也。三、武裝競爭之均勢既破，而由以俄共佔優，此所以決其必將速戰也。

朝課後記事，續研前書，入府與叔銘、序昭分別談話，召見調職人員六名，批閱公文，主持軍事會談，聽取臺省物力統計調查報告有益，對裁併軍事民防機構計畫尚未決定。與岳軍談加薪問題，昨夜研討結果另有方針決定也。午課後續研前書（戰爭藝術），自覺得益不尠。晚觀影劇，晚課。

1　范之遠，時任空軍第十大隊分隊長，駕機載運新加坡暨泰國華僑球隊時，遇引擎故障，順利降落菲律濱機場。

上星期反省錄

一、本周適為俄共第二次彗〔衛〕星發射，其間且帶有動物（狗）在星內運行，此一事引起了美國全國震驚，其不安情緒之表露殊難形容。繼此四日後，又為俄共四十年成立大紀念，其赫酋[1]講詞對美國之譏刺評擊實盡其侮蔑之能事，余認此為美國從未有過之刺激，更為其空前無上之恥辱，在八日愛克對其全國人民之講詞只有空言自解而已。經此一番之教訓，美國如能警覺悔悟，實為如天之福，亦未始非人類因禍得福之轉機也。

二、本周本擬往阿里山休息，卒因公未果，對於作戰準備、情報計畫與財經政策皆有重要決定，尤其對於閱研戰爭藝術，幾乎有舞蹈自得之感為快。

本星期預定工作課目

1. 宣傳方法與孔德成例為教訓。

2. 發大維經費。

3. 講詞要旨：甲、最近形勢。乙、求新與守舊。丙、八全大會後之新精神與新作風。丁、子文[2]固步自大為戒例。戊、官僚政客之戒絕。

4. 大彼得[3]與浦留歇[4]二史之研究。

1　赫酋即赫魯雪夫（Nikita Khrushchev）。

2　宋子文，原籍廣東文昌，生於上海。曾任外交部部長、行政院院長、廣東省政府主席等職。1949 年 1 月蔣中正下野後辭職移居香港，1950 年起寓居美國。1950 年初，兩度拒絕返回臺灣，1953 年被開除國民黨黨籍。

3　彼得・羅曼諾夫（Peter Romanov, 1672-1725），為俄羅斯帝國羅曼諾夫王朝的沙皇（1682-1725），及俄羅斯皇帝（1721-1725）。在位期間力行歐式改革，使俄羅斯近代化，定都聖彼得堡。人稱「彼得大帝」（Peter the Great）。

4　浦留歇（Gebhard Leberecht von Blücher, 1742-1819），普魯士陸軍元帥。在 1813 年萊比錫戰役和 1815 年滑鐵盧戰役中，率軍對抗拿破崙，獲得肯定。

5. 黨政人員假退役計畫之研究。

6. 每月對匪俄研究之報告。

7. 減政與裁併計畫之督導（手續簡化）。

8. 兩棲作戰各司令與登陸軍司令之人選。

9. 認識時代與開創責任之重要開源與發展。

10. 大體與小費，遠見與近視，聯繫協調，分工合作。

11. 氣度、知識、學習、工具、組織、分配、審核、評判、能力與標準。

十一月十日　星期日　氣候：晴

雪恥：一、81D 已調回本島與 27D 換防。二、空投游擊隊應訓練其組織地方政府（各級）的編制方法與要領：機警、敏捷、觀察、判斷、決心、行動等。三、提倡儉樸節約與戰時生活的重要。四、對於任務與工作應時時研究與發展，有效提高效率的精神。

朝課後記事，上午禮拜，續研戰爭藝術。午課後續研前書，至第二十一節完，頗有心得，此書實為基本戰爭學，祇憾讀之不早，更感昔日之作戰僅憑一己之智力所以總歸失敗也，余對國家革命之貽誤，故今雖年滿七十，更不能不勤學救亡以補贖罪愆，及今悔悟猶未為晚乎。晡鴻鈞來談調整加薪方案為慰，晚觀影劇，晚課。

十一月十一日　　星期一　　氣候：上晴　下陰

雪恥：朝課後閱報，九時前與妻往淡水，轉搭直昇機至美第七艦隊「李察」航空母艦[1] 參觀演習，此為余登母艦第二次，以第一次即為三年前之黃蜂號也。此次新增噴射轟炸機之演習，其甲板上設有蒸氣式之軌道，是比上次更有進步矣。惜午刻氣候轉劣，但其重要節目皆已如計演習完成，轟射目標成績亦甚優良也。午宴畢與記者談話後，乃即起飛回淡水，已十六時矣。回寓後入浴，休憩，午課如常，記昨、今二日事，晚續研戰爭藝術至二十二章，對戰略線及臨時機動戰略線與作戰線之分別，至此已有了解矣，晚課。

十一月十二日　　星期二　　氣候：陰晴　下午微雨

雪恥：一、強調科學。二、今後戰爭不僅是鬥智而非鬥力，亦是鬥精神而非鬥物質，原子科學乃是原子能而非物質，最後應歸於靈性所發生之智慧與能力，當不能脫離超自然之範疇，故哲學之研究仍為人生基本之學術也。

六時起床，氣候不佳，得報稱花蓮亦有微雨，而且風速在廿五浬以上，甚以為前定視察橫斷公路工程與攝影計畫已失敗。朝課後風速更大，叔銘認為中止飛行為宜，最後由經兒先到花蓮，來報時稱氣候變好，乃決起行。余先入府主持總理誕辰紀念會並講演廿分時畢，聞夫人來府途中因急病而回寓服藥，但仍如計起行，乃至機場相會同飛，途中甚順利，未至三刻時即到花蓮機場，與經兒同車，由其引路往太魯閣直至錐麓，過橋攝第一鏡頭，沿路風景幽勝，實為平生所初見也，今日誠為余內心最快樂之一日，尤其在此時更為快樂耳。

1　好人李察號航空母艦（USS Bon Homme Richard CV-31），隸屬於美國海軍第七艦隊，為艾塞克斯級航空母艦。

十一月十三日　星期三　氣候：陰

雪恥：昨午在錐麓遊憩十分時，仍循原路回程，經靳珩橋（白龍橋）[1]，在拱橋上夫妻、父子同攝數影，此為風景與地形最優勝之一也。沿途有退役官兵施工，觀其體力、精神皆甚壯健且甚快樂自得為慰。至溪畔橋已十三時半矣，即在該處水壩管理房前打尖（午餐），同膳者僅經兒與電力公司黃經理[2]也。餐畢回太魯閣工程處，對其職員與退役官兵集合講話，倍加嘉勉，此乃一最艱鉅而最偉大、最有意義之工程，昔日本人認為此路不能建設之工作，而今經兒已領導實施，且已完成其半矣。途經花蓮縣署，至化學兵訓練所視察後即上機起飛，回臺北已十七時半矣。入浴，晚續研前書後修稿未成，晚課。

本十三日之定課如常，上午主持中央常會，與辭修、彥棻、昌煥分別談話，下午續研前書「補給」節。入浴，膳後散步，閱貞觀政要慎言章。

十一月十四日　星期四　氣候：陰雨

雪恥：一、近日邪思惡念不斷，可知身心修養仍無進步，其將何以治軍民教後世，完成此反共抗俄，實行基督教理、三民主義耶？戒之。二、黃伯韜[3]

1　靳珩（1914-1957），河北無極人。時任臺灣省交通處公路局第四區工程處副工程司，1957年10月20日巡視中部橫貫公路修築工程時，在燕子口一帶被地震引起的落石砸中而殉職。政府特將白龍橋命名為靳珩橋，以茲紀念。

2　黃煇，字則煇，福建南安人。1945年來臺協助接收電力事業，任臺灣電力公司協理，1950年5月至1962年4月任臺灣電力公司總經理。

3　黃百韜（1900-1948），一名伯韜，字煥然，號寒玉，祖籍廣東梅縣，生於河北天津。1948年8月任第七兵團司令官，11月22日在徐蚌會戰中於碾莊地區兵敗殉國，1949年1月獲追贈為上將。

先烈之子黃效先殺人判處死刑案[1]特命減刑，改為無期徒刑，此乃略慰。九年來每日午課默念如何安慰陣亡將士張藎臣（自忠）[2]、張靈甫[3]與黃伯韜三位先烈代表人物之英靈，至此稍得自慰，以報答其忠貞、壯烈犧牲之私願也。

朝課後記事，入府與大維討論其赴美工作與根本治療其舊病的方法後，獨往兵工學校視察，其烏煙瘴氣、毫無精神的人事物，仍與大陸時代無異，不知如何能建軍立國矣，傷心之至。午課前後，續研戰爭藝術至廿九節戰略完，甚覺進益不尟，晡與妻車遊山上一匝。晚聽報，觀影劇，晚課。

十一月十五日　星期五　氣候：雨　昏黑

雪恥：一、黨政人員假退役計畫。二、減政裁併機構之決心。三、幹部條件：甲、見識與氣度。乙、管理與整理。丙、研究與發展。丁、協調與配合。戊、分工與合作。己、書本上的死學問與桌子上的靜工作的成績，決非考核人才之根據。四、宇宙線與放射線原理之研究。

朝課後記事，十時經板橋到頂埔運輸學校，視察其精神方式行動與內容，凡人、事、時、地、物各項業務，都是大陸上腐敗落後無知的現象，此校為美援者，更使外人對我國無望矣，可知七年來之教育仍無效而失敗也。入府見

1　黃百韜之子黃效先，時任國防部聯絡局文職編譯官，1956 年 5 月殺害同事楊士榮焚屍滅跡。行政院院長俞鴻鈞據司法行政部呈，為判處死刑黃效先請命，蔣中正考量黃百韜功勳卓著，為國成仁，於 1957 年 11 月 12 日，依中華民國憲法第四十條和赦免法第四條規定，特赦黃效先；黃效先於 1969 年獲假釋出獄。

2　張自忠（1891-1940），字藎臣，後改藎忱。抗戰期間，歷任第五十九軍軍長、第三十三集團軍總司令兼第五戰區右翼兵團司令，曾參與臨沂保衛戰、徐州會戰、武漢會戰、隨棗會戰與棗宜會戰等。1940 年 5 月被日軍包圍於南瓜店，壯烈殉職，追晉陸軍二級上將。

3　張靈甫（1903-1947），名鍾麟，字靈甫，以字行，陝西西安人。曾任第七十四軍軍長，1947 年時任整編七十四師師長，5 月 14 日在魯南孟良崮遭圍陣亡。

孔德成後，主持財經會談，對立法委員驕傲不法應予制裁。午課後續研戰爭藝術大戰術與戰鬥章開始，晡入浴，晚車遊後讀唐詩，晚課。

十一月十六日　星期六　氣候：陰雨

雪恥：一、抗戰勝利以後四年間，一切環境只知憂患恥辱與苦痛，其對革命成功之信心雖未動搖，而對前途只是失敗將至的悲觀，但至三十八年大失敗以後至今九年間，其憂患恥辱之環境雖比昔更甚，但對前途必然成功的心理，而且一切都是樂觀，此種憂患中安樂與自信，而對上帝必賜予其子民建設基督教理、三民主義新中國之成功更具信心，此乃為今日身心康健之由來乎。

朝課後記事，入府見美國眾議員五人[1]，並見高棉與東南亞各地來臺參加介壽杯華僑青年球隊三百餘人，予以嘉慰，主持軍事會談。午課後續研前書第四章完，召見柏亭與宗南。晚觀影劇後讀詩，晚課。

上星期反省錄

一、參觀美第七艦隊在基隆與淡水港外演習，其噴射式輕轟炸機與 F 百型的噴射機為前所未見者，對於其部隊中黑人漸增之趨勢亦發生新的感想。

二、國際形勢：甲、聯合國大會通過西方國家之提案，要求裁軍小組恢復談判與優先考慮西方之建議。乙、艾生豪對全美發表演說，應付俄共威脅。丙、俄赫[2]對美記者發表挑戰性之談話。丁、法國反對美、英供給突尼

1　哈代（Porter Hardy Jr.）、魯斯（Henry S. Reuss）、白朗遜（Charles B. Brownson）、諾克斯（Victor A. Knox）、麥道爾（Gordon L. McDonough）。五人均為美國眾議院設施委員會委員。

2　俄赫即赫魯雪夫（Nikita Khrushchev）。

西亞之武器。

三、本身工作：甲、視察橫斷公路至花蓮太魯閣之鑽〔錐〕麓站最為快樂。乙、續研戰爭藝術至第四章完。丙、聽讀美「布勞恩¹」對彗〔衛〕星工作之說明。丁、巡視兵工與運輸各校不良情形最為有益。戊、調整待遇與正式退役軍官之經費等要案已定。

本星期預定工作課目

1. 講稿要旨：美、俄武力競賽的觀察：甲、美比俄在彈道學方面落後的原因，以俄在比恩蒙德擄獲納瑞彈導飛彈研究的全部資料與人才。乙、美磋過六年的研究時間。丙、如俄敢即發動大戰，乃自速其亡。丁、認俄不敢發動大戰。戊、明年實為決定大戰可否之年。己、如半年內美不能試成洲際飛彈，則明年秋季至冬季乃有大戰可能。庚、一年內美如能試成洲際飛彈，則大戰尚有可免希望。辛、但在俄共赫酋²性格與野心之下，大戰絕難避免。壬、中國復國如大戰早起，則復國問題即可同時解決。癸、我們只有準備獨力復國之準備，乃為根本之圖，而且惟此乃能免大戰。癸（二）、關於美國怕戰心理，其最後自將覺悟，必由我反攻復國為避免大戰之惟一的途徑。

1　布勞恩（Wernher von Braun），德國工程師，V2 火箭總設計師，戰後移居美國，時為美國軍方工作。
2　赫酋即赫魯雪夫（Nikita Khrushchev）。

十一月十七日　星期日　氣候：晴

雪恥：一、海運與空運之籌劃工作。二、遭遇戰之研究。三、地面戰爭性質與原子武器之關係如何。四、戰爭十大原則之訂定。五、每月聽講新武器性能一次之規定。

朝課後記事，記工作預定表，上午召見徐柏園部長後，往禮拜堂聽美以美會主教柯森[1]講道，證明基督宗教力量與生命發展之關係甚好。午宴與柯森談復國後大陸教會如何組織問題，表示我的意見。午課後續研前書並準備講稿，晚觀影劇，美製人造彗〔衛〕星之說明，省察日記，晚課，入浴。

十一月十八日　星期一　氣候：晴

雪恥：一、時代的中心而非宇宙的中心。二、基督之化身。三、太極之表現。此三者為自我人生之志願，亦為自我終身工作之目標，此念存之八年，仍愧不能主敬立極耳。

朝課後記事，手擬講稿（對國際形勢發展）要旨，十時在研究院紀念周訓話一小時廿分畢，召見序昭與羅卓英[2]畢。午課後續研戰爭藝術至途河節完，晡見日本防衛大學校長[3]後，散步，入浴，膳後與妻車遊淡水道上，讀詩，晚課。

1　卡生（Fred P. Corson），又譯柯森，美國美以美會傳教士，時為費城教區會督。
2　羅卓英，字尤青，號慈威，廣東大埔人。1949 年 9 月任東南軍政長官公署副長官。1950 年 3 月長官公署撤銷，改任總統府戰略顧問、國防研究院副主任，第一屆國民大會代表、光復大陸設計研究委員會委員。
3　槙智雄，1954 年出任日本防衛大學校教授兼校長。

十一月十九日　星期二　氣候：晴

雪恥：一、現在各師之原部隊，自最初組成至最後編併迄今之戰歷，及其歷來各高級將領，自軍團長至軍長、師長之姓名等之其本師略歷，限三個月內編報。二、廿七師駐臺時逃亡與自殺案何多，其原因查報（又四十六師）。三、今後各部隊年考成績，特別注重其所部官兵逃亡、自殺人數多寡，為評定之重要課目。四、提倡武德、責任與廉恥。

朝課後記事，入府召見研究發展室研究委員八員後，召見調職人員六員，主持一般會談，討論國際形勢，批閱。午課後續研戰爭藝術第五章完，晡與妻散步後，車遊，觀影劇，晚課。

十一月二十日　星期三　氣候：晴

雪恥：一、臺灣社會風氣之改革。二、逃亡捕回士兵不許重補兵額，應只許充苦役。三、研究發展委員參加紀念周聽訓，並令照訓示要旨著手作研究工作。四、工兵重要，編制工具應加強。五、反斜面陣地之注意。

朝課後記事，上午在中央主持動員會報，關於村里民月會與司法行政等一年來工作之報告，以及教育部對科學研究加強之報告皆甚得體，最後作指示約三刻時。午課後續研戰爭藝術陣中勤務章，甚重要，召見叔銘、孟緝，指示其機動部隊編制工作應列為最優先之列，並見陸戰隊顧問。晚膳後與妻車遊山上一匝，回看貞觀政要，晚課。

十一月二十一日　星期四　氣候：晴

雪恥：一、今日軍事教育注重者：甲、遊〔游〕擊戰之組訓與指揮及對敵游擊之防止方法。乙、對敵戰車防止與襲擊戰法。丙、反斜面陣地之使用與

對敵之警戒。丁、對側背安全措置與活動。二、各軍校教官應集中訓練與考核。三、各單位主官的職責與管教要點之講習與實習，特別注意檢查條目與方法。四、旅館主人之由行政主部設計集中訓練方法。

朝課後記事，手擬令稿數通，接見美海軍蒲來德[1]中將後，與岳軍談許靜芝[2]問題，十時半與經兒同飛臺中，轉日月潭午膳，新設旅舍甚合條件為慰。午課後續研前書第四十三節完，晡與經兒遊湖後散步，回與妻電話後散步。晚讀唐詩，晚課，廿一時半寢。

十一月二十二日　星期五　氣候：晴

雪恥：一、英國二報對余「蘇俄在中國」之英國版專攻擊第三編之反攻問題，認為余主張全面戰爭，其實皆文不對題，余毫不為意而且引以為慰，蓋其別有用意或且有其不得不作此態勢耳。惟其英國之命運亦將接近於十年前之中國，其受俄共威脅之形勢或且甚之耳，彼英人豈尚無同病之感乎，當靜觀其如何變化矣。

今日夫人飛往琉球美軍醫院檢查身體，希望其無何病症，能早復康健也。朝課，膳後散步，記事，續研戰爭藝術第七章「在戰鬥中部隊之使用」完，午課後讀其結論完，此書提前一周看完，自覺在軍事上又獲得一個基本之進步也，故心神快慰異常，應記功一次。晡與經兒遊湖，談論軍事與反共組織問題皆有益也，晚觀影劇，晚課。

1　蒲立德（Alfred M. Pride），又譯蒲列德、普萊德、蒲賴德、蒲倫脫，1953 年 12 月至 1955 年 12 月任美國第七艦隊司令官，1955 年 4 月至 11 月擔任美軍協防臺灣防衛司令部第一任司令，1956 年轉任太平洋區航空司令。

2　許靜芝，浙江嘉興人。1953 年 11 月擔任總統府副秘書長代理秘書長，1954 年 5 月回任總統府副秘書長。1958 年 4 月調任總統府國策顧問。

十一月二十三日　星期六　氣候：晴

雪恥：昨晚睡後失眠，乃服藥熟睡。今後工作要務：一、防空業務應設專組研究：甲、疏散法令與計畫。乙、防護組織特加嚴密。丙、鑿石築洞工程之訓練班。丁、臺北附近山下防空隧道之總計畫。二、各部門預算要旨：特重各機關學校之修護費，減少其他項目預算或範圍，並增加其研究發展費用。三、科學教育經費之提倡。四、最新發明科學講演每月一次。

朝課，膳後散步，回記事，上午重習戰爭藝術，作綜合性之研究，對於戰爭藝術與戰爭科學之要旨加以分析，認約尼米〔米尼〕較克氏[1]更為明確也。午課後與經兒到文武廟前照相，晚至街上散步，回閱報，晚課。

上星期反省錄

一、約米尼著戰爭藝術書已於星期五日研究完畢，此書簡要精闢，對於軍事科學之注重皆較克勞塞維茨為合時，實為基本軍事學也，至今讀之，自覺得益更多。

二、軍隊俸給增加士兵為百分之六十，副食費亦增加五分之一，此一問題一年餘來未能解決者，今乃與公教人員加薪案分開而能單獨解決，實亦難得之事，私心自慰。

三、周一紀念周上發表最近國際形勢講詞。

四、俄共集團在莫斯科會議之公報並無重要之處，而且南斯拉夫未肯參加簽字，毛匪已於廿二日回巢矣。

五、美國民主黨發表贊助現政府對俄政策宣言，而其史汀文生且就其政府之外交顧問，並在其國務院設辦公室就任，其共赴國難之民主精神，不勝感佩。

1　克勞塞維茲（Carl von Clausewitz, 1781-1831），又譯考勞維治，普魯士將軍、軍事理論家，著有《戰爭論》。

本星期預定工作課目

1. 預算：七年來政府開支增加四倍之項目與數字之統計詳報。
2. 裁併機構案之督導。
3. 商檢與檢查商品之專設機構。
4. 防空與疏散之負責機構。
5. 預算中修護經費之重要。
6. 科學教育經費。
7. 教官與教師之訓練法令。
8. 軍友銀行計畫。

十一月二十四日　星期日　氣候：晴

雪恥：一、今見希肯羅勃[1]，甚覺此人猶太性甚重，回憶五年前與其談論英國問題，不僅非其人且非其時，自愧失當無識也。二、美參議員楊彌頓[2]昔不甚注意，今見其所言所行皆甚誠摯，是又得一新友為快。三、美國昨報其發射人造流〔衛〕星成功，其光度較俄人造衛星強過五千倍。此種宣傳並不能轉移人心，在有識者認為其如小孩們比放風箏或作耍戲之感，有何益耶。
朝課後膳畢散步，回記事，記上周反省錄，閱報，仍綜合研究戰爭藝術篇有益。正午接見美參議員希、楊二氏與藍欽大使，聞其將調任。午調〔課〕後，遊湖至蕃社視察，晚觀裝甲隊康樂活動頗佳，晚課。昨、今二晚皆服安眠藥為慮，但今夜睡眠七小時餘，甚佳也。

1　希肯魯勃（Bourke B. Hickenlooper），又譯希肯羅卜、希肯羅勃、希肯魯珀，美國共和黨人，1945 年至 1969 年擔任參議員（愛荷華州選出）。
2　楊美頓（Milton Ruben Young），又譯楊彌頓，美國共和黨人，1945 年 3 月至 1981 年 1 月為參議員（北達科塔州選出）。

十一月二十五日　星期一　氣候：晴

雪恥：一、約米尼說將才條件：（一）精神上的勇敢－決心與負責。（二）物質（行動）上的勇敢－不怕危險（無畏與冒險）。（三）科學與軍事才能（戰術）乃為次要條件，故將領以能判斷敵情為第一，而以深通學理為第二也。

昨夜服安眠藥後，睡足七小時餘，最為安適，今夜決不再服藥矣。朝課後記事，膳後散步，校核八全大會閉幕詞，尚稱適意。十一時半與經兒乘車登霧社至合歡山之新修公路，是為橫斷公路之支路，十四時到達翠峰站，舊地名即追分，真在萬山中群巒爭秀，八仙山上鐵道即在對面也，其地勢高度為二千三百公尺也，即在站上打尖（午餐），慰勉工作人員。回途視察「見晴」牧場後即直回日月潭，正十七時也。

十一月二十六日　星期二　氣候：晴

雪恥：昨晚膳後散步，與經兒乘船在潭上欣賞新月，自龍湖碼頭至電力招待所登岸，約遊半小時餘，月明風清，湖平心安，樂事也。回後觀英製影劇戰艦育嬰記，甚滑稽，晚課。

本廿六日朝課後記事，上午審核八全大會開幕詞與提議設置副總裁時講詞各稿，正午聽讀各報，對莫斯科共產集團宣言之社論皆不中肯。午課後修正大會閉幕詞未完，晚膳後再與經兒遊湖，觀月消遣，晚課後十時寢，終夜失眠。

十一月二十七日　星期三　氣候：晴

雪恥：一、得報愛克忽病，患中風症，此乃國際上又一突發之事，甚恐其美國中心失所，則俄共將更為所欲為矣。將來美國必有兩派（和、戰）主張，若美國仍能信任杜勒斯而不對俄屈服，則大戰更將提早矣。凡事禍福與成敗存亡都是兩面的，禍為福所倚，福為禍所伏，以天理與公道及人性而論，則俄共必敗，絕無疑義，但亦惟冥冥中上帝乃能主宰一切耳。

昨夜終夜失眠，但今日精神仍奮興如常。朝課後修正講詞，十時前與經兒由日月潭起程，經水裡坑、集集、南投至中興新村省府新遷處巡視後，即至八卦山旅館打尖。午課後在臺中上機，在空中視察公館機場後飛岡山，下機到高雄澄清樓駐宿，膳後在海濱散步，觀月，車遊愛河新旅社前回，晚課。

十一月二十八日　星期四　氣候：晴

雪恥：一、禁止高級將領對外員送禮。二、對梁[1] 警戒其措施（人事與金錢），不可太專權獨斷，應用合議制纔適於領導今日海軍之精神。對於士氣低落與信仰動搖應切實注意。

朝課（五時起床）前，在陽臺上仰觀星辰，歷歷可數，明澈無比，空氣清新，心神爽暢，更覺朝氣可貴也。六時早膳畢，與叔銘同車至枋寮，八時登陸演習開始，泰國與韓國均派參觀團參加，九時後親至紅色灘頭陣地與「蛙人」談話，最為快樂，並到「聯珠」等艦上艦視察畢，召見美顧問（空降團）後，起程回西子灣，方正午也。午課後閱報，修正講詞，約泰、韓參觀團茶點，晡海濱散步，晚課。

1　梁即梁序昭。

十一月二十九日　星期五　氣候：晴

雪恥：一、美國避戰政策適足完成俄共不戰而統制世界的基本策略。二、俄共發明人造彗〔衛〕星「斯布坦尼克」後，已可擊破美國科學優先，和平武裝競賽爭取時間在美國的妄想，更可證明科學與武裝競賽的時間勝利實在俄方了。三、美國政治家終以俄共內部矛盾，不能發動大戰之心理，作為聊以解嘲自慰的遁辭，乃其坐待俄共突擊，正予俄共造成為所欲為，「戰與不戰」皆無不可之形勢，何其愚弱至此。

朝課後記事，十時到岡山舉行空軍官校第卅九期生畢業典禮，臺省藉〔籍〕者已居三分之二以上，而且第一、二、三名皆為臺藉〔籍〕生也。巡視通信與機械二校後，聚餐畢，上機飛回臺北，夫人已由琉球驗病回來矣。午課後雷德福來訪，留住家中，與妻車遊山上一匝，回修稿，晚與雷便餐，談話，晚課。

十一月三十日　星期六　氣候：晴

雪恥：一、行政各種管理學術應居第一重要地位，人事、物品、行動、生活、教育、公文、時間、地物等皆應有管理統制專課，今後研究院的管制研究更為重要。二、軍友銀行計畫之督促。三、科學研究與獎進基金之籌撥。

朝課後記事，入府召見調職者六員，主持軍事會談，聽取加強陸軍火力與機動裝備報告，尚有十四個師未能如加強七個師之砲火也，指示教育改革等項。午課後修正講詞稿。晚宴雷德福夫婦[1]，與藍欽談其調職意見，加以慰勉，妻以疲勞過甚病為念，晚課後十一時寢。

1　雷德福夫婦即雷德福（Arthur W. Radford）及雷德福夫人（Miriam J. Radford）。

上月反省錄

一、愛克在廿七日忽得中風症，初聞情狀危險，惟二日後漸轉佳為慰，甚恐其身體漸形衰弱，不克擔負此後抗俄重任耳。

二、美國連試遠程飛彈之發射，其結果皆未成功。

三、共匪軍事代表團在俄進行有所協謀，其飛彈已運大陸無疑，對此應特別研究對策，務使有所防備也。

四、共匪經濟窘迫，已發十圓鈔圈〔券〕，物價已上漲二成，此乃其致命傷之一也。

五、巡視翠峰－霧社新公路，最感欣慰。

六、親臨昆陽演習中兩棲作戰，甚覺有益。

七、空軍官校卅九期學生畢業只四十五員，但甚精練也。

八、國際形態：甲、俄共發射第二次（帶狗）之彗〔衛〕星成功。乙、俄共四十周年革命紀念會：子、赫酋講詞誇張，威脅與驕矜氣燄不可一世，實為史大林與希脫勒二人聯合復活為一人之象徵，其對美國記者談話，將要在美國本土內作戰等挑釁言行，美國其能忍受到幾時？丑、共酋集團十二國以俄為首領的宣言，及其對國際侵略行動之方針：（I）共產國聯之精神無形之形成。（II）對自由世界暴動與滲透並行。（III）戰爭威脅以代替和平共存。（IIII）放棄中立運動及各國社會黨與議會運動。以上四項為其今後世界革命行動之趨向，應加注重。寅、六十二國赤色工會在東德之宣言。卯、國際共黨四十五國之共同宣言。辰、南斯拉夫不在其十二共產國家宣言中簽字，而只在國際四十五國共產黨宣言中簽字聯名發表，此乃為俄共重大之缺憾乎。丙、俄誇大其科學技術優越性，已勝過美國。丁、聯合國大會通過美、英裁軍提案。戊、美國對太空霸權被俄佔先之恐慌已陷入急躁慌張、自卑與悲觀之狀態，此

乃在心理戰上已入俄共之圈套矣。戊[1]、法國對美、英供給突尼西亞武器與交惡，惟英、美此時已能切實合作。己、美發射人造流〔衛〕星成功（廿三日）之宣傳並不能挽回威信。庚、廿七日俄對土耳其仍施行威脅。辛、美高級人員仍以俄共內部矛盾，不能發動大戰之說法藉以自慰，何其可憐。壬、本月內美連試洲際飛彈二次皆遭失敗，更是墜失其威亡，可歎。癸、（子）寮共已參加其寮國聯合政府。（丑）印尼排斥和蘭[2]形勢益形擴大，必為共黨所乘，共黨在印尼之勢力實已成燎原之勢，無法撲滅矣。（寅）琉球共黨藉〔籍〕那霸市長已被撤換，惟此聊是慰藉。（卯）約但政局危殆，但其國王胡新[3]能英明奮鬥不屈。（辰）中東形勢仍在殭〔僵〕持醞釀之中，但未增惡化。

九、共匪情形：甲、毛匪朝俄已於廿三日回平，此次在俄充任其第一傀儡，對俄臣服之表演毫無保留之餘地。乙、彭匪德懷[4]等軍事代表團在俄之長期勾搭，必將增加其裝備力量，其間必有飛彈在內，殆無疑問。丙、大批匪幹百餘萬人之下鄉與上山，應加重視並研究對策。丁、俄在此八年間貸匪價款共值美金廿二億美圓。戊、漢字拉丁化之決議。

十、美國對我形勢：其國際共黨積極策動艾其生與小沙子白克等左派分子，作反蔣宣傳益激，尤其是新出版的「現代歷史」雜誌，更是專對我「蘇俄在中國」一書之間接毀傷，應加注意。

十一、自我工作：甲、約米尼戰爭藝術研讀完畢，於我得益不淺。乙、對美、俄飛彈競爭形勢之說明。丙、與經兒先視察花蓮太魯閣段，再視察霧社至合歡之間之橫斷公路，並遊日月潭五日。丙[5]、參加昆陽演習兩棲作戰部分，召見泰、韓參觀團。丁、傘兵特種部隊已由美國同意

1　原文如此。
2　即荷蘭。
3　胡新即胡笙（Hussein bin Talal）。
4　彭德懷，號石穿，湖南湘潭人。1950 年，任中國人民志願軍司令員兼政治委員，領導抗美援朝。1954 年，任國務院副總理兼第一任國防部部長、中共中央軍事委員會副主席。
5　原文如此。

積極組訓中。戊、退除役軍官預算已確定，此乃建軍事業中基本工作也。己、參觀美國第七艦隊航空母艦「李察」號等演習。庚、巡視兵工與運輸二校，發現不少弊端。辛、調增官兵待遇案已經決定。

十二、本月份美、俄鬥爭形勢發展已至白熱化階段，可說第二次大戰以後，又是一個最大的新階段開始了，而在自我內部工作亦漸向基本業務上推進矣。

蔣中正日記
Chiang Kai-shek Diaries

十二月

蔣中正日記
Chiang Kai-shek Diaries

民國四十六年十二月

本月預定工作課目

1. 北大西洋公約國理事會定十六日召開。
2. 防空設備應發動社會捐募經費。
3. 聯合參謀作戰工作之督導。
4. 美〔每〕月匪俄內情研究會談之名單。
5. 黨政人員假退役制之實施。

十二月一日　星期日　氣候：晴

雪恥：今日為我夫婦結婚滿足三十周年的紀念日，每撫往事，惶愧無已。吾人本以完成革命，實行主義為結婚志願，迄今大陸淪陷尚待收復，而革命之志何時得酬，能不加倍奮勉，期償宿願，不負此一紀念乎。

朝課後修改「勝利生活」書中錯誤和不通的文句，約一小時。膳後記事畢，與夫人及雷德福夫人往禮拜堂聽道回，記上周反省錄未完。午課後與妻往大溪別墅作結婚紀念，以陳辭修夫人等十四人為我倆祝賀，在一年前有約

也。餘興中有杜太太[1]與關太太[2]合唱四郎探母最佳，晚宴時亦有抽籤等有趣娛樂，至十時乃畢，晚課，十一時前寢。

十二月二日　星期一　氣候：晴

雪恥：一、聞青年中有自覺「靈性貧乏和內心空虛」之感者，應如何加強宗教與精神教育，以填補此一缺憾，當為今日急務。

朝課後修正八全大會講詞三小時之久，仍未脫稿，十一時半與夫人由大溪回來，續修講稿。正午約雷德〔福〕夫婦便餐，他最後談話重要之句：一、我們反攻大陸之希望應隨環境轉移而定。二、事前不應多說反攻，到了時候即行實施可也。三、在他總長任內，其政府並未有過對我反攻大陸政策之研究，以不是時間耳。四、當我實施反攻時，彼政府仍將阻礙乎，則彼未能預知也。余以為此數語乃可代表美國之真實態度也。午課後修稿，晚觀影劇，晚課如常。

十二月三日　星期二　氣候：晴

雪恥：一、刑警總隊對報館消息誇大不良社會影響事件之注意。二、考績分數比例之修正。三、對美人民宣傳計畫與方法，及對其大學教授宣傳聯

1　杜姚谷香，藝名姚玉蘭，平劇名伶，1928 年嫁給杜月笙，成為四太太。1949 年 4 月 27 日，隨杜月笙赴香港。1951 年 8 月 16 日杜月笙病逝後，遷居臺灣，受到宋美齡、孔令偉照顧。
2　關太太即關頌聲夫人張靜霞。關頌聲，字校聲，廣東番禺人，建築工程師、企業家、基泰工程司創辦者，在 1950 年代臺灣推動田徑運動，被譽為「臺灣田徑之父」。元配李鳳麟為宋美齡維斯理學院同學，1947 年 4 月 28 日病逝上海。

絡之方法。四、訓練專重實踐。五、共團宣言與路線方向：甲、社會主義之國協。乙、全面戰爭之威脅與恐怖政策。丙、暴動政策。丁、對中立主義與議會政策以及和平轉變方針皆已轉變或放棄。

朝課後記前、昨二日事，入府召記〔見〕公超，聽其中東之行報告，主持國府月會後，宣傳會談，皆甚有益。午課後修正公全大會閉幕講詞完，晡見泰國防部長泰農[1]詳談後，並修正開幕詞完，晚與妻車遊山上一匝回，晚課後入浴，審核國防大學下期指調學員名冊未完。

十二月四日　星期三　氣候：陰晴

雪恥：一、整頓國防部人事與擬定其淘汰與留用的標準，並令各部門主官負責考核所部與其本身連帶關係。二、考核人才之方法，第一先觀其五官端正與四肢均衡以及言語清晰有條否。三、察其注重所好之點與其志趣之大小高低。四、校長與主官亦應訓練，特重管理領導與統御之方法能力。四[2]、授權與負責。

朝課後記事，十時主持中央常會，聽取第六組對共匪反右派鬥爭經過及其匪俄近態報告，甚扼要有益，核定國防大學下期學員人選，頗費心力。午課後修正八全大會開幕詞後，入府召見國防大學畢業優生十員後，往婦聯會接夫人同回，晚車遊市區後晚課，入浴，服安眠藥。

1　泰農（Thanom Kittikachorn），又譯他儂，泰國陸軍將領，1957 年 9 月任國防部部長，1958 年 1 月任總理。
2　原文如此。

十二月五日　星期四　氣候：晴

雪恥：一、天才與藝術的發展、武德與靈性的修養對於將領之重要性。

朝課後記事，十時主持國防大學聯戰系畢業（第六期）典禮後，巡視新建大講堂，照相後點名，召見美顧問哈德[1]，彼對防大協助甚為努力也。召見高級教職員後聚餐，午課後修改八全大會設副總裁案（交議）之說明詞，膳後散步，觀國製影劇與軍眷住宅建設經過之電影頗佳，晚課。

十二月六日　星期五　氣候：晴

雪恥：一、召見管伯英[2]、鍾希同[3]、曾騰飛[4]（工校教官）。二、軍校教育注重會餐與飲食方式為第一課目。三、提倡體育與獎懲辦法。四、指調學員之國文與科學程度之標準。五、高雄 81D 暴行案。六、烏日營房師部爆炸案。七、卓越幹部之倍〔培〕養。

朝課後重核八全大會閉幕詞，上午入府召見調職人員三名及鄭通和[5]等後，主持財經會談二小時，對於金融銀行業務之要旨，張茲闓說明甚得要領，批閱。午課後續核閉幕詞完，甚費時也，膳後散步，記昨、今二日事，晚課。

1　哈路德（B. F. Herald），美軍顧問。

2　管伯英，浙江永嘉人。原任工兵學校大隊長，1957 年 11 月調任國防部第四廳第二組組長。

3　鍾希同，號舜九，福建古田人。原任工兵學校教官，1956 年 5 月調任陸軍供應司令部工兵署副署長。

4　曾騰飛，歷任陸軍工兵學校教育長、副校長，陸軍供應司令部工兵署副署長，陸軍工兵學校校長。

5　鄭通和，字西谷，安徽廬江人。1950 年 3 月出任教育部政務次長，1954 年 5 月受聘正中書局總編輯。1957 年 12 月應聘至英屬沙勞越古晉，出任中華第二中學校長。1960 年 7 月，受聘為汶萊中正中學校長。

十二月七日　星期六　氣候：晴

雪恥：一、美國試放第一顆前鋒彗〔衛〕星未能成功，其國內宣傳失敗，自愛克起皆表示其沮喪態度，於是自由世界尤其西方各國更發生悲觀，認為已經對俄共大敗矣。此種現象殊為可笑與可憐之至，何以美國幼稚至此，而且愛克與其政府之表情幾乎中學生之程度，亦不至於此矣。自俄共發射彗〔衛〕星成功後，美國對其彗〔衛〕星與飛彈試放根本不應公開其消息，如此不僅使俄共莫名其妙，而其本身亦不致暴露其如此弱點與醜態矣，無知之至。

朝課後入府，九時起分別舉行多美尼加大使[1]與委內瑞拉公使[2]前後呈遞國書畢，主持軍事會談，指示甚多。午課後重核八全大會各講詞完，經兒來談時敏情形，晚觀影劇，散步，晚課。

上星期反省錄

一、結婚三十年紀念，甚感天父賜恩之樂。

二、雷德福來臺談話影〔印〕象，可以略窺其美政府過我反攻大陸的已往之態度，亦可預測其將來之政策，一切皆在於自我奮鬥耳。

三、昆陽演習為我國最大規模之演習，全程八日，本周四日已圓滿告成，三十年來之願望今已實現，惟反攻大陸以後，在大陸上一切軍事設施必比今日大過十倍以上矣。

四、國防大學第六期已畢業矣。

五、八全大會重要講詞三篇已整理完成。

1　即費雅諾（José Villanueva）。
2　賴萊士（Arturo Lares），委內瑞拉駐華公使，1957 年 12 月 7 日呈遞到任國書，1958 年 11 月離任。

六、國際形勢：一、美試放彗〔衛〕星未成。二、北大西洋公約理事會愛
　　克之病漸癒，能否親自赴會。三、美民主與共和二黨未肯精誠合作對
　　俄，而且史蒂文生主張中東問題對俄讓步，可痛。四、西方聯盟散漫。

本星期預定工作課目

1. 閱兵指揮官敬禮態度應特壯嚴。

2. 保荐人才標準。

3. 裝甲兵司令與侍衛長人選。

4. 軍眷處今後工作方針與重點。

5. 福煦 [1] 戰爭論研閱開始。

6. 菲德烈大帝 [2] 戰史之研究。

7. 戰爭十大原則順序之決定。

8. 研究員召見。

9. 指定九個步兵師之（充實裝備）番號。

10. 明年一月內機動部隊之編組督導。

11. 應急計畫之擬訂程度。

12. 對匪俄內容與動向的研究組（每月會報）。

1　福煦（Ferdinand Foch, 1851-1929），法國陸軍將領，第一次世界大戰後期任協約國聯
　　軍總司令。

2　腓特烈二世（Friedrich II, 1712-1786），又譯菲烈德、菲德列。普魯士國王和布蘭登堡
　　選侯（1740-1786 在位），在其統治下，「德意志啟蒙運動」得以開展，普魯士領土大增，
　　成為歐洲的軍事大國。為歐洲歷史上最偉大的名將之一，也是歐洲「開明專制」君主
　　的代表人物。

十二月八日　　星期日　　氣候：晴

雪恥：一、美國試放人造彗〔衛〕星不成之形勢：甲、美國民族性之急躁淺薄。乙、自卑與悲觀之論調。丙、科學基礎在美國無懼。丁、軍事性要事應保守秘密。戊、不與俄共公開競賽。己、美國組織與制度改正後，必可穩操勝算。庚、今後共產與自由之二方決戰仍在精神力之強弱，最重要的是在安靜中奮鬥，不誇張，不驚慌，不自卑，不焦急，依照科學程序穩步前進。

昨夜為連日第四次服安眠藥，略覺腦筋微痛，今晨朝課後，即在院落中觀魚訪鳥，散步養神，膳後聽報記事，記上周反省錄，禮拜如常。午課後擬草上月反省錄，晡與妻車遊陽明公園，晚閱貞觀政要二節，晚課，散步。

十二月九日　　星期一　　氣候：晴

雪恥：一、金鈔黑市之澈底取締。二、科學教育經費應責成清華大學存款利息中撥給。三、對美勸告其人造彗〔衛〕星本定明春發射，仍應依照原定計畫屆期試放，並不因遲延數月而算為落後。四、俄共早在二十個月以前準備在其所謂四十年紀念，為期試放成功（不管其試放失敗十六次，或再多次之失敗以後乃得成功），如美國要在幾星期或二十日為限試放成功，實在太不合理亦不可科學之事。今後信賴其科學家及其主持負責之機關，研究到完全成功時方行公布，而且不予一定限期，乃可望其速成也。

朝課後記事，上午到國〔防〕大學主持紀念周，宣讀八全大會閉幕詞，並對美試放彗〔衛〕星失敗，其自卑態度之幼稚可憐。

十二月十日　星期二　氣候：晴

雪恥：昨日午課前後，皆記上月反省錄至十七時方畢，散步，膳後與妻車遊淡水道上，回研閱菲德烈大王戰史開始，晚課。

一、鶯歌車禍應澈底追究原因。二、今後對於鐵路之守護，應由民防部隊或沿途鄉里組織分段巡護，特別列車將經過前卅分內嚴查，而由各車站路警負責指揮。三、社會現象與根本治理辦法之研究。四、社會、經濟、政風與黨務及民意機關政策重定。

朝課後記事，入府會客，召見調職人員五名，主持一般會談，對於政治、經濟、社會、教育、政風皆有重要討論也。正午視察紡織業展覽會，午課後研閱菲德烈戰史後，散步，入浴，膳後車遊山上一匝回，晚課。

十二月十一日　星期三　氣候：晴

雪恥：一、考核要旨之特點應加指示。二、張[1]之自反錄應核印分發。三、核子戰爭之指揮要領應即研究。

朝課後記事，上午到中央主持常會，對擴張報紙篇幅與無限制的之[2]報章雜誌之放任主義的常會決議，此乃極不合理與破壞現實政策之舉，可知中央常委亦仍不負責與無知幼稚如故也，不勝憂惶，乃予否決。午課後研閱菲德烈大王戰史完，尚未有具體心得，膳後觀影劇，晚課後散步半小時，廿二時半寢。連夜來雖未服安眠藥已有五夜，但一時以前皆不能熟睡，惟一時以後已漸得安眠矣。

1　張即張學良。
2　原文如此。

十二月十二日　星期四　氣候：晴

雪恥：一、反攻大陸成功之條件：甲、大陸人民武裝暴動，發展成為反共革命普遍蜂起至相當時期之時機。乙、俄共武裝侵略引起世界戰爭時。丙、美國對我反攻行動能予積極支持時。以上三條件必須握有其二的時候，方有成功之勝算。此外尚有第四種（丁）項條件，即共匪內訌爆發成為火拼或毛匪死亡，其內部分裂，大陸形勢紛亂時。此亦並非為意外之條件耳，但反攻宣傳為引起甲、丁二項之基本作用，不可一時中止也。

朝課後記事，入府召見廿五年度行政部門優績人員二百餘名，訓話後會客，批閱，巡視國防醫學院，情形比較良好。午課後召見研究員廿四名，晚審閱共匪軍事教育制度與方式有益，晚課，散步，今晚在一時以前仍不能安眠也。

十二月十三日　星期五　氣候：晴

雪恥：一、軍官團組織加強與軍官夫人會或家屬懇親會之組織。二、匪軍事教育制度之比較研究。三、對共匪飛彈突襲之準備計畫。四、總動員對匪計畫？五、各大專校與工廠聯繫計畫。六、考核條件內容之重訂。

朝課後記事，入府召見軍事考績優等人員五百餘名，似嫌太多，又見調職軍官袁子濬[1]等三員，主持情報會談，閩匪行動積極，特加防範。午課後到研究院，召見學員廿四人，晚觀影劇後，晚課畢約十時，與妻遊山上一匝，為求能早熟睡不失眠也，十一時睡後已能熟睡矣。

1　袁子濬，字哲生，山東高唐人。時任第五十七師副師長。

十二月十四日　星期六　氣候：陰　夜雨

雪恥：一、毛匪朝俄以後其對俄共臣服程度，在其史魔[1]死後之四年中，乃更確定其依附俄共為首的附庸不變的地位，是共匪對外政策是其一個重大的關節，而亦為西方國家對其東方狄托幻夢滅絕關節乎。二、民防與防空機構之緊束問題從速解決。

朝課後召見李濟等五人，並見盧福寧武官，其駐美最能盡職也。主持軍事會談一小時半，指示要務六項，正午約藍欽夫婦便餐。午課後閱報，十六時半與妻乘車，經大溪至角畈山已黃昏矣。入浴，膳後散步回，閱奉化縣志卷一風俗篇，有趣，晚課。

上星期反省錄

一、印尼蘇卡洛[2]由其內閣總理聲明其以身體關係，將於下月出國，而其本人並同時召見記者三十餘人，聲明其本人仍在總統府，作並未受陸軍監禁之表示，此或為其下臺之保持面子關係，但據我推斷，此為共黨緩兵延宕之陰謀，一俟其陸軍疏防或反擊準備布置完妥後，即向其對方反擊，此乃以退為進之狡計乎。

二、俄共為北大西洋公約最高會議在即，乃對其公約各國分送其不同之說帖，大施其挑撥威脅之手段，而且對聯合國亦分送其和平共存之大宣傳，此舉雖不能發生大效，但其必將有若干影響，不能忽視。

三、聯合國指導會主席由十三人增至廿一人，全為增加共產與中立勢力，席會竟予通過，美國且以棄權態度出之，投反對票者惟我一國，可歎。

1　史魔即史達林（Joseph Stalin）。
2　蘇卡諾（Sukarno），日記中有時記為蘇丑，印尼政治家，1945 年 8 月至 1967 年 3 月任總統。

四、本周工作可記者：甲、對去年軍政人員最優者分二次召見完畢，各致訓示。乙、一般會談對政治、經濟、社會現狀皆能有開誠檢討。丙、常會決議之開放報紙一案殊為憂慮，此乃幹部仍如往日舊習，毫無政治與責任觀念，乃予以否決。丁、對重要文件之審閱與軍事會談及情報會談之具體指示皆甚有益。戊、鶯歌車禍死傷百餘人，實為社會上近年來之最大慘案，應極重視。

本星期預定工作課目

1. 召集軍事學校校長、教官與各大、中軍訓教官加以訓練計畫（並設防毒與原子課）。
2. 經濟、社會、政風、教育、黨務等政策應整個檢討，重新策定。

十二月十五日　星期日　氣候：上陰　下晴

雪恥：一、丁治磐[1]、王鐵漢[2]與馬步青[3]三員應予名義。二、民防機構總主持之人選。三、影戲捐應全撥用軍眷住宅。

昨夜睡眠乃為上月以來所最佳，足有熟睡八小時之久，故今晨七時半方醒。

1　丁治磐，字似庵、石安，江蘇東海人。歷任第十一綏靖區司令兼青島警備司令、江蘇省政府主席兼保安司令、京滬杭警備總司令部副總司令等職。1955 年 11 月改任總統府國策顧問。

2　王鐵漢，又名捷三，遼寧盤山人。1948 年任瀋陽防守司令官、遼寧省政府主席。後到臺灣，任行政院設計委員會委員。1960 年 6 月起，任總統府國策顧問。

3　馬步青，字子雲，馬家軍主要人物之一。1949 年 8 月共軍進攻臨夏時，全家逃往西寧，轉往重慶，後經香港到臺灣定居。歷任國防部參議、總統府國策顧問、中國國民黨中央評議委員等職。

朝課，修正勝利生活之文字與標題，甚覺有益，膳後散步回，記事，並記上周反省錄，又用腦力不少。午課後與妻散步至小學校，回入浴，膳後觀影劇，滑稽供笑而已，閱貞觀政要第六卷貪鄙篇完，晚課，寢後又失眠至二時半，尚未能入睡也。

十二月十六日　星期一　氣候：陰

雪恥：一、今日為北大西洋公約國召開第一次正式會議，愛克亦抱病參加，未知其對俄共挑戰之影響與將來之結果究竟如何矣。二、自廿六年經兒由俄安全歸國以來，始終認為是消除俄共侵略與將來制服俄共在亞洲擴張之基本力量，實植於此，故余常默念西安蒙難乃為國家因禍得福，轉危為安之伏機，在今日觀之，革命事業雖多為俄共陰謀所陷，但余不作如是觀，此實余不易之信念也。

今晨八時起床朝課，膳後聽報，記事，批註勝利生活。正午與妻往溪內觀瀑，途中步行，前後約一小時，自十五時半由角畈回來已黃昏矣。入浴，膳後審閱學員名冊，午、晚二課同時並舉後，九時寢，睡眠甚佳。

十二月十七日　星期二

雪恥：一、令公超擬研討美大使具體說帖：甲、防空設施經費。乙、中程飛彈。丙、直升機。丁、重武器增補。戊、參加美、澳、紐或東南亞公約。二、各軍校兩棲課程之研究。

朝課後記事，入府見越南僑生及調職人員三名，批閱公文，主持宣傳會談，

指示重要方針數項。午課後在研究院召見學員廿四名，回見澳友高達[1]博士，彼在英倫宣傳甚力也。與妻車遊山上一匝，膳後散步半小時，晚課。

美宣布其遠程飛彈試放成功之報導不無可疑。

十二月十八日　星期三　氣候：陰晴

雪恥：一、辭修往賀菲總統[2]就職，並順訪澳、紐二國。二、監察院對俞院長之挑釁行動，應警告監院不得自喪體統，總統已令行政院對於行政與監察二院爭執未解決以前，不允監察員調查，一切手續總統願負其責。

朝課後記事，到中央黨部主持總動員會報，指示十餘項要務，並與參加菲空軍表演人員載譽歸來十一人照相嘉勉。午課後召見學員廿四人，今日批示組織機動部隊之核定，膳後車遊與散步，晚課。

十二月十九日　星期四　氣候：陰晴

雪恥：一、史巴達式教育之研究。二、汪奉曾[3]另調。三、防大教育長人選。四、復補兵士必須淘汰，另作苦工。五、訓練方式必須先示範。六、美政府對華政策之改正乃是最重要之情報，其原因：甲、是由其副國務卿哈達與李查斯訪華回美後，對余意見直達白宮，乃由其安全會議對華政策確立之決議。

1　高達（William G. Goddard），澳洲廣播評論家、作家。

2　賈西亞（Carlos Polistico Garcia），1953 年菲律賓總統大選，搭檔麥格塞塞（Ramon Maga-saysay, 1907-1957）競選成功，任副總統兼外交部部長。1957 年 3 月 17 日麥格塞塞總統因飛機失事去世，當即接任總統。

3　汪奉曾，號壯斌，湖南長沙人。1955 年 2 月，任國防大學校副教育長。後任陸軍預備部隊司令部參謀長、陸軍作戰發展司令部參謀長。

乙、「蘇俄在中國」出書，對其政要亦有重大間接影響也。

朝課後記事，九時到婦女聯合會致開幕詞畢，到防大令屬生轉告監察院對俞小組，通知其余已令行政院長在行、監二院糾紛未結以前，不允任何人對俞有關問題之要求調查，概應拒絕之意，規勸其慎重為要。[1]上午聽取剿匪戰法之整編報告，午課後，聽取昆陽演習總檢討報告，三小時半方畢，聚餐，散步，晚課。

十二月二十日　星期五　氣候：晴

雪恥：一、參加演習顧問之耶誕送禮。二、疏散重要。三、構築防空洞之整個計畫分民用與軍用二目。四、廣告稅（社會亂貼與塗壁）與取締。五、局部戰與全面戰之利害關係。六、直升機優先。七、各里收音機之設置與管理計畫。八、與杜亦樂談話：甲、機動部隊編組已決定於下月完成，望美亦早日完成手續。乙、原子彈頭到後不重複聲明。丙、直升機一中隊望優先成立。丁、香港醫師來臺參觀之原因。

朝課，記事，入府，與辭修、公超談其訪菲、澳、紐之政策與將來參加美、澳、紐防衛協定之計畫，希望中、菲、韓三國共同加入也。主持財經會談，午課後審閱重要情報畢，入府召見學員廿四人畢，再與公超談話。膳後散步，與妻車遊山上一匝，回晚課，入浴，三日來睡眠亦入正常，每夜前後都能睡足六小時以上。

1　俞即俞鴻鈞。1954 年俞接掌行政院，1957 年因軍公教待遇問題，監察院擬約詢俞院長，俞認有違憲法規定，拒絕報告。俞乃成首位被監察院彈劾之閣揆，俞辭職以對。

十二月二十一日　星期六　氣候：晴陰

雪恥：一周以來左手股上節筋肉時作酸痛為苦，此乃廿五年西安事變出來後，醫者硬以鐵套綁腰部受傷之處，而其鐵甲掛在兩肩晝夜不解之故，每年冬季總有作此酸痛情狀，今年似乎較烈，故暫停朝操也（自今起）。

朝課後記事，入府見寶亦樂與包恩將軍，談機動部隊編組計畫，催美早日決定，以及昆陽演習在講評中未曾指出者三大缺點，甚有價值。主持軍事會談，午課後，入府見何浩若[1]後，召見學員廿五人完，到婦聯會參觀選舉情形後，與妻回寓，膳後以雨未能散步，與妻談婦聯會事，晚課，入浴。

上星期反省錄

一、巴黎北大西洋公約國最高會議愛克出席主持，及其結果與宣言皆比較成功，尤其是對俄所宣傳，要求召開其最高階會議未予接受，而以外長會議為打開裁軍殭〔僵〕局之方式出之更為合宜，此乃杜勒斯之又一成功也。

二、美國發射遠程飛彈成功，正在巴黎會議最紛歧最緊張之時，突來此一佳音，實為北大西洋公約此次會議作決定性之影響因素也。

三、美國對華政策得識其已有明確相當之轉變與決定，此乃八年苦鬥與忍耐之功效，能不慰勉。

四、反攻戰法與昆陽演習檢討皆於本周會議獲得結論，亦是足以自慰工作之一也。

五、上月以來之失眠症，本周已完全恢復原狀。

1　何浩若，字孟吾，湖南湘潭人。1948 年任駐聯合國代表團顧問，赴美宣傳。1953 年 12 月，任紐約中美聯誼會常務理事。1954 年 11 月出任教育部在美教育文化事業顧問委員會委員。時為美國廣播公司特約專欄作家。

本星期預定工作課目

1. 機動部隊、軍師部之特種兵與後勤支援應先調配編成。

2. 官兵外出服可分二年完成。

3. 軍政、民防機構簡化計畫。

4. 行政與監察二院糾紛應加注意與解決。

5. 國民大會代表聯議會與行憲十年紀念。

6. 外交方針之研究與進行。

7. 對常會之講評。

8. 將領調職人選之準備。

十二月二十二日　星期日　氣候：晴

雪恥：一、世界新形勢之檢討與外交發展方向之研究。二、行政院改組各部會人事之準備。

朝課後記事，上午召見盧福寧，聽取其報告，予以指示，禮拜如常。午課前後修改講稿，說明俄共發射人造彗〔衛〕星後新形勢與我反攻復國之關係。晡與妻往總統府參觀本年誕辰禮品之陳列後，車遊山上一匝，晚觀影劇，晚課，散步。

十二月二十三日　星期一　氣候：晴

雪恥：一、召見民社黨三首領。二、共匪對其軍官多子女的補助金取消了。三、共匪四十四年一月軍官供給制度改為薪金制度。四、匪軍眷還鄉運動

之利害如何。五、溥儒[1]、吳〔胡〕旭光、陳希曾[2]、卜道明之節金。六、機動師駐地應分駐澎湖、高雄與基隆三港附近，並平時多作裝載起卸與登陸演習。七、史尚寬[3]。

朝課後續修前講稿至正午完，上午聽報，散步，記事。午課後閱報，研究巴黎會議後國際形勢及夢麟著基督教與中國文化篇，可供參考。晚與妻巡視市區，回研閱約米尼著大作戰論摘要，晚課。

十二月二十四日　星期二　氣候：晴

雪恥：今夜又失眠，至一時服藥後沉睡，其或為監察院事與國家前途不安乎。朝課後記事，入府約見錢穆[4]、羅香林[5]等畢，批示公文後，主持一般會談，聽取監察院對俞鴻鈞彈劾案之經過及發表情形，對於此等無理取鬧、不顧大局之監察人員，甚為國家與憲政前途憂也。午課前後，修正明日行憲十周年紀念會講稿，往臺大醫院訪王亮疇與英士嫂之病。晚團聚全家與親友祝聖誕宴後，禮拜，晚課。

1　溥儒，愛新覺羅氏，滿洲鑲藍旗人，字心畬，齋號寒玉堂。其詩、書、畫與張大千齊名，並稱為「南張北溥」。與黃君璧、張大千以「渡海三家」齊名。任教於臺灣師範大學美術系。

2　陳希曾，名祖典，浙江吳興人。1945 年 10 月任南京國民政府參軍處總務局局長。1948 年 5 月任中華民國總統府第六局局長。1949 年 1 月後移居香港。

3　史尚寬，字旦生，安徽桐城人。1952 年 6 月任考試院考選部部長。1958 年 9 月任中華民國司法院第二屆大法官，兼光復大陸設計委員會司法組召集人及國民大會憲政研討委員會編纂委員。

4　錢穆，字賓四，江蘇無錫人。1950 年 3 月在香港創辦「新亞書院」，並出任校長。1951 年，為籌辦新亞書院臺灣分校滯留臺灣數月。1952 年 4 月，應邀為「聯合國同志會」，在淡江文理學院驚聲堂講演。1955 年獲贈香港大學名譽法學博士學位。1956 年與胡美琦在香港結婚。

5　羅香林，字元一，號乙堂，廣東興寧人。1949 年在香港廣大書院，新亞書院任教。1951 年起任教於香港大學，1964 年任中文系主任，退休後續任香港大學永遠名譽教授。最重要著作《客家研究導論》（1933），透過對於地方志、族譜的重新解讀，創造獨特的客家歷史。

十二月二十五日　星期三　氣候：晴陰

雪恥：一、敵我不分之病。二、政府對付敵人與外患尚感智力已竭，不遑應付，何能再為政府內部意見而分心。三、對軍民刺激性之言行，正為敵人供給其基本資料，以促政府之崩潰。四、行政與監察二院糾紛本應由總統持平解，乃是合法、合理與合情的事。

昨夜失眠，至今晨一時後方服藥睡去，迄五時前復醒，七時起床朝課，九時到行憲十年紀念會講演，自以國民代表資格對大會致辭，先以口頭作半小時演講，痛述中央民意機關各種不利國家與阻礙反攻復國的言行，加以警戒，自覺安心，但覺疲乏而已。午課前後重閱勝利生活（四月份），晡見日學習院長與早稻田校長，此二老學者對華態度以因其國力而驕矜矣。晚閱馬蹄形戰術完，晚課。

十二月二十六日　星期四　氣候：晴陰

雪恥：一、民意代表在臺不是為求自身的享受，亦不是僅為在臺公務人員滿足，而應時時為解救大陸被奴役的選民，脫離窮困死亡為第一職責。二、今日如要先求臺灣公務人員之享受滿足，則就無法再談反攻復國，解救同胞的任務了。

昨夜廿二時半即寢，很能熟睡為樂。今晨七時起床朝課，恢復體操，但右手股仍感不力也。記事。上午到實踐學社，聽范健[1]（外藉〔籍〕教官）講菲德烈大王七年戰爭開始甚佳。午課後召見實踐學社學員廿二名，回修正講稿，晚車遊山上回，晚課。

1　本鄉健，前日本陸軍砲兵大佐，化名范健，1950 年 1 月抵臺，協助訓練國軍幹部，為實踐學社（白團）之副總教官。1963 年 12 月離臺。

十二月二十七日　星期五　氣候：晴

雪恥：一、原子時代戰略與戰術思想及法則方式之研究。二、臺省國民與社會教育要旨與重點之研究，如何加強民族意識及復興祖國的責任心、仰慕心、自尊心，和團結向心力為宗旨。三、會戰意義之解釋。四、各級學校與軍官團增加戰史課程之講授。

朝課後記事，手擬元旦文告要旨，上午到實踐學社，續聽菲德烈大王七年戰爭史二小時。午課後召見學員二十名，晚觀影劇（B五十二型轟炸機），晚課。

十二月二十八日　星期六　氣候：晴

雪恥：一、明年對將領應研究書冊之指定。二、革命實踐研究院教育方針之研訂。三、與藍欽談話要旨之準備。四、勸美國特別要堅忍與勇敢，不可慌張躁急與怯懦退縮。

朝課後續修元旦文告稿，上午仍到實踐學社聽講戰史，頗有心得，即在社內午膳畢，回續修文稿。午課後召見學員畢，與白鴻亮總教官談教育計畫，聚餐後回，散步，記本日事，晚課。

上星期反省錄

一、實踐學社學員六十名經十個月訓練已於本周結業，此乃軍力之增強也。

二、聽范健教官講菲德烈大王七年戰史三日完成，自覺有益。

三、召見實踐社結業學員完。

四、修正對俄人造彗〔衛〕星發射後新形勢之講稿完。

五、行憲十周年大會中口頭演講半小時，自覺對立、監二院之警戒，對於今

後政治前途甚關緊要，書面文告亦頗有力也。

六、監察院對行政院長俞鴻鈞提出彈劾，黨員無紀與自私，殊為痛心，但無關大局也。

七、俄共最高蘇維埃通過其對外七項宣傳口號，只是令人討厭而已。

八、匪軍自四四年一月取消其供給制而改為薪給制時，多子女之補助費今已宣布取消，且發動軍眷還鄉運動了。

本星期預定工作課目

1. 結業訓詞要旨：甲、實踐每人應自認為執行人，一洗過去知而不行的惡習。乙、平時工作亦應照聯戰精神實踐。丙、主動負責與研究發展精神為解決難題之基礎。丁、黨員守則應改為國民守則。戊、寫字格式（公文、廣告與考卷等）必須由右至左為定規。己、與各大專校、工廠之聯系以為研究發展之基礎（對教授與設計員、工程師）。

十二月二十九日　星期日　氣候：陰微雨

雪恥：一、軍友銀行計畫如何。二、裁併機構方案。三、防衛捐收拾與用度項目之審核。

本日為先慈九十四歲誕辰，禁食（朝餐）以誌親恩。朝課後重修元旦文告第三次稿三小時之久，十一時禮拜如常。午課後為藍欽大使寫句贈別，與妻車遊淡水道上，回修稿，入浴。晚約集芝珊等親戚與經、緯兩家祝拜母壽紀念，聚餐畢，與武、勇二孫散步福臨路上，回晚課。

十二月三十日　星期一　氣候：雨

雪恥：一、應變教育。二、部隊戰史。三、丁恩元[1]派金門。四、第一軍長人選（胡炘、周中峯）。五、各軍（兵）種之夜間訓練與全夜生活。六、原子戰爭之特科訓練。七、對共匪之特種準備與創意戰術。

朝課後記事，十時到陽明山研究院舉行聯戰班第十期結業典禮，訓話後見德國步行世界四青年後，核閱講稿，聚餐。午課後修稿，召見陳、俞、葉、徐[2]等商討對藍欽談話之要領，晚觀影劇，晚課。

十二月三十一日　星期二　氣候：晴

雪恥：今天為四十六年的大除夕，這大好的一年光陰又虛度過去了麼，對於我的精神德性的修養、學術智識的進步，以及工作事業的增加，究竟如何。我認為是比往年略佳，而對於今日的生活環境，自覺更為滿足，惟有感謝上帝恩賜與贊美耶穌時刻護佑而已。明日就是四十七年開始了，應作如何計畫與準備，來迎接這個新時代到來與新生命的發展，仰望上帝如計如期賞賜我們反攻開始，復國成功，來建立基督教理、三民主義、富強康樂的新中國，使不愧為基督信徒則幸矣。

朝課後核修文稿，甚費心力，上午入府見藍欽，談一點三刻時，甚為重要，正午軍事會談，核定機動部隊編組計畫。午課後記昨日事，見義國記者[3]與南非僑領朱佛舜[4]後，與妻車遊山上一匝，回灌片錄音，膳後散步，晚課，廿三時寢。

1　丁恩元，號承哲，安徽合肥人。1956 年 9 月調任第八十一師參謀長。1957 年 3 月調石牌聯戰班第六期入學參謀，1958 年 2 月調任預備第四師副師長。
2　陳、俞、葉、徐即副總統陳誠、行政院院長俞鴻鈞、外交部部長葉公超、財政部部長徐柏園。
3　莫尼契里，義大利專欄作家。
4　朱佛舜，旅居南非僑領。

上月反省錄

一、俄共為首的亞非團結會議在開羅會議約已六日，至年終大致結束，是為俄共七項宣傳口號推進其在非洲赤化運動必有影響。

二、大除日與藍欽作一小時三刻之談話，頗費心力，對於今後外交與軍事合作自覺有益。

三、家庭親愛和睦日益增厚，最為欣樂。

四、革命實踐研究院聯戰班第十期結業矣。

五、實踐學社學員又是一期結業。

六、聽講菲德烈大王七年戰史三日。

七、行憲十年紀念講稿有力。

八、昆陽演習成功。

九、國防大學第六期畢業教育不良。

十、機動部隊計畫實施中。

十一、對匪軍事教育制度之研究有益。

十二、反攻戰法與昆陽演習檢討會議有益。

十三、國防大學與實踐學社之下期學員人選審定。

十四、十二日之反攻大陸四項條件之檢討重要。

十五、鶯歌火車慘禍之嚴重。

十六、張昌年分屍案[1]之殘忍，社會敗壞之可憂。

十七、監察院彈劾俞鴻鈞院長之注意。

十八、一般會談中對經濟、政治、社會等情勢之檢討，以及軍事會談、情報會談等之具體指示與重要問題之解決，自信皆甚進步有益，惟自上

1　1957 年 11 月發生中央銀行出納科副主任張昌年遭劫殺分屍案件，偵察結果為汪震、金明時、賈麟書共同搶劫而故意殺人，並違反政府依國家總動員法所發禁止黃金外幣自由買賣之命令。此案之後衍生出美鈔黑市兌換議題。

月失眠症復發三星期之久，月中左手股酸痛為苦，但至下旬皆已復元矣。

十九、關於俄共者：甲、匪軍自四四年軍官供給制改為薪金制以後，至今對其軍官多子女之補助金亦已取消，且其軍眷皆令還鄉矣。乙、匪俄密約為戰爭限於一州範圍，都無互助義務之內容，其真實性應注重。丙、匪反右派鬥爭之後果應加注視。丁、俄共大會通過七項外交方針之宣傳，與分化北大西洋公約國之陰謀應注重。

二十、國際形勢：甲、聯合國大會指導會主席由十三人增加至廿一人，共產集團與中立主義勢力驟張，而其本屆會議乃於年杪毫無結果而閉幕矣。乙、北大西洋公約國會議如期完成，其成績只有如此而已。丙、美國試放前鋒彗〔衛〕星雖失敗，但其擎天神洲際飛彈幸試放成功矣。丁、美史丁文生在此時尚主張對中東問題與俄共妥協，殊為可歎。戊、美對華政策已有相當之改正與決定為慰。戊[1]、印尼蘇卡洛已作出國休養之決定。己、泰國新政府成立矣。

1　原文如此。

蔣中正日記
Chiang Kai-shek Diaries

雜錄

蔣中正日記
Chiang Kai-shek Diaries

雜錄

一月廿四日記。近日回憶過去最大二次戰役失敗之原因，其一為廿六年秋，上海戰役，最後受日軍在金山衛登陸，對淞滬戰場側背之突襲。其二為卅七年冬，東北戰場受俄共由北滿戰備完成後，對瀋陽之發動攻擊。此兩大戰役之失敗，皆由於主觀太過，雖事前皆認為敵軍有此行動可能，但自信其第一點，日軍決不敢擴大戰場，以減少其對俄之兵力。第二點以為國際關係，敵人不敢出此之一點去判斷敵情，而對客觀事實、國際環境與敵軍可能行動加以忽視，幾乎皆遭覆滅之慘敗，能不特記而知戒乎。

二月十六日。美國為何必欲阻礙我反攻大陸行動之原因及其利與害所在之關係：

（一）對美國之害：甲、恐俄參戰助匪，引起世界大戰。乙、恐我失敗，不能保持臺、澎，此為其最大之病根。丙、必欲保持臺、澎基地，以待世界大戰時對共匪大陸整個解決。

（二）對美國之利：甲、我軍收復大陸，消滅共匪後，就可驅逐俄勢，掩護其在太平洋上安全。乙、大陸友美，可以擴張美國權益。丙、在亞洲可以牽制俄國，遏制世界革命之狂潮，由此可以消弭戰禍。

（三）美國如反對我反攻，其可能之行動：甲、其事前聲明與我之利害。乙、我反攻開始時其發表反對之聲明。丙、待我失利時之聲明。以上三者於我最不利者：為（乙）項，應如何避免其此種反對形勢。

（四）美國事前有否默評之可能，至少應要求其做到此點。

（五）如其事前不同意或開始時彼公開反對，我是否仍如期反攻或即停止。

（六）在我開始時彼乃發表聲明，則其不能阻止我反攻。

（七）美國對英、法攻擊埃及行動之初及其行動中公開反對之原因：甲、於美政策完全損害。乙、英、法如停止攻埃，對英、法根本不致動搖，而其對我反攻之利害，豈亦復如是相同，抑或相反？

（八）如其不能事前同意，則我只有二途對策：甲、我下野。乙、讓後繼者與匪和談。

（九）若實行第（八）項對策，則美國於第（一）項之（乙）、（丙）兩款，對其在東方最重要之根本政策不能達成而適得其反之結果，其於美果願出此乎，如果出此，而於彼有利乎？

（十）只要我能反攻成功，則於美有百利而無一害，而其所怕者仍是第（一）項中之甲款而已，對於此點應如何說服，使之消散其疑慮耳。

（十一）反攻之初對美宣言之意旨與條目記於四月八日日記中。

一、「天」字釋義：至高至大，自然自在，無始無終，不睹不聞，莫見莫顯，上帝鑒臨，於穆不已。

二、從變動的觀點把握其內在的聯繫來加以分析。以上為三月十日。

一、須知敵人共匪自認其為一切事物都有矛盾與鬥爭的，吾人應針對其內部的矛盾，如何使之擴大而加以利用。

二、人的構造組織－肉體、理智與精神。

三、行為是意向與知識二者的結合。

四、「信仰」就是精神的冒險，乃是生命的賭賽與人生的決定。

五、飯服－道德精神與心理。人格統一與生活調和。

六、聖靈的律－基督的教訓精神與生活。

（二）[1] 兵學者，乃運用活的精神、力之學問，即運用之妙在乎一心之意。

三、關乎戰爭之概然與偶然之問題，即機也。能知機者為智將，能預機者為勇將，能乘機者為名將，能造機者為神將。

四、凡事物均有體、相、用之存在，戰爭之本質理論，即體用兵上之原則，即相軍隊之指揮運用、指揮官之決心即用。

五、孫子十三篇兵法是以機為經，以奇為緯，其根本是在求之於變化，故孫子兵法講求用兵方法，即着重在用的方面，而克勞塞維茨戰爭論則講求其戰爭本質與理論，即着重在體的方面矣。

軍事科學之精神：

一、組織。二、分析。三、聯系。四、統一。五、澈底（貫澈到底）。六、分工（專精）。七、解決（當機立斷）。八、演繹。九、歸納。十、辯證（綜核）。十一、有系統的整理。十二、遵循正確的原理。

領導辦事的程序：

一、主動。二、負責（分工）。三、計時程功（契約責成）即職責契約制。四、研究發展。五、實驗實踐。六、檢討改正。七、積極督導。八、調整聯系。九、判別是非，信賞必罰。十、解決當前問題（當機立斷）。三月十八日抄。以上抄錄四十三年日記中雜錄。

一、戰地就地之人、地、物之運用乃為指揮官重要職務。

二、國軍自大陸撤到臺灣，至今並未與共匪停止戰爭，故我反攻行動不是特發的新戰爭，而是未完的戰爭之繼續。

1　原文如此。

四月廿二日。近來對於反攻大陸日期之遲早問題，認為如無特種良機，則反攻行動不宜過早與太急，以世界大戰與共匪必然崩潰之命運早已注定，且可坐待而至，故不用過急。至於本身準備工作，則其時間以延緩為有利，余以為三年至五年內如能發動反攻，則準備工作更能完備，而其時間亦正適宜也。惟目前準備工作更應加緊進行，以備隨時可以策進反攻，不失良機之來臨耳，此乃最近之思想也。

五月四日。辭修對反攻計畫之要語四句：立不敗之地，策必勝之謀，存戒懼之心，行冒險之實。

五月十一日。對美宣言準備之要旨九項記於四月八日之日記，甚重要。

十九日。共匪矛盾除其黨內自相矛盾之外，其他最大之矛盾：甲、退伍軍人橫行社會，無法抑制。乙、農民反對合作化之激劇。丙、自由市場開放後，物價無法遏制。丁、公債攤派，儲蓄減少，通貨必然澎脹，此乃其經濟崩潰之始。戊、應特注意的一點，在其十二矛盾中列有其老特區，即舊匪巢人民對共匪之矛盾一項，是其已籌備其重歸老巢之打算，然而今昔勢異，絕不可能矣。己、毛匪主張共產國家必須有罷工權一事。庚、毛匪又主張對其內部衝突，應用說服與討論而不迫害來解決，此皆其共匪崩潰必然之途徑，但其時已不及矣。

六月七日。回憶三十餘年中外交上最大之失敗與錯誤，其惟卅一年冬，英、美放棄在華一切特權時，對我之通電知照。余乃覆電英國邱吉爾，加以譏刺，認為此乃是過去之一張廢紙之語，待余閱稿而電已先發，收回不及矣。此實為平生惟不可想像而難言之痛苦，從此對英之外交無法挽救。

七月七日。本月五日與四日兩日記事甚重要，應隨時省閱。

廿一日。箴言：逆來順受，勿忘勿助。又忍辱負重，沉機觀變。

八月十四日。在午課靜坐默禱時，忽爾想到對美國宣傳，要求其不阻礙我反攻，以及我不能不違反中美共同防衛協定之事實理由，向其政府與全美人民坦白說明，如一年之內仍固執成見，不同意我反攻，則只有放棄此一協定，以免貽害盟邦。但我必須於此一年內外實行反攻大陸，以拯救我全國四億五千萬水深火熱之同胞，此余不能不預為聲明之意作正式之交涉。至於進行手續，第一，明（四七）年三月杜勒斯來臺時先行面告，請其轉達愛克，要求其同意。第二，如不能得其同意，則再向其美國人民之聲明後再定次一行動。

八月廿三日。關於對美不阻礙我反攻之交涉研究者，應特別注重八月十四、十六、十八、二十與廿三各日記事為要。

自民國十七年七月間平定北平，統一全國，至明年四十七年整為卅年，以時、命、國運與大陸民心實情皆為反攻之時間已經成熟，所差者只美國之外交，此正為余發揮政治與道義的精神力量之時，必先自反而縮，配義與道，又須持志養氣，勿忘勿助，到了不得已時必須對美有獨立不倚之精神，並帶有五、六分強勉之行動出之，再不能一意遷就順從，自誤誤國，所謂條約信義者，美國對華之經歷問其自反何如乎？

八月廿五日。朝課靜坐默禱時忽得靈感，即對美交涉同意我反攻之策略，如明年杜勒斯面商後，愛克仍不同意，則只有我先行辭去總統職位，作為脫離政府，對中美協防協定與其附文無關，不負責任，一面由辭修代理職位，對美仍履行其協定，使美對臺仍負協防任務，而我以在野革命領袖名義實行提兵反攻，使美無法阻礙，而且他對共匪亦可以我之反攻與協防協定無關之說，仍繼續其協防之責任，使共匪不敢對臺、澎轟炸侵犯，如此則我之政府並未違反其協定，而亦仍繼續履行其協防義務也，此實為實行反攻惟一之策略也。

姓名錄

羅友倫荐

單樹人[1]　蕭縣　校十七期　卅五才　未入參校
　　　　　商校軍訓教官績（78 分）？

王文度[2]　蓬萊　參校教官　卅九才　曾任營長副團長　適任團長 98 分

陸秀文[3]　濟南　宜蘭團區司令　曾任團長司令　適任師長？卅九才

高　任[4]　嶧縣　參校四　全左　適任師長或副師長？

劉安祺荐

張儒和[5]　銅山　陸大參校　預司部處長　四一才

（劉安祺荐）何繼厚[6]　江寧　澎副參長（適任師長）？

高維民[7]？　　張家寶[8]？　國防部高參　已任師長　派參校學習

李慎端[9]　預備司部副參長　湘（可任師長）？

1　單樹人，江蘇蕭縣人。1955 年 8 月出任臺北市立商業職業學校軍訓教官。

2　王文度，字行志，山東蓬萊人。1954 年 7 月任第七軍第六十九師第二〇五團副團長。
　1956 年 11 月調任陸軍指揮參謀學校教官。

3　陸秀文，號修文，山東濟南人。1954 年 10 月，出任臺北師管區宜蘭團管區司令部司令。
　1957 年 8 月，調任臺北師管區參謀長。1962 年 7 月，調任第四十六軍副軍長。

4　高任，號庭惠，山東嶧縣人。時任陸軍預備部隊訓練司令部訓練處處長。後任第
　三十二師師長。1963 年 8 月因行為失檢離職。

5　張儒和，號如禾，江蘇銅山人。1955 年 10 月，任陸軍預備部隊訓練司令部訓練處處長。
　1957 年 6 月，調任第九十二師副師長，10 月調任第八軍參謀長。1959 年 8 月，調任
　國防部入學高級參謀。

6　何繼厚，號忱實，江蘇江寧人。曾任第二十六軍副參謀長、澎湖防衛司令部副參謀長。
　1962 年 5 月任陸軍預備部隊司令部副參謀長。

7　高維民，字精三，山東嶧縣人。1954 年 5 月時任第五十軍增設副軍長。

8　張家寶，河北寧河人。1954 年 5 月時任第五十軍增設副軍長，後任國防部高級參謀。

9　李慎端，湖南湘潭人。歷任第五十軍司令部副參謀長、臺灣中部防守區司令部第三處處
　長，1956 年 4 月調任國防部第三署副署長。時任預備訓練司令部副參謀長。後任實踐
　學社教官、預備第六師師長。

鄒雲亭　　　外交組　　　阿根亭參贊

袁覲賢　　　外交組

（海軍）王昌銳　湘潭　　　　太和艦長

　　　　薩師洪[1]　林森縣　留英　海參校教育長

（胡璉荐）

張　蠡[2]　高　任　預備部隊

張儒和　　10D

臧家駿[3]　袁子濬　57D 副

袁國徵　梁　筍　49D 副

趙少芝[4]　51D 副

劉[5]荐　　張錦錕[6]　預四師副　劉篤行[7]　預五師副

夏　崐[8]　張道一[9]　　王愛宇[10]　預師團長

1　薩師洪，號孟文，福建林森人。原任海軍總司令部第五署副署長，1956 年 4 月調任海軍參謀學校教育長，1962 年 9 月調任海軍總司令部海道測量局局長。

2　張蠡，號秉衡，熱河朝陽人。1955 年 7 月任第十九師副師長。

3　臧家駿，山東濟寧人。曾任第五十七師參謀長、第五十七師第一七一團團長，1962 年 2 月出任第五十八師副師長。

4　趙少芝，號競亞，湖南湘鄉人。1955 年 5 月任第二十六師增設副師長，10 月調任第五十一師副師長。

5　劉即劉安祺。

6　張錦錕，號養韜，原名千，四川永川人。1955 年 12 月，調任第五十八師副師長。1956 年 7 月，調任預備第四師副師長，1958 年 9 月，調任第五十八師師長。

7　劉篤行，曾任第三十二師參謀長，時任預備第五師副師長，1963 年 8 月調任第三十二師師長。

8　夏崐，號岳崟，江蘇江寧人。1955 年 5 月任第二十三師第六十八團團長，後任第十八師參謀長、預備第一師第二團團長。

9　張道一，山東萊陽人。時任新兵第四團團長。1959 年 3 月，任第八軍參謀長。

10　王愛宇，字又鑫，上海人。1955 年 10 月，任預備第四師第十二團團長。1957 年 5 月，任陸軍新兵第一訓練中心指揮官。

（陸戰隊）
- 張振遠 [1]
- 馬立維 [2]　一旅參長
- 黃光洛 [3]　陳奎良 [4]　　留美陸戰隊
- 楊友三 [5]　陸戰校處長
- 顧尚德 [6]　防大教官

耿繼文 [7]　汪炳南 [8]　　陳守成 [9]　候預師長

唐俊賢　1C 參長

黃毓峻　9D 副

1　張振遠，號翼飛，山東單縣人。1956 年 4 月任國防部高級參謀，1957 年 2 月調任海軍陸戰隊第一師副師長，1958 年 5 月調任海軍陸戰隊司令部參謀長。

2　馬立維，號國光，廣東台山人。歷任海軍陸戰隊司令部第四處處長、作戰勤務團長。1956 年 1 月任海軍陸戰隊第一旅參謀長。

3　黃光洛，福建林森人。曾任陸戰隊學校教育長，1959 年 10 月調任海軍陸戰隊第一師砲兵團團長。

4　陳奎良，河北臨榆人。曾任國防部第四廳參謀、物資局參謀。

5　楊友三，河北交河人。時任海軍陸戰隊學校處長，1957 年 9 月調任海軍陸戰隊第一師砲兵團團長。

6　顧尚德，號繆勛，江蘇武進人。時任國防大學校教官第三組教官，1957 年 12 月調任第四十九師第一四七團團長。

7　耿繼文，號作民，江蘇銅山人。1957 年 7 月任海軍陸戰隊第一師第一旅旅長，1958 年 1 月升任海軍陸戰隊第一師副師長。

8　汪炳南，號燊亭，湖北漢川人。原任第四軍官戰鬥團副團長，1957 年 11 月調任陸軍總司令部陸軍計畫作戰委員會委員。

9　陳守成，號中立、自立，浙江東陽人。原任第四十九師副師長，1956 年 5 月調任陸軍總司令部作戰研究督察委員會委員。1957 年 4 月調任預備第八師師長。

（四五年讀訓優甲人員）

陳斯祿[1]　243 團長　俞 平[2]　中基艦長　傅伊仁

蔡名永[3]　王衛民[4]　王征萍[5]　基隆運輸司令

酈堃厚[6]　兵工研究院

（四五年讀訓劣等人員）

陳玉玲[7]　胡肇武[8]　9D 副　黃義光[9]　34D 副　闕鵬飛[10]　51D 副

劉次傑[11]　69D 副　呂心賢[12]　7D 副　聶御風[13]　裝師　2D 副

王士晶[14]　41D 參長（錢家榮[15]171i　蕭明謇[16]）皆搜索團長

1　陳斯祿，號初勳，廣東澄海人。時任第八十一師第二四三團團長。

2　俞平，浙江奉化人。時任中基艦艦長。

3　蔡名永，湖北雲夢人。1955 年 10 月，調任空軍第五聯隊聯隊長。1957 年 11 月，調任空軍作戰司令部參謀長。1958 年 8 月，調任國防部作戰參謀次長室助理次長，在金門砲戰期間代理執行官職務。

4　王衛民，字於生，遼寧瀋陽人。歷任空軍總部政治部主任、空軍訓練司令。1957 年 7 月調任空軍副總司令。

5　王征萍，原名逢炳，號無畏，浙江諸暨人。時任陸軍總司令部第四署署長，後調任基隆運輸司令。

6　酈堃厚，號敏樹，浙江諸暨人。1950 年 7 月首任國防部兵工研究院院長。1957 年 6 月，升任國防部生產署副署長。

7　陳玉玲，浙江鎮海人。1952 年 9 月任東南幹部學校副教育長兼大隊長。時任第五十七師副師長，後調升第三十四師師長。

8　胡肇武，湖北廣濟人。時任第九師副師長。

9　黃義光，號秉剛，廣西全縣人。曾任第三三○師第九九八團團長，留駐越南。時任第三十四師副師長。

10　闕鵬飛，號韜伯，浙江松陽人。1953 年 4 月任國防部第一廳專員，1954 年 3 月調任高級參謀室高級參謀。時任第五十一師副師長。

11　劉次傑，號白蘺，湖南湘潭人。時任第六十九師增設副師長。1958 年 3 月升任第六十九師副師長。1961 年 10 月，調任金門防衛司令部副參謀長。

12　呂心賢，時任第七師副師長。

13　聶御風，時任裝甲第二師副師長。

14　王士晶，時任第四十一師參謀長。

15　錢家榮，江蘇武進人。1956 年 1 月任第五十七師第一七一團團長。1963 年 2 月任第六十九師副師長。

16　蕭明謇，遼寧本溪人。時任第九軍搜索團團長，後任第九十三師參謀長。

（四五年劣等人員讀訓）

譚長情〔青〕[1]　預 6i　　　王建東[2]　55i　　　連守仁[3]　預 19i

張其黑[4]　92D 政　劉 援[5]　預 7D 政　陳 亮[6]　裝 2D 政

陸德耀[7]　巡邏艦政　何迺祈[8]　登陸艦政

黃漢英[9]　10D 副　　　黃河清[10]　8C 副　　　魏蓬林[11]　3C 副

韓鳳儀[12]　10C 副

傅伊仁　　　　　八十二師副

樂彬漢[13]　　　陸總聯絡主任

蔡人昌　　　　　陸總三署長　　　候補師長

王廷宜　　　　　第三廳組長　　　候補師長

張志雷[14]　杭州　連絡局副　　　　稅務學校畢業

1　譚長青，湖南茶陵人。時任預備第二師第六團團長。1958 年 1 月調任第十師第二十九團團長。

2　王建東，江蘇泰興人。時任第十九師第五十五團團長。

3　連守仁，曾任第二〇〇師第五九九團團長，1954 年 7 月改任第二十四師第七十二團團長。時任預備第七師第十九團團長。

4　張其黑，號少白，河南西平人。時任第九十二師政治部主任。

5　劉援，號拙夫，江西萍鄉人。時任預備第七師政治部主任。

6　陳亮，時任陸軍裝甲第二師政治部主任。

7　陸德耀，號龍北，浙江餘姚人。時任海軍六二特遣部隊政治部主任。

8　何迺祈，時任海軍登陸艦隊政治部主任。

9　黃漢英，湖南祁陽人。曾任第六十四軍副軍長、第一軍軍官戰鬥團副團長、團長。時任第十師副師長。

10　黃河清，字礎發，江西萍鄉人。曾任第三十二軍、第七軍、第五軍軍官戰鬥團副團長，時任第八軍副軍長。

11　魏蓬林，字仙洲，山東陽穀人。曾任第二十三軍第二一一師師長、臺中師管區司令。1957 年 2 月任第三軍副軍長。

12　韓鳳儀，號世昌，河南氾水人。原任獨立第三十九師師長，1952 年 6 月升任第九十六軍副軍長，1957 年 1 月調任第二軍副軍長。

13　樂彬漢，號玉閣，北平人。1955 年 1 月調任國防部第二廳專員。時任陸軍總司令部第二署（情報）聯絡室主任，1957 年 9 月升任陸軍總司令部第二署副署長。

14　張志雷，浙江杭州人。原任國防部總聯絡官室副總聯絡官，1956 年 2 月調任國防部聯絡局副局長，1958 年 6 月免職。1959 年 4 月調任聯勤總司令部外事服務處處長。

	韓其澤[1]	空降團副	校十六期	山東		
	李愼端	劉安祺部	副參長			
副師長候補	陳堅高[2]	卅六才	曾任大隊長指揮官（三廳組長）	（南匯）		
師長補	蔡人昌	四二才	曹振鐸[3] 王耀武[4]部 營長 濟南突圍（攸縣）			
	王廷宜	四三才	杜聿明與范漢傑[5]部	東北作戰（瀋陽）		

美參大畢業	管伯英	校十四期	四〇才	工校教長	
	蕭知三[6]	校十期	四三才	高砲部參長	
	項成豪	校十四期	三七才	參校教官	雲夢
	劉修進〔政〕	校十五期	三八才	四六師砲指	岳陽
	金幼鎔	十期	四〇		雲南
	江無畏	十二期	卅九		
	鄒 凱	十一期	四二		安東
	伊肇毅	十一期	四一	裝甲	遼中

---

1 韓其澤，山東淄川人。時任陸軍空降步兵教導團副團長。

2 陳堅高，號執一，江蘇南匯人。歷任陸軍裝甲兵旅司令部第三處作戰科科長、國防部第三廳第一組組長，1957 年 5 月任國防部第三廳副廳長兼中央計劃室管制中心主任。

3 曹振鐸，號覺民，山東夏津人。歷任金門防衛司令部高級參謀、福建省反共救國軍軍事處處長、總指揮部總指揮官、國防部戰略計畫委員會委員。

4 王耀武，字佐民，山東泰安人。1948 年時任第二綏靖區司令官兼山東省主席，9 月濟南戰兵敗被俘。

5 范漢傑，名其迭，以字行，廣東大埔人。曾任陸軍副總司令、東北剿總副總司令兼錦州指揮所主任，1948 年國共內戰時被解放軍俘虜，羈押於佳木斯共軍軍官訓練團。1955 年轉入北京功德林戰犯管理所。

6 蕭知三，湖南新化人。原任空軍高射砲兵司令部副司令，1955 年 7 月調任空軍高射砲兵第一旅旅長。後任空軍高射砲兵司令部參謀長、副司令。

袁國徵　　第八四師　陸戰師長

何　俊[1]　　第十七師長

張國英　　第九軍長

王永樹　　第十軍長

華心權　　第二軍長

羅　列　一軍團　　　胡　璉　調陸副總

劉安祺　二軍團　　　石　覺　調陸副總

鄒鵬奇　金門司令　　袁　樸　調防副總　　　預訓司令？金門司令？

徐汝誠　預訓司令　　劉玉章　調防副總

高魁元　一軍團候補

羅又倫　陸戰隊司令

唐守治　參次

胡　炘　陸戰隊司令

李應庚　送美學原子能　最有情理　何佑樞　藏事聯絡

1　何俊，字識之，湖北沔陽人。1954 年 9 月兼任馬祖守備區指揮官，1955 年春調任第一
　　軍副軍長兼馬祖守備指揮官。1957 年 5 月調任第十七師師長兼馬祖守備指揮官。二，
　　1958 年 12 月離任。

袁 [1]（吳氏劍〔健〕雄）

李政道　　　　　　　科學發明家

楊振寧

司馬璐 [2]

陳式銳 [3]　　　　　　記者

黃震遐

鮑　文

狄　恩

雷斯敦

1　袁家騮，1950 年參與建造美國布魯克海汶國家實驗室，此實驗室為人類史中第一部「高能質子加速器」。1959 年當選中華民國中央研究院第三屆（數理科學組）院士。其夫人為吳健雄，同為物理學家。曼哈頓計劃期間，參與研究如何利用氣體擴散法分離鈾的兩種同位素（鈾-235 與鈾-238）。長期在美國哥倫比亞大學任教，利用實驗方法驗證宇稱不守恆，令其同事李政道和楊振寧獲得 1957 年諾貝爾物理學獎。
2　司馬璐，原名馬義，曾用名馬元福，江蘇海安人。1937 年加入中國共產黨，1941 年被開除出黨。後一直從事自由、民主活動。曾在重慶辦《自由東方》、《人民周報》，組織中國人民黨。1949 年定居香港，出版《展望》雜誌。
3　陳式銳，字心吾，號雲悟，1930 年主持中國國民黨廈門黨務。1933 年創辦《廈門日報》，任廈門《華僑日報》總編輯、集美高級商業職業學校校長。著有《臺灣經濟》、《中國之過去與未來》等。

報告　中華民國四十六年四月十八日於第一總醫院

鈞座本年度全身體檢結果：

(1)　　X 光部　　主持人：吳靜

(1)　　肺部慢性氣管炎較前年有良好之進步。

(2)　　其餘同前年均在正常範圍內。

(2)　　內科

(1)　　心臟：完全正常　　　　　　臨床檢查：丁農

　　　　　　　　　　　　　　　　　心電檢查：熊丸

(2)　　肺部：正常　　　　　　　　檢查醫師：陳約翰

(3)　　其餘：正常　　　　　　　　　　　丁農

(3)　　血尿糞：正常　　　　　　　檢查人：田可高

(4)　　眼科：與前年同　　　　　　　林鶴〔和〕鳴

(5)　　耳鼻喉科：除輕度鼻炎外，餘正常　　榮寶峰

總結：

總統健康良好，政躬更比前年康強，與檢者皆無任歡欣、額手稱慶，謹呈

總統

詳細英文報告呈

夫人

職　熊丸　謹呈

索引

蔣中正日記
Chiang Kai-shek Diaries

索引

蔣中正日記 (1957)
Chiang Kai-shek Diaries, 1957

著　　　者：蔣中正
授 權 出 版：國史館館長 陳儀深
統 籌 策 劃：源流成文化
總 編 輯：呂芳上 源流成
責 任 編 輯：高純淑 張傳欣 蔣緒慧
封 面 設 計：溫心忻 源流成
排　　　版：蔣緒慧

出 版 者： 民國歷史文化學社 有限公司
臺北市大安區羅斯福路三段 37 號 7 樓之 1
TEL：+886-2-2369-6912

國史館
Academia Historica
臺北市中正區長沙街一段 2 號
TEL：+886-2-2316-1000

贊 助 出 版：蔣經國國際學術交流基金會
Chiang Ching-kuo Foundation for International Scholarly Exchange

世界大同 文創股份有限公司
AGCMT CREATION CORP.

總 發 行：源流成文化股份有限公司
臺北市大安區羅斯福路三段 37 號 7 樓之 1
TEL：+886-2-2369-6912
FAX：+886-2-2369-6990

初版一刷：2024 年 4 月 5 日
定　　　價：新臺幣 850 元

I S B N：978-626-7370-65-0（精裝）
　　　　　978-626-7370-69-8（1955-1960 套書）

Republic of China History and Culture Society
http://www.rchcs.com.tw

ISBN 978-626-7370-65-0

9 786267 370650

蔣中正日記 (1957) = Chiang Kai-shek diaries,
1957 / 蔣中正著 . -- 初版 . -- 臺北市：民國歷史
文化學社有限公司 , 國史館 , 2024.04
　面；　公分
ISBN 978-626-7370-65-0(精裝)

1.CST: 蔣中正 2.CST: 傳記

005.32　　　　　　　　　　113002450